创新创业型企业管理案例集

杜　刚　编著

北京航空航天大学出版社

内 容 简 介

随着国家不断出台扶持创业的政策,选择走"创业"这条路的人越来越多。元宇宙概念的提出、人工智能等技术的发展为餐饮、服装、智能汽车、语音识别等行业提供了新的发展方向。本书精心采编了 12 个创业企业的典型案例,讲述了这些企业在创业初期如何立足,在高手云集的市场中如何生存,在重大转折点如何抉择,在经历低谷时如何崛起,最终在激烈的商战中如何逐出的发展故事。本书旨在探讨企业创业和转型过程中面临的困难和应对之策,为更多企业在创业和转型的过程中提供借鉴和参考。

本书可作为高年级本科生、MBA 和管理类硕士研究生的教学与科研参考用书。

图书在版编目(CIP)数据

创新创业型企业管理案例集 / 杜刚编著. -- 北京:
北京航空航天大学出版社,2025.2. -- ISBN 978-7
-5124-4569-7

Ⅰ. F272

中国国家版本馆 CIP 数据核字第 2025SQ2131 号

创新创业型企业管理案例集

杜 刚 编著

策划编辑 董 瑞　　责任编辑 孙兴芳　刘桂艳

*

北京航空航天大学出版社出版发行

北京市海淀区学院路 37 号(邮编:100191)　http://www.buaapress.com.cn
发行部电话:(010)82317024　传真:(010)82328026
读者信箱:goodtextbook@126.com　邮购电话:(010)82316936
北京九州迅驰传媒文化有限公司印装　各地书店经销

*

开本:787×1 092　1/16　印张:10.5　字数:269 千字
2025 年 2 月第 1 版　2025 年 2 月第 1 次印刷
ISBN 978-7-5124-4569-7　定价:76.00 元

前　　言

　　创新创业——根植于创业者内心深处那颗生命力顽强的"种子"，是人类文明进步的重要引擎。2014年9月，时任国务院总理李克强在达沃斯论坛上提出，要形成"万众创新""人人创新"的新势态，在960万平方公里的土地上掀起"大众创业""草根创业"的新浪潮。此后，他在首届世界互联网大会、国务院常务会议、2015年《政府工作报告》等场合多次阐释这一关键词。2018年，国务院发布了《国务院关于推动创新创业高质量发展打造"双创"升级版的意见》，"双创"浪潮席卷全国，"双创"一词当之无愧地成为2018年度经济类十大流行语之一。

　　如今，新的"双创"浪潮正在神州大地上兴起，草根创新、蓝领创新、创客、众创空间等新形式层出不穷，一种新的价值导向、一种新的生活方式、一种新的时代气息正在创新创业的千层涟漪中层层叠加，催着创新者勇敢地打破条条框框，并付诸实践。习近平总书记在党的十八大上指出，必须坚持创新是第一动力，深入实施创新驱动发展战略，在发展新领域开辟新赛道，在发展新动能上不断塑造新优势。"双创"项目以及"挑战杯"、"互联网＋"等创新创业大赛风靡大学生群体，吸引着越来越多的创新者摩拳擦掌、跃跃欲试。这股创新创业之风不仅促使企业纷纷投入到创新转型的潮流中，也激起了一批大学生创新创业的热情。然而，看似寻常最崎岖，成如容易却艰辛，资金不足、风险意识薄弱、政府优惠政策落实不到位等各种挑战都是个人与企业创新创业路上的绊脚石；而创新动力不足、投入资金不足、人才匮乏、创新制度缺乏等，都是企业走向创新的"老大难"问题。

　　2021年发布的《中华人民共和国国民经济和社会发展第十四个五年规划和2035年远景目标纲要》中指出，要"优化创新创业创造生态""推动创新创业创造向纵深发展"，这为创新创业的发展指明了方向，提出了新形势下的新机遇。国家税务总局于2022年5月更新发布了《"大众创业 万众创新"税费优惠政策指引》，该文件紧紧围绕创新创业的主要环节和关键领域，进一步梳理归并成覆盖企业初创、成长、成熟整个生命周期的120项税费优惠政策措施，为创新创业者的发展提供了生机勃勃的土壤，并向未来无限延伸，可以看出国家对创新创业的重视程度。本书希望通过对12个创新创业型企业的案例分析，帮助读者从个人以及企业自身方面，思考如何实现创新创业不断发展进步。

　　本书所选取的12个案例，涉及食品、游戏、人工智能、汽车、电池、教育和运动鞋服等众多与人们生活息息相关的行业，通过对相关企业创业过程、创新特色、问题挑战等方面进行深入的阐述与分析，期望能给予读者以下方面的观察与思考：

　　这些创新创业型企业有哪些共同特征？这些企业获得成功的关键因素有哪些？

　　在创业或者创新升级的过程中，这些企业受到了哪些挑战？又是如何战胜困难的？在进一步的发展中又会继续受到哪些因素的影响呢？

　　对创新创业型企业而言，如何才能尽量减少"走弯路"的可能？进一步探索企业创业与转型的指标和模型，为读者提供借鉴与支持。

　　如何在商业模式、企业战略、市场营销等方面推进企业的创新创业发展，促进企业完美过渡转型和可持续发展？

全书案例集由杜刚老师提出大纲和最后通稿,各案例的编者如下：案例 1 由杜刚和杨鲁帅编写,姜昱彤修改;案例 2 由傅诗婧、周寅和巩家瑞编写,姜昱彤修改;案例 3 由杜刚和邱玉兰编写,朴星俊和姜昱彤修改;案例 4 由邓雨然、张安琪和许孔颖编写,朱可欣修改;案例 5 由蔡东辰和刘思瑶编写,刘思瑶修改;案例 6 由杜刚和田娅编写,郭文灿修改;案例 7 由杜刚、闫瑞丹和亚轩伊编写,亚轩伊修改;案例 8 由黄心怡、陈乐怡和吴嘉慧编写,朱可欣修改;案例 9 由赵彦楠、周钰、郭畅、李宗耀、唐恬甜和张杨旻珠编写,宋晶修改;案例 10 由杨夏丹、张露和黄子倪编写,郭文灿修改;案例 11 由李文佳、江谢拉和王晓程编写,宋晶和朱可欣修改;案例 12 由宋欣、刘成才和鲁野编写,郭文灿和亚轩伊修改。

本案例集获得 2023 年华东师范大学研究生课程建设项目(精品教材项目)和华东师范大学经济与管理学院精品教材项目资助,在此表示感谢。

本书可为高年级本科生、MBA、EMBA 及管理类研究生提供"商业分析与战略决策""市场营销""商业模式""创新创业领导力"等课程的配套案例,也可为准备创业的个人读者提供资料,或为想转型发展的企业提供一定的参考,还可供企业培训时使用。

受编者学识和编写时间所限,书中难免有不足甚至错误之处,恳请诸位专家和读者对此书提出批评指正。

编　者
2023 年 2 月

目　　录

案例1　技术宅改变世界——二次元手游企业米哈游的成长之路 ……………… 1

从创业初期的商业模式探索、产品研发，到IP多元化、申请主板上市、打造爆品、押注元宇宙，米哈游这家二次元手游企业在创业发展的10年过程中，遇到了很多问题却不断坚持自我创新，成为手游企业中收入仅次于腾讯、网易两大游戏巨头的公司，其背后隐藏的是创业公司从小到大、从弱到强的成长法则，这也是米哈游发展历程中一大特点。

　　1.0　引　言 ……………………………………………………………………… 1
　　1.1　生根发芽：从创立到立足 …………………………………………………… 2
　　　　1.1.1　米哈游的创立 ………………………………………………………… 2
　　　　1.1.2　首作取得开门红 ……………………………………………………… 3
　　　　1.1.3　新兴市场融资难 ……………………………………………………… 3
　　　　1.1.4　新商业模式的探索 …………………………………………………… 4
　　　　1.1.5　立足于"崩坏"系列IP ……………………………………………… 4
　　1.2　中道遇阻：优质资产上市却失败 …………………………………………… 6
　　1.3　柳暗花明：痛定思痛、开拓创新 …………………………………………… 7
　　　　1.3.1　创建多元化IP ………………………………………………………… 7
　　　　1.3.2　打造现象级游戏《原神》 …………………………………………… 10
　　　　1.3.3　《原神》陷入抄袭风波 ……………………………………………… 10
　　1.4　寻根溯源：为什么成功的是米哈游 ……………………………………… 11
　　　　1.4.1　Z世代成为游戏主力军 ……………………………………………… 11
　　　　1.4.2　专业成就卓越 ………………………………………………………… 12
　　　　1.4.3　商业模式再创新 ……………………………………………………… 13
　　1.5　前路坎坷：来自行业老大的冲击 ………………………………………… 14
　　1.6　尾　声 ……………………………………………………………………… 16
　　启发思考题 ………………………………………………………………………… 16
　　附　录 ……………………………………………………………………………… 17
　　参考文献 …………………………………………………………………………… 19

案例2　科大讯飞：蛰伏二十载，砺得AI智能春暖花开 ……………………… 20

科大讯飞成立20多年来，在中国智能语音行业中，从一个拓荒者、第一批人工智能国家队，最终成为行业的领跑者。2019年科大讯飞营收首次突破百亿元，同时实现人工智能战略从1.0到2.0阶段的跨越，开启了新的商业化征程。一路走来，科大讯飞在跌跌撞撞中闯出了一条"弯曲的直线"，从2C到2B，再到2B+2C双轮驱动，布局"平台＋赛道"，成为业内少有的同时布局两端的AI企业。

　　2.0　引　言 ……………………………………………………………………… 20
　　2.1　背景介绍 ……………………………………………………………………… 21

2.1.1 科大讯飞简介 ································· 21
2.1.2 人工智能产业概述 ························· 23
2.2 播种：技术拓荒，找准定位 ··················· 24
2.2.1 少年热忱，投身创业 ····················· 24
2.2.2 商业试水，铩羽而归 ····················· 25
2.2.3 转战 To B，锋芒初显 ···················· 25
2.3 萌芽：技术突破，AI 战略稳步推进 ··········· 27
2.3.1 全面投入，多方支持 ····················· 27
2.3.2 启动平台 1.0，逐步探索 ················· 28
2.3.3 建设平台 2.0，稳步发展 ················· 29
2.4 怒放：艰难摸索，"平台＋赛道"模式终形成 ··· 31
2.4.1 光明未来，遭遇阻碍 ····················· 31
2.4.2 客户变对手，BAT 高调入场 ·············· 31
2.4.3 "平台＋赛道"，多渠道赋能 AI 生态 ······ 32
2.4.4 跑对赛道是关键 ························· 32
2.5 尾 声 ······································· 35
启发思考题 ·· 36
附 录 ·· 36
参考文献 ·· 38

案例3 Manner：探索性价比与大众化兼具的精品咖啡品牌 ·· 39

Manner 最早是一家只有 2 平方米的窗口咖啡店，经过几年的时间成长为一家在上海具有高影响力的精品咖啡品牌，秉持"让咖啡成为生活的一部分"的品牌理念，坚持咖啡应是一种亲民的、所有人消费得起的健康饮料。Manner 被网友称为"上海咖啡性价比之王"，开辟了一条咖啡市场的新路径。这家浓缩版咖啡馆在众多精品咖啡品牌百花齐放的市场中突围而出，通过不断融资，充分利用新媒体营销助力品牌发展，在咖啡市场已被传统的星巴克和瑞幸两大巨头咖啡占领的情况下，走出了自己独特的平价精品咖啡赛道。

3.0 引 言 ·· 39
3.1 Manner 的发展及现状 ························· 40
3.2 中国内地咖啡行业发展现状 ··················· 41
3.3 初创 Manner ·································· 44
3.4 开拓精品咖啡新路径，加深品牌影响力 ········· 45
3.4.1 小店高坪效定位开辟市场新路径 ··········· 45
3.4.2 进行门店分层，拓展品牌展现量 ··········· 46
3.4.3 保证咖啡品质，发挥品牌口碑效应 ········· 47
3.4.4 延伸产业链，创造更多价值 ··············· 48
3.5 营销的方法，将咖啡与生活方式联结，进行品牌价值渗透 ·· 48
3.5.1 Manner 营销的方法 ····················· 48
3.5.2 线下跨界合作，创造消费场景的多样性 ····· 49
3.6 持续融资，资本助力品牌扩张 ················· 50

3.7　面临的问题 …………………………………………………………………… 51

　　3.7.1　门店如何拓展到上海以外的市场 ………………………………………… 51

　　3.7.2　如何保持持续的融资能力 …………………………………………………… 51

3.8　尾　声 ……………………………………………………………………………… 52

启发思考题 ……………………………………………………………………………… 52

参考文献 ………………………………………………………………………………… 53

案例 4　奶茶热下"雪王"如何屹立不倒 ……………………………………………… 54

　　2006 年可以说是蜜雪冰城腾飞的第一年。在这一年,蜜雪冰城第一个爆火单品"火炬冰淇淋"问世,它以极高的性价比吸引来巨大客流的同时,也让创始人张红超和他的亲戚朋友们嗅到了商机。随着越来越多亲朋好友的加入,蜜雪冰城的规模大增,加盟扩张初见成效。2007年蜜雪冰城又新开张 20 多家门店,标准化和改革势在必行,以适应不断增大的蜜雪冰城的体量。不久后公司又积极引进外部管理人才,实现了从杂乱无章的家族企业向现代化管理的历史性跨越。

4.0　引　言 ……………………………………………………………………………… 55

4.1　萝卜快了不洗泥——张家兄弟的"扩张"之争 ………………………………… 55

4.2　营销新纪元:华与华的神助攻 …………………………………………………… 57

4.3　前所未有的挑战:困于加盟 ……………………………………………………… 59

　　4.3.1　"一刀切"的管理模式,加盟商苦不堪言 ………………………………… 59

　　4.3.2　原材料过期了可惜,那就自己改有效期 …………………………………… 60

　　4.3.3　"家人"越来越多,利润越来越少 ………………………………………… 60

　　4.3.4　下沉市场饱和,"雪王"另辟蹊径 ………………………………………… 61

　　4.3.5　上行之路艰难,蜜雪冰城能否成功突围 ………………………………… 61

4.4　尾　声 ……………………………………………………………………………… 62

启发思考题 ……………………………………………………………………………… 62

案例 5　宁德时代:夹击中动力电池万亿巨头的优势保持之策 …………………… 63

　　在过去几年中,新能源产业迅速发展,且"碳中和"概念的提出为新能源汽车行业与储能行业锚定了可观的增长爆发点,相应地,也为电池行业带来了发展机遇。宁德时代兼顾储能电池等新能源领域电池制造,是全球最大的新能源汽车动力电池系统供应商。近年来政策、市场竞争等外部环境的不断变化,给其发展带来的挑战层出不穷。为此,宁德时代做出了许多调整。

5.0　引　言 ……………………………………………………………………………… 63

5.1　时势造英雄 ………………………………………………………………………… 64

　　5.1.1　动力电池行业发展总览 ……………………………………………………… 64

　　5.1.2　从 ATL 到 CATL ……………………………………………………………… 65

　　5.1.3　宁德时代:时代造就的帝国 ………………………………………………… 65

5.2　无限风光背后 ……………………………………………………………………… 66

　　5.2.1　前瞻眼光,全面布局 ………………………………………………………… 66

　　5.2.2　有形的手 ……………………………………………………………………… 67

　　5.2.3　暗流涌动 ……………………………………………………………………… 67

5.3　积极探索,杀出重围 ……………………………………………………………… 68

      5.3.1　被围攻的宁德时代 ……………………………………………………… 68

      5.3.2　宁德时代的护城河 ……………………………………………………… 69

   5.4　冲进储能新赛道 ……………………………………………………………… 71

      5.4.1　增长瓶颈 ……………………………………………………………… 71

      5.4.2　万事开头难 …………………………………………………………… 71

      5.4.3　新赛道的新发展 ……………………………………………………… 71

   5.5　尾　声 ………………………………………………………………………… 72

   启发思考题 …………………………………………………………………………… 73

案例6　互联网智能如何助力电动车行业发展——小鹏汽车商业帝国的创业之路 …… 74

伴随着互联网技术与传统行业的深度融合以及国家对新能源汽车政策的支持,越来越多的互联网企业进入汽车制造行业。传统的汽车制造行业伴随着这些新势力的加入开始转型升级。这些智能电动车中,小鹏汽车就是其中一员。本案例描述了小鹏汽车从创业初期到产品的更新迭代,通过融资和人才引进开始创业,并通过技术创新和互联网运营的手段实现量产的过程。

   6.0　引　言 ………………………………………………………………………… 74

   6.1　创业时代:互联网巨人的脱颖而出 ………………………………………… 75

      6.1.1　新旧结合,强强联手 …………………………………………………… 75

      6.1.2　追随改革浪潮,时势造就英雄 ………………………………………… 76

   6.2　把握方向盘:驶入发展赛道 ………………………………………………… 77

      6.2.1　运筹帷幄,产业布局:百亿级整车生产基地落户肇庆 ……………… 77

      6.2.2　积蓄力量,蓄势待发 …………………………………………………… 77

   6.3　高歌猛进,智能汽车横空出世 ……………………………………………… 78

      6.3.1　新奇的体验:G3的问世与智能科技感 ……………………………… 78

      6.3.2　产品迭代升级,P7的问世及取得的成绩 …………………………… 79

   6.4　小鹏汽车面临的现状 ………………………………………………………… 81

      6.4.1　市场现状 ………………………………………………………………… 81

      6.4.2　国家政策 ………………………………………………………………… 82

      6.4.3　根基不牢的供应链系统 ………………………………………………… 82

   6.5　尾　声 ………………………………………………………………………… 83

   启发思考题 …………………………………………………………………………… 83

案例7　悟空中文:海外中文在线教育领导品牌——从0到1的快速发展之路 ……… 84

作为较早成立的国际少儿中文教育品牌,悟空中文从创业早期面临缺资金、缺品牌等诸多挑战到如今逆势而上,成为业内业务规模最大、口碑最好的领导品牌之一,实现了海外中文教育从0到1的突破。在快速发展的同时,也吸引了同行业竞争者的跟随模仿,悟空中文的市场份额受到一定的影响。为了占领更多的市场份额,并维持业务持续高速发展,悟空中文下一步该如何发展?如何选择公司战略?这将是一个重要的战略抉择,关乎着悟空中文今后的发展。

   7.0　引　言 ………………………………………………………………………… 84

   7.1　创业维艰:从"走"到"走下去" …………………………………………… 85

      7.1.1　缘起:我的教师梦 ……………………………………………………… 85

7.1.2　尝试初期：屡屡碰壁 ・・・・・・・・・・・・・・・・・・・・・・・・・・ 87

7.1.3　柳暗花明：迎来转机 ・・・・・・・・・・・・・・・・・・・・・・・・・・ 87

7.1.4　站稳市场：打造良好口碑 ・・・・・・・・・・・・・・・・・・・ 88

7.2　激流勇进：从竞争热潮中脱颖而出 ・・・・・・・・・・・・・・・・ 90

7.2.1　"双减"政策加速竞争赛道升级 ・・・・・・・・・・・・ 90

7.2.2　疫情催化在线中文教育快速发展 ・・・・・・・・・・ 90

7.2.3　如何脱颖而出 ・・・・・・・・・・・・・・・・・・・・・・・・・・・・・・ 91

7.3　大势所趋：创新体系,科技赋能 ・・・・・・・・・・・・・・・・・・・ 92

7.4　尾　声 ・・・ 93

启发思考题 ・・ 93

案例8　消费升级中的沧海遗珠——童年记忆娃哈哈如今路在何方 ・・・・・・ 94

中国饮料业巨头娃哈哈自1987年诞生起,沐风栉雨三十六载,已年过而立。凭借独特的联销体模式,以农村包围城市的路线,其创始人宗庆后带着AD钙奶、营养快线等一系列爆品,让36岁的"农村娃"成为一代人的童年印记。但如今,随着我国国民经济水平的提高,消费升级的浪潮席卷而来,饮料行业品类多样,市场细分,竞争愈发激烈,新生代消费者的需求不断变化,娃哈哈近年年销售额不断下滑,渐渐在洞察消费者需求上陷入迷航。

8.0　引　言 ・・・ 94

8.1　路远迢迢,童年记忆娃哈哈从何走来 ・・・・・・・・・・・・・・ 95

8.1.1　探路寻根：发展历程 ・・・・・・・・・・・・・・・・・・・・・・・・ 95

8.1.2　百花齐放：产品与技术 ・・・・・・・・・・・・・・・・・・・・・ 96

8.1.3　自成一格：联销体模式 ・・・・・・・・・・・・・・・・・・・・・ 96

8.1.4　砥砺前行：企业文化 ・・・・・・・・・・・・・・・・・・・・・・・・ 97

8.1.5　瑕不掩瑜：企业现状 ・・・・・・・・・・・・・・・・・・・・・・・・ 97

8.2　时过境迁,新时代娃哈哈因何危机重重 ・・・・・・・・・・・・ 98

8.2.1　联销体营销模式 ・・・・・・・・・・・・・・・・・・・・・・・・・・・・ 98

8.2.2　家族企业治理 ・・・・・・・・・・・・・・・・・・・・・・・・・・・・・・ 99

8.2.3　品牌创新与品牌延伸 ・・・・・・・・・・・・・・・・・・・・・・ 100

8.3　内忧外患,娃哈哈的光明未来在何方 ・・・・・・・・・・・・・ 100

8.3.1　从产品角度出发 ・・・・・・・・・・・・・・・・・・・・・・・・・・・ 100

8.3.2　从营销角度出发 ・・・・・・・・・・・・・・・・・・・・・・・・・・・ 101

8.3.3　从销售渠道出发 ・・・・・・・・・・・・・・・・・・・・・・・・・・・ 102

8.3.4　从品牌角度出发 ・・・・・・・・・・・・・・・・・・・・・・・・・・・ 102

8.4　尾　声 ・・ 103

启发思考题 ・・・ 103

案例9　断臂求生——新东方的转型之路 ・・・・・・・・・・・・・・・・・・・・・・・ 104

"本公司已停止在北京双休日、国家法定节假日和现行学校放假期间开设学科类校外培训班,以遵守北京市的各项措施。"这是2021年8月19日时年59岁的新东方创始人俞敏洪签发的一则公告。就在公告发布的前一天,北京市的"双减"政策全面印发,形势极其严峻。国家出台的"双减"政策,直接将新东方上升趋势显著、占营收最多的K12教育板块定义为非盈利项目,这让刚从疫情影响中走上正轨的新东方再遭重创。作为教育头部企业的新东方,28年来经历了许多的风风雨雨,但此时此刻,面临新冠疫情以后的又一大冲击,难免显得有些力不从心。而经历重重困难后,新东方是否还能在教育培训行业领头……

9.0　引　言 ………………………………………………………………………… 104
9.1　新东方的前世今生 …………………………………………………………… 105
　　9.1.1　寒门子弟的逆袭 ……………………………………………………… 105
　　9.1.2　企业的沉浮发展 ……………………………………………………… 106
　　9.1.3　"俞老师"挺住 ………………………………………………………… 108
9.2　新东方在疫情"黑天鹅"中如何"反脆弱" ………………………………… 108
　　9.2.1　突如其来的疫情 ……………………………………………………… 108
　　9.2.2　疫情带来的技术挑战 ………………………………………………… 109
　　9.2.3　疫情带来的机会 ……………………………………………………… 109
　　9.2.4　狠狠抓住机会的俞总 ………………………………………………… 110
　　9.2.5　后疫情时代的新东方 ………………………………………………… 110
9.3　"双减"政策下,新东方如何绝地求生 …………………………………… 111
　　9.3.1　广告投放受阻 ………………………………………………………… 112
　　9.3.2　停止义务教育辅导、退租 …………………………………………… 113
　　9.3.3　不转型就没出路,转型素质教育 …………………………………… 114
　　9.3.4　全新布局科技:投资视频、影像等科技公司 ……………………… 115
　　9.3.5　直播销售农产品 ……………………………………………………… 115
9.4　尾　声 ………………………………………………………………………… 116
启发思考题 …………………………………………………………………………… 116

案例10　野性消费风潮后,鸿星尔克如何崛起 ……………………………… 117

2021年7月,一则"鸿星尔克向河南捐赠5 000万元物资"的消息被网友送上热搜,这个几乎被很多国人遗忘的本土运动品牌一夜火爆网络。为表示对鸿星尔克的支持,网友开始"野性消费"鸿星尔克的产品,一时间实体店、线上商店长期处于缺货状态,但爆红终无法长久,如今的鸿星尔克明显后继乏力。发展势头不足反映出企业在多个方面均存在问题,仅靠消费者一时的爱国情怀和"野性消费"不足以支持企业的长久发展,要想成为No.1,还需要过硬的实力和持续竞争力。而近年来安踏、李宁的发展也证明了本土运动品牌的崛起,国货潮、消费升级等也为鸿星尔克的发展提供了更多机会。

10.0　引　言 ……………………………………………………………………… 117
10.1　鸿星尔克,To be No.1的困境 …………………………………………… 118
　　10.1.1　品牌发展历史 ……………………………………………………… 118
　　10.1.2　财务状况通览 ……………………………………………………… 119
10.2　行业背景 …………………………………………………………………… 121
　　10.2.1　行业需求持续增长 ………………………………………………… 121
　　10.2.2　国产品牌持续发力 ………………………………………………… 122
　　10.2.3　国际大牌紧握话语权,国潮提升国货影响力 …………………… 122
10.3　坎坷的追赶之路 …………………………………………………………… 123

10.3.1　实效体育营销策略——关键词：代言人、品牌调性 ……………… 124

10.3.2　河南水灾捐款——关键词：野性消费、情感共鸣、好人效应 …… 124

10.3.3　"顶流"之后抢国潮——关键词：国潮、设计创新 ……………… 127

10.4　展望未来，如何实现品牌升级 …………………………………………… 127

10.4.1　研发投入提升产品力 ……………………………………………… 127

10.4.2　差异化定位 ………………………………………………………… 128

10.4.3　发展多品牌，打造品牌矩阵 ……………………………………… 128

10.5　尾　声 …………………………………………………………………… 128

启发思考题 ………………………………………………………………………… 129

参考文献 …………………………………………………………………………… 129

案例 11　商汤科技：赋能千行百业的人工智能领军者 ……………………… 130

商汤科技是人工智能和计算机视觉行业的龙头企业，其独创了"1 基础研究＋1 产品解决方案＋X 行业"的商业模式，业务涵盖智慧商业、智慧城市、智慧生活、智能汽车四大板块。平台模式和通用 AI 大模型带来的规模效应和硬科技人才构筑了该公司的深护城河，未来有望驱动收入利润快速增长。本案例对商汤科技当前所面临的问题进行了分析，指出商汤科技在外部面临着 AI 产业的寒冬困境，在内部则面临着收入难以解决高研发投入造成的亏损难题，及其导致的资本出逃问题。本案例针对商汤科技当前所面临的三大困境提出了相应的应对建议。同时，本案例也指出了商汤科技未来可能面临的巨大挑战，首先，其主营业务群狼环伺，安防市场的内卷不断加剧；其次，随着越来越多互联网巨头的加入，未来元宇宙可能也无法帮助其摆脱困境；再者，商汤科技很可能再次面临研发成本过大带来的危机。

11.0　引　言 …………………………………………………………………… 130

11.1　公司的历史沿革与现状 …………………………………………………… 131

11.1.1　公司的历史沿革 …………………………………………………… 132

11.1.2　公司现有业务分析：四轮驱动快速增长，全面覆盖长尾场景 …… 138

11.2　当前困境与应对建议 ……………………………………………………… 140

11.2.1　AI 产业面临首场"寒冬"，商汤科技行业定位不明晰 ………… 140

11.2.2　资本加速出逃，亏损焦虑不断 …………………………………… 141

11.2.3　研发投入占比高，成果难落地 …………………………………… 142

11.3　未来有可能面临的困境 …………………………………………………… 143

11.3.1　主营业务群狼环伺 ………………………………………………… 143

11.3.2　"元宇宙"难以助其突围 ………………………………………… 143

11.3.3　智能汽车领域对手强劲 …………………………………………… 144

11.4　尾　声 ……………………………………………………………………… 145

启发思考题 ………………………………………………………………………… 145

案例 12　云天励飞——AI 新锐的崛起与突围 ………………………………… 146

近年来，AI 行业市场竞争激烈，成立仅仅九年的云天励飞在创始人陈宁的带领下异军突起。其专注于视觉 AI 领域，目前已经凭借"算法芯片化"的核心能力和"端云协同"的技术路线，打造出了物联感知汇聚、算法赋能服务、知识图谱构建的全链式核心能力平台。几经波折，在 2023 年，云天励飞成功在科创板上市。本案例回顾了云天励飞作为人工智能领域的后起之秀,瞄准市场,奏响市场、技术和趋势的三步曲:找对市场,抓住智慧城市建设机遇;抓对技术,自研芯片攻克核心难关;看对趋势,端云协同构建闭环生态,在 AI 红海中异军突起。

12.0　引　言 ··· 146
12.1　AI Rises! 人工智能崛起,势不可挡 ································· 147
　　12.1.1　AI 市场飞速成长 ··· 147
　　12.1.2　人工智能视觉独得恩宠 ································ 147
　　12.1.3　安防 AI 芯片 2 年乱世,未见英雄 ··············· 148
12.2　云天励飞——独角兽快速成长背后的密码 ················· 148
　　12.2.1　创业初期,梦想要"大",切口要"小" ··········· 148
　　12.2.2　创业中期,算法、芯片、应用多条赛道狂奔 ······ 149
12.3　群雄逐鹿,开启数智新一代 ··································· 150
　　12.3.1　六边形战士,洞见城市新生 ························· 150
　　12.3.2　AI 初创浪淘沙,百二秦关终属楚 ················· 151
　　12.3.3　未来已来,AI 新锐何以基业长青 ················· 151
12.4　尾　声 ··· 153
启发思考题 ··· 153

【案例1】

技术宅改变世界——二次元手游
企业米哈游的成长之路

立足客户，用质量成就辉煌

纵观无数创业成功的企业故事，在竞争激烈的市场中诞生和立足的企业，都是能够站在客户的角度看待问题的企业，是能够满足客户最真实和最迫切需求的企业。在当今二次元群体日益庞大的同时，打造满足顾客需求的"二次元"产品的难度越来越大。众多游戏大厂敏锐地察觉到商业机遇，用"端游转手游""数量至上"的战略快速抢占市场，夺得先机。但是，这种商业模式真的是二次元手游的唯一出路吗？或者说这种用批发式的方式开发出来的游戏真的是用户想要的吗？

上海米哈游网络科技股份有限公司（以下简称"米哈游"）另辟蹊径，用质量战胜数量，在二次元领域博得一席之地。首先，米哈游在造型、美术、剧情上精益求精，反复打磨，立足于自身"真正了解二次元群体想要的是什么"的优势，打造出的产品能够真正满足目标市场的需求；其次，凭借自身过硬的技术实力，米哈游在经营模式上不断创新，选择与不抽成的渠道合作，以客户满意的产品赢取"米卫士"这一忠实的粉丝群体，让粉丝们用爱发电，为爱付钱；最后，米哈游将二次元业务拓展至漫画、动漫、小说等周边产品，打造优质多元IP，努力成为一家可以全方位满足客户需求的二次元公司，而不是仅仅局限于"崩坏""原神"等单一IP。

摘要：本案例回顾了二次元手游企业米哈游十年的创业与发展过程，讲述了其从创业初期的商业模式探索、产品研发，到IP多元化、申请主板上市、打造爆款产品、押注元宇宙等几个关键节点所遭遇的问题和坚持自我创新的创业历程。这个案例深刻揭示了米哈游的企业收入仅次于腾讯、网易两大游戏巨头的奥秘，也向读者展示了激烈的市场竞争中创业公司由弱变强、由小变大的生存和成长法则。学习本案例不仅对同行业有直接的启发作用，对所有中小企业创新成长也有较好的借鉴意义。

1.0 引　言

"咚咚咚！"

"请进！"米哈游的董秘小王推开了董事长办公室的门，迫切地想告诉他一个好消息——米哈游公司入围了2021年上海百强企业！这对于一家创业仅有10年的公司来说是莫大的荣光！

董秘的这一消息来自于"2021上海企业100强"榜单，该榜单由《解放日报》旗下的上官新闻发布，米哈游以2020年101.3亿的收入位列榜单第88位。除此之外，与"2021上海企业100强"榜单一同发布的还有"2021上海新兴产业企业100强"、"2021上海民营企业100强"和"2021上海服务业企业100强"，米哈游在其中分别排在第21位、第40位和第53位。

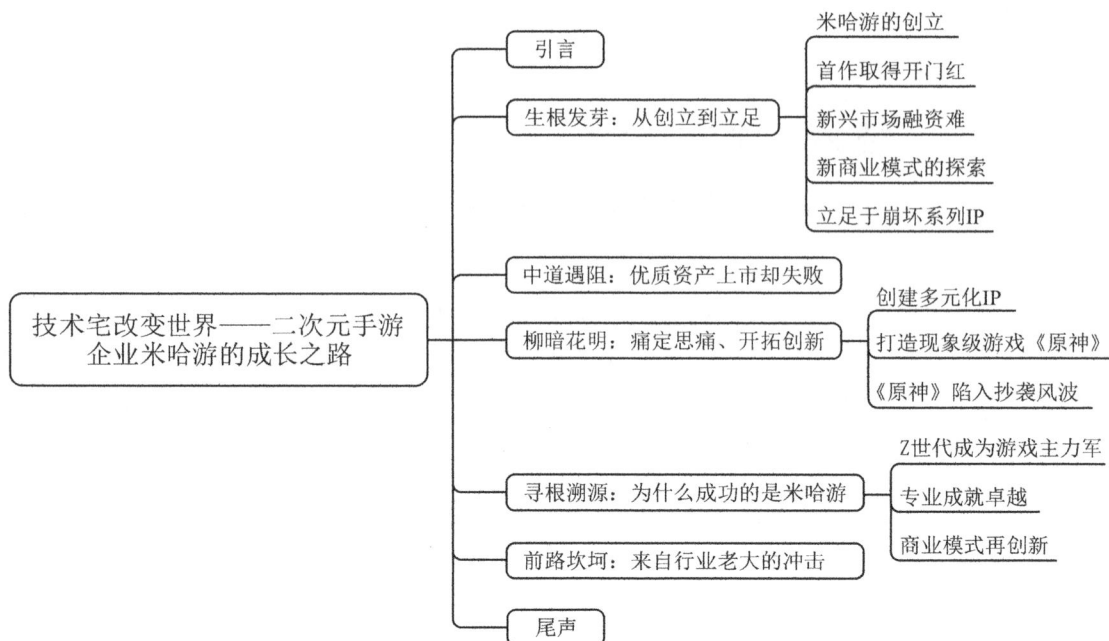

案例 1 思维导图

此时的办公室内,米哈游的三位联合创始人蔡浩宇、刘伟、罗宇皓正在激烈讨论着公司的韩系二次元文化的开发方案。当听到这个振奋人心的消息时,3 个人并没有董秘小王想象的那样欢欣雀跃。在片刻的宁静之后,蔡浩宇和罗宇皓不约而同地把目光聚焦到了刘伟的那一撮白发上。3 个人会心一笑,空气中散发出一点点忧伤。在米哈游这 10 年快速成长的过程中,一个个令人振奋的数字成就了米哈游的辉煌,但其背后的艰辛也染白了刘伟的一撮白头发。

1.1 生根发芽:从创立到立足

1.1.1 米哈游的创立

2005 年夏天,蔡浩宇、刘伟、罗宇皓——3 位互不相识的 85 后,一同考入上海交通大学的计算机系。在大二那年,他们因为共同完成大作业而初识,并在聊天中发现 3 个人拥有一个共同爱好——二次元文化。自那之后,3 个人的共同话题便丰富起来,就像命中注定的拍档一样,他们很快有了更加激烈的思想碰撞,他们的第一个合作创业项目——以 Free Writing 为主打的开源文学社区自此诞生。这个项目让他们在"中国科学院青年创业大赛"中赢得 20 万元奖金,获取第一桶金的成就感大大增加了他们一起成就一番事业的信心。但是此时,他们还没有找到未来长期发展的方向,或者说,还有更大的使命在等着他们。

本科四年时光很快过去,3 个人都选择了继续深造,这一次,他们被分配在同一个宿舍——上海交通大学闵行校区 D32 宿舍。在保研之后,蔡浩宇进入一家游戏公司实习。商业观察力极强的他很快发现,整个游戏行业内都没有一款属于宅男的游戏,国内的二次元游戏市场还没有被开发出来,而像自己这样的宅男和二次元爱好者的群体却在不断壮大,二次元游戏市场对于当时的游戏市场而言,是一片潜力巨大的蓝海市场!

有了这个想法之后,他马上与罗宇皓和刘伟商讨:"既然我们都喜欢二次元文化,而且写程序代码是我们的专长,为什么不自己做一款受二次元群体喜欢的游戏呢?"3 个人又一次一拍即合,正在寻找未来发展方向的他们坚定地选择了在二次元游戏方向创业。2011 年,他们共同喊出了"技术宅拯救世界"的口号,拿着从上海市申请的 10 万元创业基金,在传奇宿舍 D32 内成立了米哈游(miHoYo)工作室。

1.1.2　首作取得开门红

在"拯救世界"的使命感的驱动下,米哈游工作室的 3 个最懂宅男的宅男开始了首款作品的创作。对于喜欢二次元的宅男玩家来说,"萌"是他们对二次元作品的核心需求。同时,为了使游戏更加有意思,他们决定做一款新兴的二次元萌系动作解谜游戏。他们分工明确,蔡浩宇负责产品开发,刘伟负责运营和外联,罗宇皓负责商业化。3 个人一周 7 天,每天从早上 8 点一直持续到晚上 11 点,进行着高强度的游戏创作。每次到了饭点,他们就派一个人去给大家买饭,以节约时间;晚上饿了,就吃碗泡面后继续冲刺。很快,2011 年 9 月 30 日,一款米哈游工作室自主研发的游戏——《Fly Me 2 the Moon》在苹果商城上线。这款游戏在未做游戏营销宣传且付费下载的情况下,上线短短一个月的下载量就突破 3 000。这意味着《Fly Me 2 the Moon》取得了巨大成功,米哈游获得了开门红。

1.1.3　新兴市场融资难

《Fly Me 2 the Moon》的成功,证明了二次元手游的市场潜力,也证明了 3 个人选择方向的正确性。但这仅仅是他们进入游戏领域的试金石,他们要想做出更加二次元的游戏来,必须先解决眼前最棘手的问题——融资!

2012 年国内手游并不强势,古装、剑侠风格被视为主流游戏,而二次元这个词很少有人提及。二次元产品虽然收获了一些好评,但很难赚到钱,所以当时基本没人看好米哈游的前景,满腔热血的米哈游创始人多次被拒之门外。在 3 个月的时间内,他们投了 500 多份商业计划书,几乎无人问津;平均每两天约见一个投资人,前后约见了不下 50 位,却也纷纷被以"不看好"等理由拒绝。"拯救世界"的决心与家中无粮的矛盾让他们夜不能寐,他们想不通:已经经受市场验证的蓝海计划为什么还不被看好。融资遇到的挫折让本来就睡眠不好的刘伟更是在这段时间熬出来几丝白发。

终于,拨云见日,在 2012 年年底,3 个人获得杭州斯凯网络科技有限公司——这一米哈游的伯乐的投资。有别于那些一看不懂移动互联网,二看不懂国产动漫的投资者,杭州斯凯网络科技有限公司非常欣赏三位理工男对于事业的执着,十分看好"技术宅改变世界"的决心,更看好二次元产业未来的市场。最终,米哈游工作室获得天使投资 100 万元,杭州斯凯网络科技有限公司占股 15%。自此以后,诞生于寝室的米哈游工作室正式搬到为大学生创业而专门设置的"孵化器"中,从简单的工作室阶段向公司阶段进一步迈进,三位高喊"技术宅改变世界"的热血宅男的追梦之路步入正轨。

1.1.4 新商业模式的探索

成立之初,米哈游工作室便遇到一个亟需解决的难题:如何探索出更适合自己的商业模式?

米哈游知道,刚起步的自己既没有庞大的技术团队,也没有任何渠道可言,公司账上好不容易融到的 100 万元天使投资在行业巨头面前显得微不足道,如果与行业巨头采用相同的商业模式进行竞争,只会被无情地埋没。面对严峻的外界竞争环境,米哈游十分清楚地认识到:自己最大的优势在于深知二次元用户的行为特征是什么,宅男们真正想要的游戏是怎么样的。二次元用户对剧情的重视程度是非常高的,但是当时主流的游戏基本上不重视剧情,更多的只是单纯地把大家熟知的 IP 制作成换皮游戏而已。很显然这并不是二次元用户真正想要的,也不可能真正打开二次元游戏的市场。正是基于此,米哈游坚信自己具有存在的价值、具有"改变世界"的使命。米哈游坚定地选择了以技术为主要驱动力的商业模式,把自己定义为一家围绕优质二次元 IP、搭建文化产业链的 IP 公司。

米哈游通过铺天盖地的流量宣传,加上贴合二次元群体需求的技术制作,培养和筛选了大量优质的粉丝——米卫兵,米哈游将自己与米卫兵紧密联系在一起,通过粉丝带动粉丝,进一步扩大宣传,获得忠实用户群体,打造独具一格的商业模式。同时,米哈游在二次元游戏的基础上,搭建更加全面的二次元文化产业链,将业务主要分为移动游戏、漫画、周边产品、动画和轻小说五大板块,从多方面、多层次满足用户需求,打造优质、多元的 IP 公司。

1.1.5 立足于"崩坏"系列 IP

2012 年,米哈游工作室迎来了自己发展道路上的第一个重要转折点。在成功获得天使投资之后,三位技术宅男开始思考:什么游戏才是二次元爱好者眼中的好游戏? 如何才能让二次元游戏更加主流?

当时,僵尸题材的游戏风靡全球,几个人灵光一闪:如果制作一款以"萌妹子打僵尸"作为玩法的游戏,说不定可以得到市场的肯定。于是《崩坏学园》作为崩坏系列的开山之作正式立项,策划、美术和程序开发三个板块由米哈游团队的 4 个人负责。2012 年 11 月,一款大头萌妹打僵尸的 2D 横版动作游戏《崩坏学园》正式诞生,并在 91 平台进行了首测。虽然这款单机Demo 版产品在玩家中口碑还不错,但是叫好不叫座,这款打怪升级的射击横屏游戏的日活跃用户数量不到 10 万,营业额也十分惨淡,这与他们最初的行业预判差距甚远。那段时间,三位联合创始人经常夜不能寐,自己坚持的二次元行业不被投资机构看好,辛苦募集的资金也在不断减少。也就是在这段时间,米哈游总裁刘伟的一撮白发冒了出来。

面对《崩坏学园》出师不利的状况,三位创始人坚持"技术宅改变世界"的决心,寻找自己产品存在的问题和客户的需求,积蓄下一次迸发的力量!

虽然《崩坏学园》没有挣到什么钱,但它对米哈游最重要的意义就是赢得了好口碑、创造了"崩坏"这一 IP。2014 年初,延续了"崩坏"IP 的 Q 版射击手游《崩坏学园 2》成功上线发售,团队将核心玩法、外围玩法、美术优化等都进行了全面打磨。作为一家靠二次元游戏盈利的公司,米哈游对于未来的期望是玩家能从内心深处产生对二次元游戏等二次元内容的热爱。不同于其他游戏大厂道具付费模式或卡点制的盈利模式,米哈游认为玩家只要喜欢游戏中的人物,就能为人物充钱,也就是通常所说的"为爱付钱"(LovePay)。他们不仅设计了非常唯美的角色,还通过小说、漫画、音乐等方式对角色的背景故事进行了持续的拓展,使得IP更加完善(见图1-1)。从此以后,米哈游的主要盈利模式就变为"线性的游戏剧情+打造受玩家欢迎的角色+利用抽奖等活动将其'卖'出去",也就是根据卡牌游戏特有的商业机制,为用户提供超出其预期的产品。

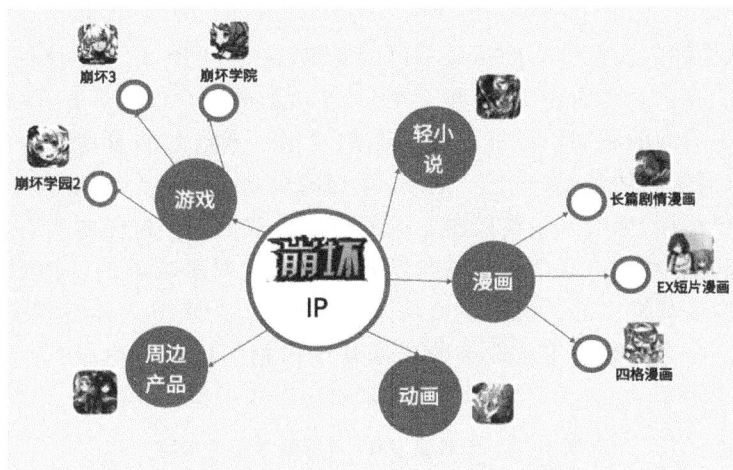

图1-1 "崩坏"IP与各商品间的关联

在随后的游戏安卓端的发行中,米哈游选择了bilibili(简称B站)作为游戏发行商,也正是这个决定让米哈游的《崩坏学园2》在当年的手游领域迅速成为黑马,成为米哈游的翻身之作。B站急速扩张发生在2014年这一年,拥有大量二次元爱好者积累的B站与米哈游的二次元玩家群体有着极高的吻合度。在此之后,米哈游顺势进行了公测,并以很快的速度登顶iOS付费TOP榜,上线仅仅1个月的流水就突破1 000万元,其实现1亿元的收入甚至只用了不到1年的时间。同年7月,米哈游公司凭借1 000万元的注册资本正式成立,蔡浩宇为法定代表人。《崩坏学园2》与B站合作的双赢,取得了注册玩家超4 500万、总流水超10亿元的成绩。对于团队只有7个人的米哈游而言,这份成绩单无疑足够亮眼。这也使得米哈游在国内ACG玩家圈子声名大噪。

有了《崩坏学园2》的成功,米哈游便有了持续现金流的注入,无需再为资金发愁。熬过了艰难时刻的米哈游并没有被一夜暴富冲昏头脑,而是加大投入,推进"崩坏"系列IP的构建与发展。2015年6月,为了对游戏《崩坏3》进行预热,米哈游开始连载漫画《崩坏3》,米哈游对于《崩坏3》这款游戏的定位为国内第一款二次元3D动作手游。2016年10月,米哈游正式推出《崩坏3》,凭借着其在技术上的积累和产品研发等方面的持续突破,《崩坏3》在苹果iOS推荐位上线首周即登顶,并同时进入其畅销榜TOP10。因其精细的画面、精彩的打斗场面,《崩坏3》被冠以"国产手游美工/画质天花板"的名号。截至2017年上半年,《崩坏3》的累计用户量已经达到2 200万,累计流水突破了11亿元。在此之后,米哈游通过Google Play平台为全球玩家带来《崩坏3》,并在全球多个国家和地区,如日本、韩国、东南亚地区等取得了非常好的成绩,《崩坏3》系列在国内手游市场乃至全球游戏市场中已成为一股不可忽视的重要力量。这近乎史无前例的一作,帮助米哈游跻身于国产手游创作厂商的第一梯队。

1.2　中道遇阻：优质资产上市却失败

米哈游于 2017 年 3 月首次向上海证券交易所(SEC)提交招股说明书,谋求在 A 股上市。在等待逾 3 年后,米哈游由于品类过于单一等原因,未能成功登陆资本市场。从米哈游在 2018 年 IPO 排队期间向大众公布的招股书可以发现,在 2014 年,米哈游已经实现营收 1.03 亿元,净利润达到 0.66 亿元。而在 2017 年上半年,米哈游收入已经达到 5.88 亿元,其净利润也高达 4.47 亿元,米哈游的利润值始终保持较高的水平。米哈游的盈利能力放眼整个 A 股市场也是独占鳌头,而这一切都要归功于"崩坏"系列的成功。但一个企业能否成功上市并不是只看其业绩这一项指标,米哈游始终摆脱不了对单一游戏的依赖这样的问题,"仅单一 IP 会影响未来的持续盈利能力"这十几个大字赫然出现在证监会对米哈游的反馈意见中。米哈游的主要营业收入来源是其推出的手机游戏产品,而且"崩坏"系列 IP 更是贡献了米哈游收入的绝大部分,其在 2017 年半年报的主营业务收入板块中占据的比例高达 99.79%,而"崩坏"系列中的《崩坏 3》《崩坏学园 2》两款游戏又贡献了米哈游收入中很大一部分,如表 1-1 所列。

表 1-1　米哈游 2017 年招股书部分内容

万元

时　间	2017 年 1—6 月	2016 年	2015 年	2014 年
移动游戏	58 671.97	42 176.89	17 147.21	9 518.38
崩坏学园	1.39	4.44	8.19	29.99
崩坏学园 2	9 044.48	26 656.06	17 139.02	9 488.39
崩坏 3	49 626.10	15 516.39	—	—
漫画及动漫周边产品	120.47	225.34	117.90	14.56
其他业务	—	—	214.89	783.77
合　计	58 792.43	42 402.23	17 479.99	10 316.71

米哈游 2013 年的财务报表显示,首款"崩坏"系列的游戏,《崩坏学园》并没有为米哈游的营收打开局面,而真正让米哈游进入爆发式增长阶段的作品则是《崩坏学园 2》这款游戏。与此同时,在米哈游公布招股书申报稿时,《崩坏学园 2》也是其主要运营的游戏之一。米哈游 2014 年和 2015 年的收入基本都靠此款游戏维持。《崩坏学园 2》在 2016 年为米哈游带来 2.67 亿元的收入,占总收入的比例达六成以上。该款游戏在 2017 年步入产品的衰退期,在 2017 年上半年为公司仅带来 9 044 万元的收入,占比快速下滑至 15% 左右。《崩坏学园 2》截止到 2017 年 6 月底,已拥有超过 4 400 万的账户,累计充值超过 10 亿元。正是因为《崩坏学园 2》的爆发性增长,米哈游才迎来业绩的高光时刻,但这也从侧面反映出米哈游对单一 IP 的过分依赖。

《崩坏学园 2》的生命周期为 3 年左右,并在生命周期的最后一年步入衰退期,成绩持续下滑、跌入低谷。《崩坏 3》在上线公测后,其百度指数迅速达到高峰值,随后迅速回落,相比于《崩坏学园 2》在成熟期内逐渐走高的充值流水,《崩坏 3》在公测第一个月达到峰值后,并没有能够持续很长时间。产品单一并不可怕,但真正的问题在于如何保证创造收益的长期性和稳定性,而游戏,特别是手游,显然就存在这一问题。不仅如此,证监会还问询了米哈游新增付费用户数的下降以及米哈游的资质问题。米哈游在 2020 年 9 月主动撤回了提交的上市申请，具体原因并未透露，米哈游的上市之路就此戛然而止。经过三年的苦苦等待，以"崩坏"系列而开启上市之路的米哈游，终究还是以"崩坏"系列的结局而收场。

根据游戏业咨询公司 Games One 在 2021 年 6 月 1 日公布的全球游戏独角兽估值榜中，米哈游全球排名第 9 位，预估值 46 亿美元，如表 1-2 所列。

表 1-2 全球游戏独角兽估值榜（部分）

序 号	公 司	估值额/亿美元
1	ByteDance	62.5
2	Epic	28.7
3	Krafton	17.9
4	Valve	17.8
5	ironSource	9.4
6	Smilegate	8.9
7	Playrix	7.8
8	Discord	7
9	miHoYo	4.6
10	Niantic	4

米哈游似乎也认识到了当时自身存在"产品业务单一、过度依赖单一产品"的问题，但受限于技术和原创 IP 的开发难度大，米哈游在 2020 年才推出两款新的游戏《原神》和《未定事件簿》。所以，米哈游依然存在着经营产品单一的风险，假如其主要收入来源受到来自内部和外部因素的双重影响，公司运行极有可能产生巨大的波动。

1.3 柳暗花明：痛定思痛、开拓创新

1.3.1 创建多元化 IP

经历了上市失败的挫折之后，米哈游痛定思痛，下定决心把自己转型为一家做多元 IP 的公司。在成立游戏工作室之后，米哈游逐渐建立起自己的漫画工作室、动画工作室、音乐工作室和周边产品工作室，漫画、动画、音乐、周边产品、游戏被视为整个多元 IP 的重要组成部分，如图 1-2 所示。米哈游也希望在未来的 10 年、20 年到更久的时间里，能够持续运营和创作《崩坏》《原神》这样的 IP，打造能够影响一代人记忆的产品，创作有鲜明时代特征的二次元产品。

自此之后，米哈游的投资之路一帆风顺。对外投资持续、稳步增长，以每年两家左右的速度进行。投资主要围绕游戏三个方面展开，即上下游布局，护住基本盘；在泛二次元领域布局，共建行业生态；拓展和创新业务，如表 1-3 所列。

图 1-2 米哈游的 IP 矩阵

表 1-3 米哈游的投资矩阵

公 司	行 业	投资日期	轮 次	投资金额	投资方
十二光年	泛二次元	2021-02-09	战略投资	数千万元	米哈游、腾讯、红杉资本中国
艾漫动漫	动漫	2020-12-18	战略投资	未透露	米哈游
		2019-07-05	C 轮	数千万元	米哈游、深圳厚德前海基金等
机核网	游戏媒体及社区	2020-11-23	B 轮	千万元级	米哈游
阿佩吉	动漫	2020-06-19	天使轮	数百万元	米哈游、GameTrigger 游戏扳机
蔚领时代	云服务	2020-04-16	Pre-A 轮	数千万元	米哈游(领投)、中手游等
心动网络	游戏	2019-11-29	基石轮	2 300 万美元	字节跳动、米哈游、莉莉丝游戏、苏州叠纸游戏
奥秘之家	密室逃脱	2019-08-20	A 轮	4 000 万元	米哈游、凡创资本等
IPSTAR 潮玩星球	动漫	2018-07-13	C 轮	3 000 万元	米哈游、深圳厚德前海基金等
米画师	动漫	2018-03-27	Pre-A 轮	数百万元	米哈游

　　同时,米哈游也投资关联了众多子公司。就产业广度而言,米哈游的布局就像互联网小巨头的产业布局一样,将软件与信息技术服务、新闻和出版、科技推广与应用服务、零售业等产业包含其中,如表 1-4 所列。从产业垂直度来看,米哈游又是一家在漫、影、游全面布局的传统内容型游戏公司。丰富多元的子公司成为米哈游打造多元化 IP 的基础,为米哈游打造多元化 IP 注入源源不断的活力,共同构成米哈游宏大的布局和规划。

表 1-4　米哈游投资关联的公司①(部分)

企业名称	法定代表人	注册资本/万元	成立日期	所属行业
上海米哈游网络科技股份有限公司	蔡浩宇	3 4103.942 3	2012-02-13	软件和信息技术服务业
北京震宇翱翔文化创意有限公司	徐奥林	193.151 7	2012-12-03	广播、电视、电影和录音制作业
上海米哈游天命科技有限公司	刘伟	30 000	2017-05-17	软件和信息技术服务业
上海米哈游阿尔戈科技有限公司	刘伟	20 000	2020-05-20	零售业
上海米哈游璃月科技有限公司	刘伟	10 000	2020-06-16	新闻和出版业
上海吼美科技有限公司	刘伟	5 000	2020-06-16	专业技术服务业
上海米哈游海渊城科技有限公司	刘伟	5 000	2020-06-16	新闻和出版业
上海米哈游袖缠云科技有限公司	刘伟	5 000	2021-01-14	零售业
上海米哈游派蒙科技有限公司	刘伟	2 000	2020-04-03	零售业
上海米哈游游影铁科技有限公司	刘伟	1 500	2019-02-26	零售业
米哈游科技(上海)有限公司	蔡浩宇	1 000	2014-07-09	专业技术服务业
上海交宅科技有限公司	刘伟	1 000	2018-09-03	新闻和出版业
上海米哈游姬米花科技有限公司	刘伟	1 000	2021-03-02	新闻和出版业
北京奥秘谷文化创意有限公司	徐奥林	100	2014-01-20	体育
哈游文化传媒(上海)有限公司	刘伟	100	2016-02-06	文化艺术业
上海参铳科技有限公司	刘伟	100	2018-09-21	科技推广和应用服务业
上海方得讯科技有限公司	刘伟	100	2018-10-11	科技推广和应用服务业
上海鲁湘赣科技有限公司	刘伟	100	2018-12-12	科技推广和应用服务业
上海霜冠科技有限公司	刘伟	100	2018-12-19	科技推广和应用服务业
上海米哈游重装小兔科技有限公司	刘伟	100	2019-03-13	零售业
成都过度创造科技有限公司	孔相谋	100	2019-09-25	零售业
长沙匙星案馆文化用品有限公司	陈振	50	2019-09-30	批发业
北京奥秘仙境文化创意有限公司	徐奥林	30	2016-12-30	广播、电视、电影和录音制作业
北京奥秘城市互动科技有限公司	徐奥林	11.235 9	2014-03-11	科技推广和应用服务业
北京奥秘国度文化创意有限公司	徐奥林	10	2015-09-10	体育
长沙奥城文化传媒有限公司	徐奥林	10	2015-12-15	体育
沈阳奥灵互动科技有限公司	徐奥林	10	2017-03-08	科技推广和应用服务业
霍尔果斯圣芙蕾雅科技有限公司	刘伟	10	2017-09-12	科技推广和应用服务业
上海羽渡尘科技有限公司	刘伟	10	2019-02-22	零售业

从创始人角度来看,有更多的内容值得我们思考。创始人蔡浩宇掌控米哈游母公司股份中的41%,其拥有3家关联公司,主要从事米哈游的核心技术工作。创始人刘伟掌控22家关联企业,其中包含多个游戏上下游和泛二次元生态公司,这些都是米哈游不断探索新领地的排头兵,一步步在市场运营新品类等前线方面进行布局。徐奥林关联有11家公司,大多数是与

①　来自企查查:https://www.qcc.com/cbase/6c7108d628fc21216e5bc48bb035b61c.html。

奥秘之家等密室逃脱类相关的公司,而且与其相对应的创意、传媒、线下店等都由徐奥林管控。

1.3.2 打造现象级游戏《原神》

自从《崩坏3》杀青之后,米哈游在《原神》的开发上几乎投入了所有的人员。米哈游原来计划是组建 150 人的团队用两年左右的期限完成新款游戏的创作与开发,但开放世界类型游戏的开发难度远远超出制作团队的预期,从游戏引擎到游戏设计都没有达到制作团队预期的效果。与地图上平均分布 1 000 个任务的传统伪开放世界相比,《原神》在设计上除了极具自由度之外,更是将细腻的场景和深厚的文化底蕴展现了出来。《原神》中描绘的内容既包含西方中世纪文化背景的小镇,又包含侠义的国风故事。在大多数手游剧情缺失的大环境下,《原神》努力追求让玩家达到沉浸式体验剧情故事的程度。历时整整三年半的时间,《原神》最终在 2020 年 9 月上线,研发团队超过 400 人,整个项目的研发费用超过 1 亿美元,这对于米哈游来说,无疑是一场豪赌。正是这样大手笔的投入,使得米哈游团队打造的开放世界游戏体验远超玩家预期,《原神》引发了全球范围的游戏狂潮。

2020 年 9 月 28 日,《原神》这款游戏正式面向全世界玩家开放。上线即收获全球玩家厚爱,截至 2021 年 2 月 4 日数据,夺得 30 多个国家和地区的游戏畅销榜冠军,其中包括日本、韩国、美国、德国、法国等,全球 108 个国家和地区游戏畅销 TOP 榜单的前 10 名中,《原神》都占据一席之地。表 1-5 列出了《原神》在部分国家游戏畅销榜的排名情况。从各个方面来看,《原神》都获得了非常不错的成绩。仅在游戏上线的第一个月,《原神》在全球范围内就获得了 2.45 亿美元的收入。截至 2021 年 2 月底,《原神》的创收达 8.74 亿美元,其中 29% 的收入来自国内市场,28% 的收入来自日本市场,18% 的收入来自美国市场,25% 的收入来自其他国家和地区的游戏市场。《原神》成为在手游榜单中仅次于《王者荣耀》和《和平精英》的手游,在所有手游榜单中位列第三名。在《原神》推出 3 个月之后,就拿下国内游戏出海收入榜的第一名,把腾讯的《绝地求生:刺激战场》甩在身后。《原神》移动端的收入突破 10 亿美元仅仅用了半年时间,与之相比,腾讯的《王者荣耀》花了 18 个月才达到这样的成绩。

表 1-5 《原神》在部分国家游戏畅销榜排名情况

国 家	最高畅销榜排名	国 家	最高畅销榜排名	国 家	最高畅销榜排名	国 家	最高畅销榜排名	国 家	最高畅销榜排名
中国	1	加拿大	1	韩国	1	法国	2	美国	1
日本	1	马来西亚	2	新加坡	1	荷兰	3	瑞士	1
文莱	1	卢森堡	2	德国	1	泰国	3	伊朗	1
菲律宾	1	澳大利亚	1	越南	1	西班牙	3		
比利时	4	巴西	4	芬兰	6	印度尼西亚	1		

根据 Sensor Tower 数据,2021 年《原神》全球营收达到 18 亿美元,成为海外最赚钱的游戏。仅仅 2022 年第一季度,收入就达到 5.51 亿美元。

1.3.3 《原神》陷入抄袭风波

2019 年 6 月 8 日,《原神》发布了第一条 PV(游戏发行时制作的同步宣传影像),并于两周后开始公测。由于游戏中的世界观、美术、UI、角色动作和交互设计等多方面神似任天堂旗下的《塞尔达传说：荒野之息》，因而《原神》引发很多玩家关注，受到不少玩家质疑，随后更是被人吐槽抄袭和碰瓷营销，有人甚至将米哈游讽刺地称为"米忽悠"。在知乎等社交软件上，与《原神》有关的讨论话题中，负面和消极的评价超过90％。众多网友和玩家认为，《原神》只是一个"缝合怪"。"是借鉴还是抄袭"，这一话题在玩家中引起了广泛的热议。在愈演愈烈的争吵中，《原神》制作组发布了《致玩家的一封信》，称深知自己并没有凭空创作出一款开放世界游戏的能力，《原神》是一款不断向前辈学习、汲取经验，最终一步步诞生的游戏。他们向 B 社学习任务系统，向 GTA 学习随机事件，向 BOTW 学习世界探索体验……正因为如此，被玩家吐槽抄袭也是情理之中。

面对持续的用户争议，《原神》仍陆续开放游戏测试，并表示只会在安卓平台中的 B 站登陆。换句话来说，《原神》拒绝了与"五五分成"的联运渠道继续合作，放弃了在主流安卓手机的应用商店（如华为、小米、OPPO、VIVO 等）上架。但通过之后《原神》取得的巨大成功可以发现，放弃渠道并没有给《原神》带来负面影响。

2019 年 8 月 1 日，米哈游发布了一条全新宣传片——《原神》跟着安柏一起探索提瓦特大陆吧！这则宣传片将《原神》与《塞尔达传说：荒野之息》这两款游戏差异明显的战斗系统展示给玩家，最后更是向玩家提供了与原本地图完全不同的中国风地图，甚至还使用了动作捕捉等前沿技术打破了玩家对《原神》"动作抄袭"的批评。《原神》的核心玩法也与《塞尔达传说：荒野之息》的玩法存在极大的区别。此后，《原神》在法律层面和玩法层面均洗清了自身可能存在抄袭的嫌疑，回应了外界网友的质疑和争论。

对于米哈游的态度，玩家总是矛盾不断。一方面，米哈游对于技术的钻研、资金的投入、游戏的打磨等方面的不遗余力和精益求精值得敬佩和尊重；另一方面，其多方借鉴、生搬硬套的方式也引起了玩家的反感。但无可否认的是像《原神》这样一款现象级游戏，代表了手游的天花板水平，构建如此宏大的场景，难免需要借鉴和学习其他游戏的优势和长处。

1.4 寻根溯源：为什么成功的是米哈游

1.4.1 Z 世代成为游戏主力军

《原神》取得的巨大成功让游戏研发商看到消费者对高品质游戏巨大的需求。以二次元文化为核心的米哈游的成功，离不开包括 Z 世代（又称网络世代，是指 1995—2009 年间出生的人群）在内的 90/00 后人群在消费市场中话语权的不断提升。有人说，得 Z 世代者得天下。

大多数 Z 世代是"独生的"，由于缺乏兄弟姐妹，他们非常孤独，在现实中交际的欲望并不高，他们更愿意将时间和精力投于网络之中。结合 QuestMoblie 及方正证券研究所的数据来看，00 后群体中仅有 33.6％的人愿意主动与熟人社交，90 后则是 42.2％。截至 2022 年 6 月，Z 世代线上活跃用户的规模达到惊人的 3.42 亿，月人均上网时长近 160 小时，月人均单日上网时长约 7.2 小时，特别是在 21 点到次日 0 点这一时段的用户活跃度，明显高于全网用户，如图 1-3 所示。Z 世代对圈层社交、娱乐的需求呈现出与二次元用户相仿的属性，对产品审美要求更高，因此产品口碑变得极其重要。米哈游的商业模式恰恰迎合了他们的需求，满足了他们的预期。

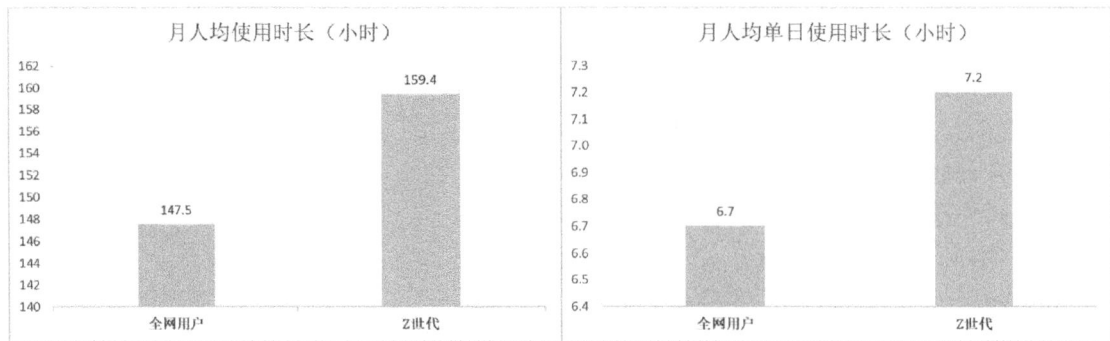

图 1-3 Z 世代和全网用户使用互联网时长情况①

1.4.2 专业成就卓越

米哈游是一家十分了解二次元文化的公司，喊着"技术宅改变世界"的口号，依靠"崩坏"系列积累的建模和动作打击等方面的经验，其技术实力可谓独占鳌头。

对于二次元游戏玩家而言，二次元游戏最重要的要素之一是游戏人物的建立、立绘和建模。凭借"卡通风格光影渲染技术"和"勾线渲染技术"这两项专利，米哈游在游戏人物建模领域可谓领军企业。除了建模之外，米哈游建立在《原神》中的各种物理效果以及无缝大地图也让无数友商望尘莫及。由于这些效果根本没有办法采用"拿来主义"，游戏制作团队只能逐个进行测试和琢磨，这样的游戏制作模式对于习惯制作流水线换皮游戏的游戏厂商而言，想要借鉴，就需要投入巨大的前期成本和技术研发。截至 2021 年 10 月，米哈游的发明专利达 300 个，仅《原神》的发明专利就超 210 个，甚至在游戏拍摄环节就申请了 50 多个专利，这是业内绝无仅有的，米哈游因此被称为是在用做动画的思维做游戏。

在美术层面，拥有清晰的特点和独特的性格是二次元游戏中人物十分重要的因素。米哈游从动作、武器、表情、装饰、配音等细节层面去塑造人物的形象，让宅男们对纸片人念念不忘，将其当作精神依托。在众多游戏玩家的眼中，这些人物与现实中的真人没有任何差异，而且他们能在次元尺度完成很多现实生活中无法完成的任务。蔡浩宇曾提到，将来脑机接口发展到十分成熟阶段时，他希望米哈游团队能够运用这些新技术来让游戏角色的形象变得更加生动、更加立体、更能打动玩家们的心。到那个时候，不仅是老婆或老公，甚至是人类，宅男们都不再需要。那个时代才是真正的元宇宙时代。

米哈游最厉害的地方，是让《原神》实现了全平台互通，也就是整个平台的互通都让"原神"实现了。在国内手游界，"端游转手游"是最炙手可热的商业模式，只要游戏大厂将 21 世纪初端游时代的经典 IP 简化部分功能，按照手机性能制作成手游（这就是财富密码），就能够实现名利双收。无论是腾讯的《王者荣耀》等，网易的《大话西游》等，还是畅游的《天龙八部》等，都依靠着"老树开新枝"这一招，最终赚得盆满钵满。米哈游则反其道而行之，将《原神》打造成全平台互通的"手转端"游戏。事实上，如何让一个 PC 级别的游戏在手机上流畅地运行起来才是《原神》制作最大的难度所在。对于这个业界普遍认为不可能完成的任务，《原神》开发团队

---

① 来自 QuestMobileGROWTH 用户画像标签数据库（2022 年 6 月）。

通过对 UNITY（《原神》的开发引擎）进行优化，创造了业界的奇迹，这一点甚至没有任何先例。《原神》已经成为一款典型的现象级游戏，代表着国产手游顶尖的水平。

1.4.3 商业模式再创新

酒香犹恐巷子深，纵然技术优秀、体验超群，一款游戏想要获得市场的认可，游戏发行的渠道依然是游戏厂商无法绕开的重要一环。但是对于各大手游厂商而言，渠道举足轻重的地位导致游戏发行行业产生"人为刀俎，我为鱼肉"的状况。苹果要求在游戏厂商中获利 30% 抽成，而国内的发行商和渠道商更加暴利，手机游戏无论是在手机品牌商的应用商店上架，还是在腾讯/头条系控制的买量和分发渠道上架，游戏厂商哪怕什么都没有做，都至少需要给相关发行商和渠道商留下五成的买路钱。如果没有渠道商和发行商的推动，游戏厂商想要在浩瀚的轻品质、重宣发的手游市场中生存下去，无异于痴人说梦。因此他们基本没有任何选择，面对渠道商七三开甚至九一开的暴力分成，游戏厂商都只能忍气吞声。表 1-6 为国内游戏发行渠道分布情况。

表 1-6 国内游戏发行渠道分布情况

阵 营	总规模/亿元	合作方式	主要渠道	渠道分成/%	CP 毛利润/%
IOS	700	联运	App Store	30	10~30
		买量（给苹果商店导量）	头条系	40~60	
			腾讯系广点通		
			各种流量 App		
Android	400	联运	华为	50	15~20
			OPPO	50	1~10
			VIVO	50	1~10
			哔哩哔哩	50	20~25
			TAPTAP	0	50~70
			阿里九游	50	5~15
			腾讯应用宝	50	1~8
			各种长尾		5~8
			小米金立酷派联想360魅族	50	5~8
	400	买量（可直接下载）	头条系	40~60	5~15
			腾讯系广点通		5~15
			各种流量 App		5~12
		其他	官网等		60~70

与其他游戏厂商的游戏完全不同，《原神》凭借自身的硬实力，拥有足够与传统渠道进行反抗的底气。TAPTAP 是一家不抽成的运营商，因此，《原神》除了选择与 B 站这个充满二次元属性的老伙伴继续合作之外，绕开了所有国内的应用商店，选择与 TAPTAP 合作联运，没有赚差价的中间商。在 B 站、TAPTAP 论坛等渠道获得成功的米哈游全面结束了与授权运营商的合作关系，实现了相对较低的渠道依赖度。独立运营模式理论的净利润率能达到 95% 以

上，远高于需要在营销推广等环节进行巨大投入的运营模式。

1.5 前路坎坷：来自行业老大的冲击

腾讯作为中国游戏业的老大，凭借巨大的社交用户优势与雄厚的经济实力，一直保持在游戏行业的领头地位。腾讯已经在二次元领域布局了很长时间，覆盖了网文、漫画、动漫、游戏衍生等多个领域，从上游 IP 到商业化开发，腾讯在二次元布局上已经形成多方位、全产业链的格局，从线上到线下，腾讯都已经布局二次元。图 1-4 展示了腾讯在 ACGN（Animation，Comic，Game，Novel）领域庞大的用户量。早在 2012 年，腾讯互娱事业部（IEG）就开始在动漫业务上默默布局，组建腾讯动漫，并将头条 IP 逐渐聚拢。2014 年，腾讯动漫花费重金着手国产动漫领域的布局，《妖狐小红娘》等多款 IP 均被腾讯签约。2016 年，腾讯在 B 站投入 2 亿元巨资进行入股，抢占了一个"二次元"用户众多的"山头"。随后，腾讯投资团队更是四处出击。从腾讯的公开资料不难发现，包括顶级内容供应商、版权代理和衍生品开发公司，以及原创漫画和动画制作公司在内，截至 2020 年，至少有 30 家二次元公司获得腾讯的投资。

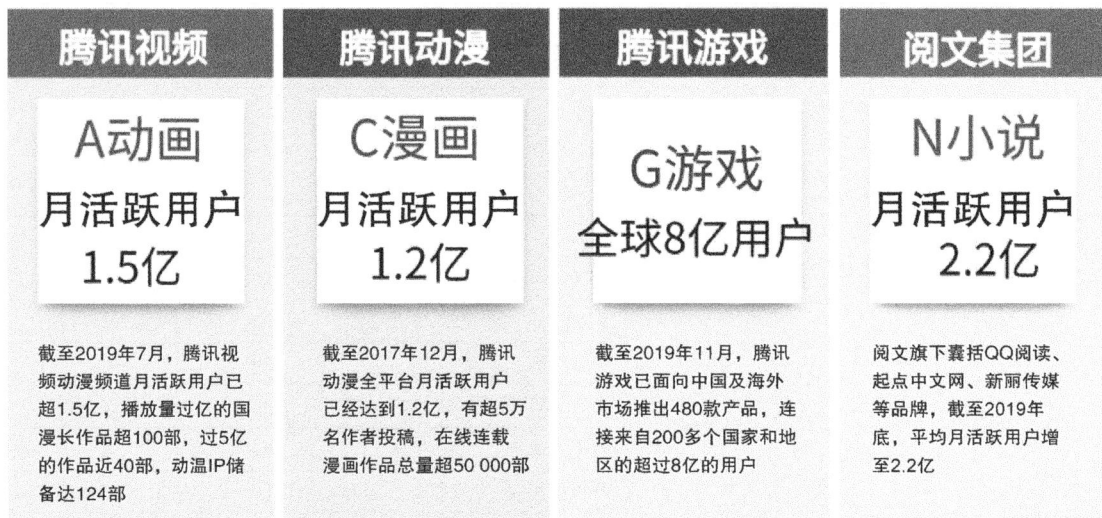

图 1-4　腾讯在 ACGN 领域庞大的用户量

根据腾讯发布的《解锁次元力，2020 年腾讯二次元营销通案》不难发现，腾讯三大 IP 孵化基地由阅文集团、腾讯动漫和腾讯游戏共同组成，如图 1-5 所示。同时，通过投资和合作等方式，腾讯总共获得近 2,000 家的国内外合作伙伴。截至 2019 年 11 月，腾讯游戏已推出 480 款产品，覆盖了中国及海外市场，在线阅读平台已达数十家。此外，腾讯已经储备 1,170 万部作品，越来越多热爱二次元的年轻用户群体被腾讯丰富多元的优质内容储备所吸引。截至 2017 年底，腾讯动漫频道的月活跃用户已经突破 1.2 亿，2019 年底，腾讯游戏全球用户量已突破 8 亿，形成了强大的二次元生态，如图 1-4 和图 1-6 所示。

对于二次元手游市场，腾讯、网易这样的大公司凭借自身更悠久的深耕历史以及更为雄厚

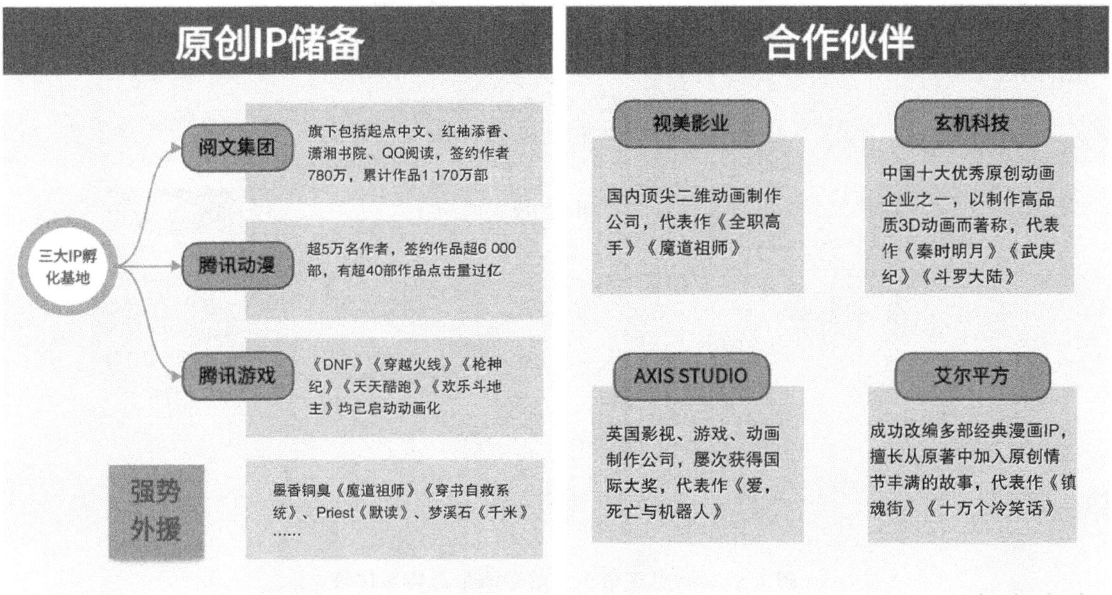

图 1-5　腾讯三大 IP 孵化基地与合作伙伴[①]

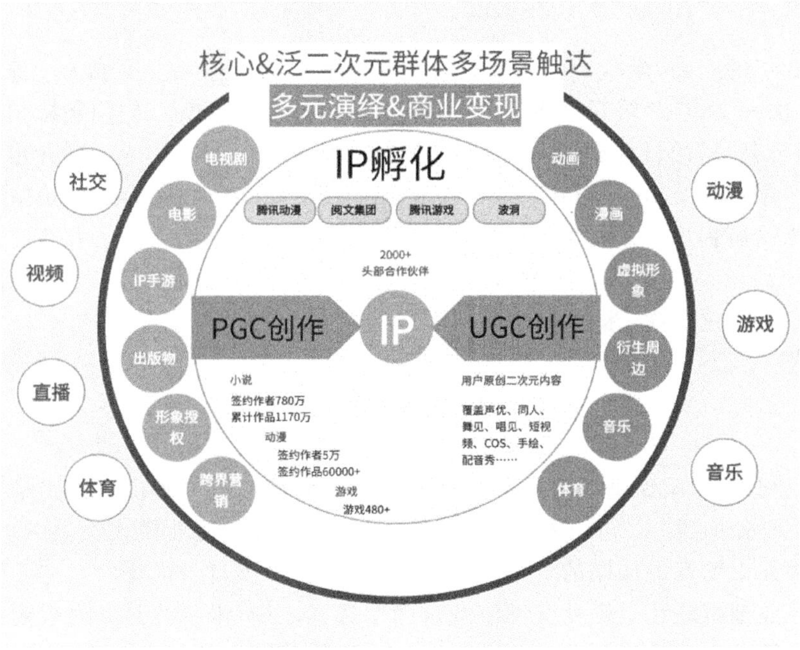

图 1-6　腾讯凭借自身优势,形成了强大的二次元生态[②]

的资金实力一直在自产 IP 或是投资布局方面占据巨大优势,如图 1-7 所示,米哈游注定将受到强烈的冲击与挑战。而对于处于细分市场的米哈游而言,在自己的二次元战场迎战众多对

---

①　摘自《解锁次元力,2020 年腾讯二次元营销通案》(https://www.sohu.com/a/406478706_295833)。
②　来自 GameLook:http://www.gamelook.com.cn/。

手的未来是可以预见的,这是一场不可以输的战斗。机遇与挑战并存,这也是米哈游在与大公司竞争中崛起和迸发的一个契机。

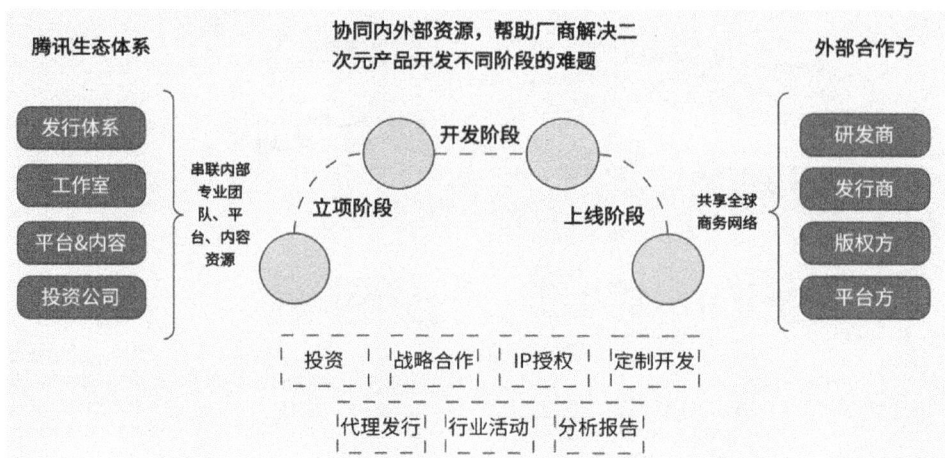

图1-7 腾讯深耕多年的游戏生态体系优势①

1.6 尾 声

历经了10年的磨砺,米哈游已经从只有3个人的创业工作室发展成为一家拥有2 400名员工的成熟二次元文化IP公司。秉承着"技术宅拯救世界"的使命,他们坚持初心,继续为"成为世界一流动漫公司"的目标努力着。在中国动漫文化正强势复兴、泛二次元市场日益壮大的新发展节点上,秉承着"Something New、Something Exciting、Something Out of Imagination"的研发理念,米哈游提出了新的愿景:在2030年,打造出一款全球10亿人都愿意生活在其中的虚拟世界。

面对新的挑战,这一次,米哈游还能继续成功吗?

启发思考题

1. 在创业初期,米哈游遇到了哪些困难? 采取了哪些措施来解决这些困难?
2. 米哈游是如何进行一步步探索的? 最终确立了怎样的商业模式?
3. 在二次元市场竞争加剧的背景下,米哈游应如何巩固自身优势?
4. 在做专业型游戏还是做社交型游戏这两个选择之中,米哈游是如何权衡的?
5. 对于在手游方向进行创业的企业,应该从哪些方面学习米哈游,以在竞争激烈的市场中生存与发展?

---

① 来自 GameLook:http://www.gamelook.com.cn/。

附　录

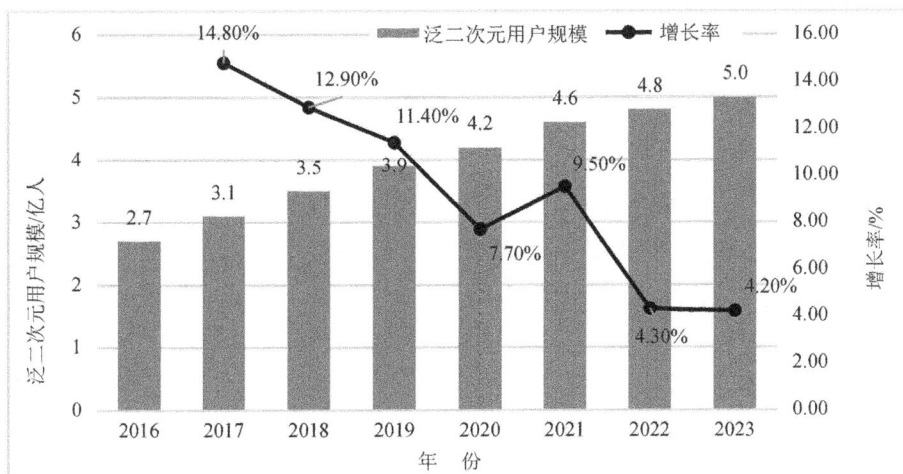

注：具体数据是前瞻产业研究院综合市场调研、行业访谈以及数据推算模型。

2016—2023 年中国泛二次元用户规模及增长率①

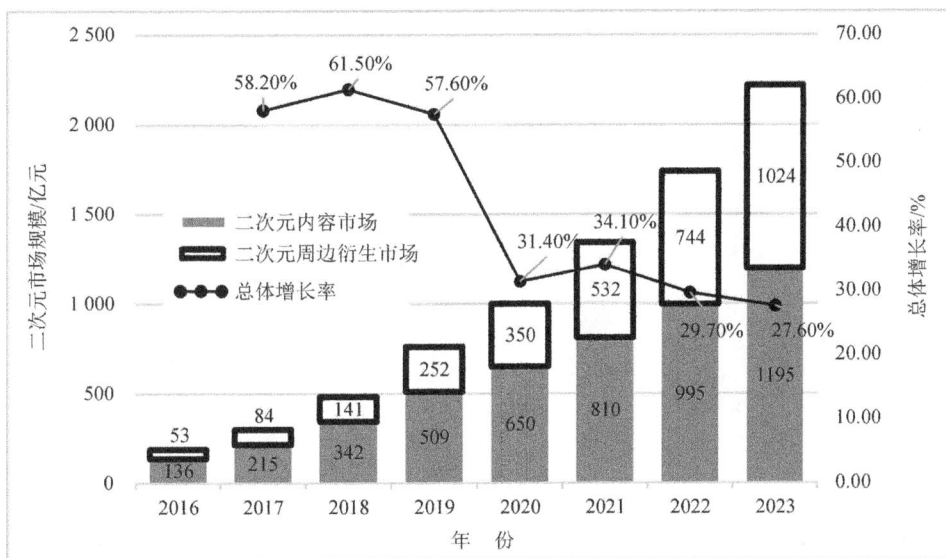

注：① 二次元内容市场主要包括三个方面，分别是二次元漫画、二次元动画和二次元手游；

　　② 二次元周边衍生市场主要包括四个方面，分别是二次元潮流玩具、二次元虚拟偶像、

　　　　二次元线下娱乐和二次元服装；

　　③ 具体规模是根据艾瑞原有历史数据、市场变化情况，结合艾瑞市场调研、行业访谈以及数据推算模型。

2016—2023 年中国二次元市场规模及增长率②

---

① 来自 www. iresearch. com. cn。

② 来自 www. iresearch. com. cn。

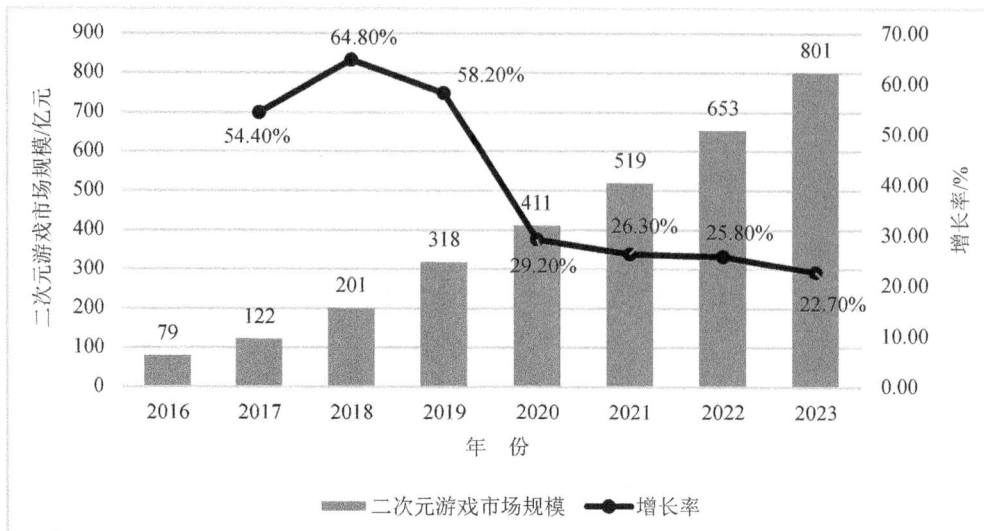

注：① 综合互联网公开信息、行业访谈及企业财报,根据艾瑞统计模型核算,仅供参考;

② 二次元游戏的市场规模约等于二次元手机游戏的市场规模,一些在国外生产、中国发行的二次元端游未在计算范围内。

2016—2023 年中国二次元游戏市场规模及增长率①

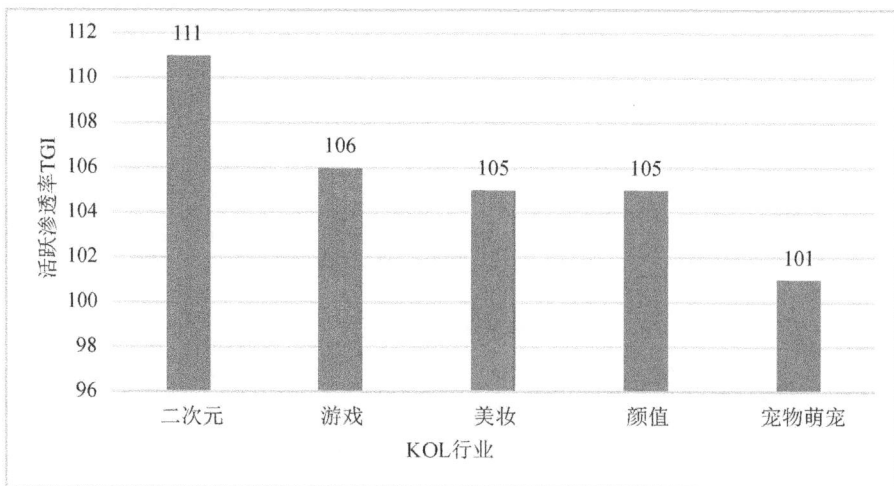

注：选取 Z 世代用户活跃渗透率≥30％的 KOL 行业,
按活跃渗透率 TGI(Target Group Index)降序排列。

2022 年 6 月 Z 世代用户 KOL 行业活跃渗透率 TGI TOP5②

① 来自 www.iresearch.com.cn。
② 来自 www.iresearch.com.cn。

参考文献

［1］橘焗桔 Miujujujuju. 米哈游（miHoYo）发展史及相关解读（修正版）［EB/OL］.（2021-11-08）［2023-09-16］. https://www.bilibili.com/read/cv11082885.

［2］企查查. 上海米哈游网络科技股份有限公司［EB/OL］.（2012-02-13）［2023-09-16］. https://www.qcc.com/cbase/6c7108d628fc21216e5bc48bb035b61c.html.

［3］QuestMobileGROWTH 用户画像标签数据库2022年6月［DB］. https://www.questmobile.com.cn/products/truth.

［4］媒介360. 腾讯广告：解锁次元力2020腾讯二次元营销通案［EB/OL］.（2020-07-08）［2023-09-16］. https://www.sohu.com/a/406478706_295833.

［5］GameLook［DB］. http://www.gamelook.com.cn/.

［6］蒋金成.2024年中国二次元产业用户分析泛Z世代为主要需求群体【组图】［EB/OL］.（2024-08-22）［2023-09-16］. https://www.qianzhan.com/analyst/detail/220/240822-68d0edc8.html.

科大讯飞：蛰伏二十载，砺得 AI 智能春暖花开

技术要过硬，赛道更要跑对

在阿尔法狗战胜围棋冠军之后，越来越多的人对人工智能有了更深刻的认识，人工智能广阔的前景和光明的未来无可置疑，因此，人工智能的商业化应用被很多企业提上议程。有人认为，随着人工智能一步步走入人们的日常生活，只要掌握一项过硬的人工智能专利技术就能在未来抢占商机、拔得头筹，因此，当今的各大人工智能企业应该在技术研发方面投入更多的精力。但是，编者认为，拥有过硬的人工智能专利技术是远远不够的，如果有了专利技术但无法变现，那么这项技术将很难推广和应用，只有将过硬的技术与高效的商业模式相结合，才能在人工智能这条跑道上一马当先。

作为智能语音行业的开拓者，科大讯飞股份有限公司（以下简称"科大讯飞"）的战略模式为我们带来的启示意义重大。一方面，科大讯飞在智能语音行业持续发力，先后推出 AI 战略1.0 和 2.0，凭借自身过硬的人工智能技术，打造便捷、高效、低代码的语音平台；另一方面，面对竞争日益激烈的人工智能市场，科大讯飞不断调整商业战略，选择适合的商业模式，由 To C 到 To B，再到 To B＋To C，全面布局"平台＋赛道"，从多个渠道为人工智能赋能，一步一个脚印，最终成长为行业内的"独角兽"。由此可见，拥有过硬技术的同时，更需要正确"赛道"辅助，这样人工智能企业才能越"跑"越远。

摘要：科大讯飞成立 20 多年以来，其从中国语音产业的拓荒者，一步一步成为了该行业的领军者，也以首批人工智能国家队的身份，占据中国智能语音行业"领头羊"的地位。2019年科大讯飞营收首次突破百亿元，同时实现人工智能战略从 1.0 到 2.0 阶段的跨越，开启了新的商业化征程。一路走来，科大讯飞克服重重困难中，走出了一条独属于自己的"弯曲的直线"，从 ToC 到 ToB，再到 ToB＋ToC 的双轮驱动，全面布局"平台＋赛道"，最终成为业内少有的同时从两端进行布局的 AI 企业。本案例对于人工智能浪潮下，科技创业公司的市场进入战略及商业模式演化有启发作用。

2.0 引 言

"人工智能技术的发展就像种子从萌芽到鲜花怒放，首先要经历黑暗土壤的孕育和萌芽，栉风沐雨后才能含苞怒放。"

——刘庆峰（科大讯飞创始人）

2021 年 10 月 23—26 日，"第四届世界声博会暨 2021 科大讯飞全球 1024 开发者节"以"AI 共生·新征程"为主题在安徽合肥隆重举办。刘庆峰在展会的开幕式上谈到："在科大讯飞和所有开发者们的共同努力下，人工智能的技术，从源头技术创新到助力产业发展，再到为疫情防控而服务的生产复工及社会事业建设的各个领域，逐渐实现了蓬勃发展。今天，在这里，我希望能和在座的各位一起，听见人工智能花开的声音……"如果把 1956 年美国东部达特

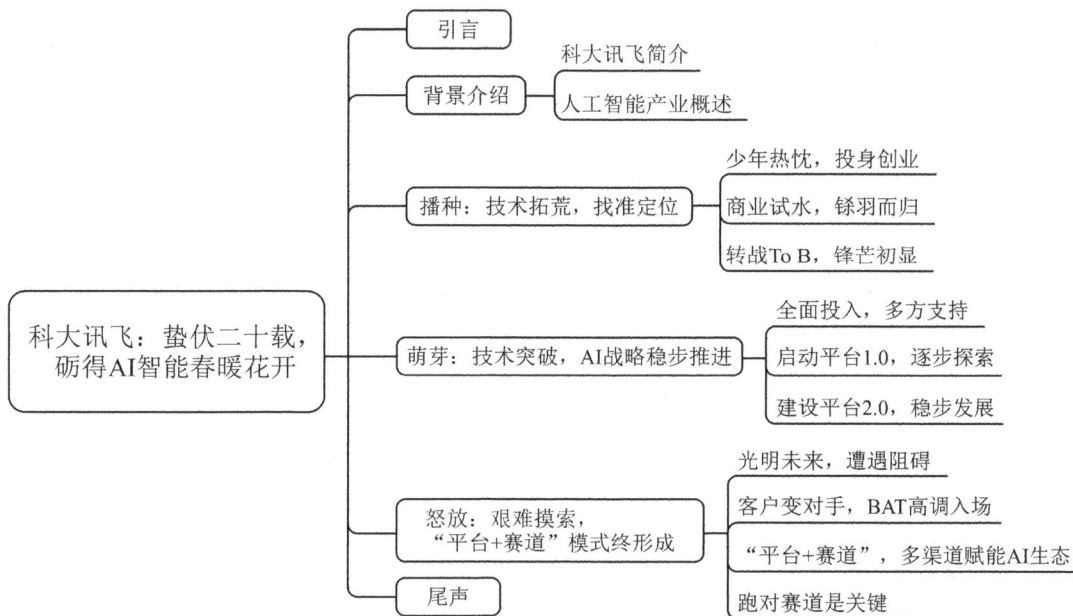

案例 2 思维导图

茅斯的学术会议作为起点算起,世界的人工智能行业至今已走过 67 个年头。这 60 余载,人类一步步见证了人工智能如何从仅存于科技小说、科幻电影中的奇妙想象,发展到活跃于各行各业的实践应用,并满心期待其未来与人们日常生活的更进一步结合。

正如人工智能的发展历程一般,科大讯飞就像深埋于地底的种子,扎根土壤奋力汲取养分,才最终开出一株清冷的傲梅。起初创立的科大讯飞并不起眼,而在 20 年后,当科大讯飞重回人们视野中时,一系列绚丽的数字令人惊叹不已:160 万 AI 生态合作伙伴、267 项能力和解决方案、89 个行业应用科大讯飞 AI 能力、全国 80% 的翻译机市场份额被占据、中文语音上的识别率高达 98%、AI 政法覆盖 30 个省市自治区、AI 医疗覆盖 200 个以上的三级医院、AI 教育覆盖全国 25 000 所学校、AI 技术为 60 万手机 App 所使用、语音访问次数为 40 亿~50 亿次/日。每一次突破都费尽心血,每一个令人惊叹的数字都来之不易,回顾这一路的创业历程,刘庆峰感慨颇深……

2.1　背景介绍

2.1.1　科大讯飞简介

科大讯飞股份有限公司(简称科大讯飞)成立于 1999 年,总部设立在安徽省合肥市,其发展历程如图 2-1 所示。科大讯飞于 2010 年发布了可以为开发者提供一站式人工智能解决方案的人工智能开放平台——讯飞开放平台,该平台以智能语音和人机交互作为核心。为了研发认知智能系统,2014 年科大讯飞基于类人神经网络,启动了"讯飞超脑计划"。2016—2018 年是科大讯飞最为蓬勃发展的几年,公司前期深耕的技术创新,取得了丰厚回报。随着人工智能的发展,2019年科大讯飞的 AI 战略正式由 1.0 阶段进入 2.0 阶段。该阶段以人工智能应用规模化落地为目标,立志在未来能够达到十亿用户、实现千亿收入、带动万亿产业生态,最终成为中国人工智能产业领军者。

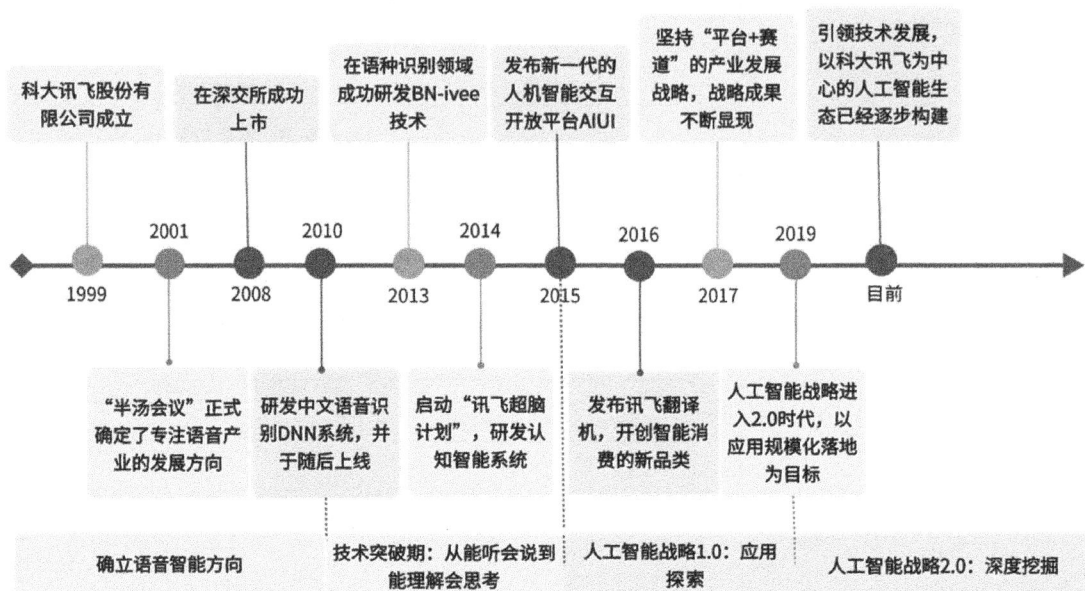

图 2-1 科大讯飞的发展历程

科大讯飞自成立以来,长期从事涵盖自然语言理解、自主学习等核心技术的研究,目前这些技术均处于国际前沿水平。公司已经形成横跨 2G、2B、2C 多个领域的完整产品矩阵,如表 2-1 所列。

表 2-1 科大讯飞的业务范围

To C 业务	讯飞开放平台	
	消费者业务:包括讯飞翻译机、讯飞智能录音笔、讯飞智能转写、讯飞学习机等	
To B 业务	智慧教育:包括精准教学、自主学习、智慧考试、高效管理、创新教育	
	智慧医疗	智慧医院:包括全流程医疗服务机器人、AI 电子病历系统、医疗定制阵列麦克风、云医生移动医护平台、CDSS 平台、医疗语音输入系统
		AI 辅诊平台:包括肺部 DR 多病种辅助诊断系统、乳腺钼靶辅助诊断系统、肺部 CT 结节辅助诊断系统、糖网眼底筛查平台
		家庭医生助手:包括全科辅诊诊疗系统、智能外呼助手
	智慧城市:包括城市超脑、交通超脑、智慧政务、智慧信访、智慧档案、AI 人才培养	
	智慧汽车:包括飞鱼车机、飞鱼 AI 套件	
To G 业务	智慧司法:包括智慧警务、智慧检务、智慧法院、政法跨部门大数据办案平台、智慧"视检"	
	AI 纪检监察:包括 AI+信访、AI+留置、AI+审理、AI+办公	

2.1.2 人工智能产业概述

随着近些年深度学习的兴起，人工智能产业带来了一场系统重塑的大变革。从全球的视角来看，截至 2022 年 6 月，全球人工智能市场规模已经达到 1 198 亿美元，且这个规模在未来还将持续上升。相关研究预测：到 2030 年，全球人工智能市场规模将突破 15 910 亿美元，如图 2-2 所示。中国互联网产业发达，庞大的人口数量优势为 AI 算法积累了大量用户数据，丰富的应用场景也为其产业进一步发展添砖加瓦。据 Forst&Sullivan 预计，2020 年中国人工智能市场份额在全球总份额中的占比已接近 15%，2024 年将达到 20%。

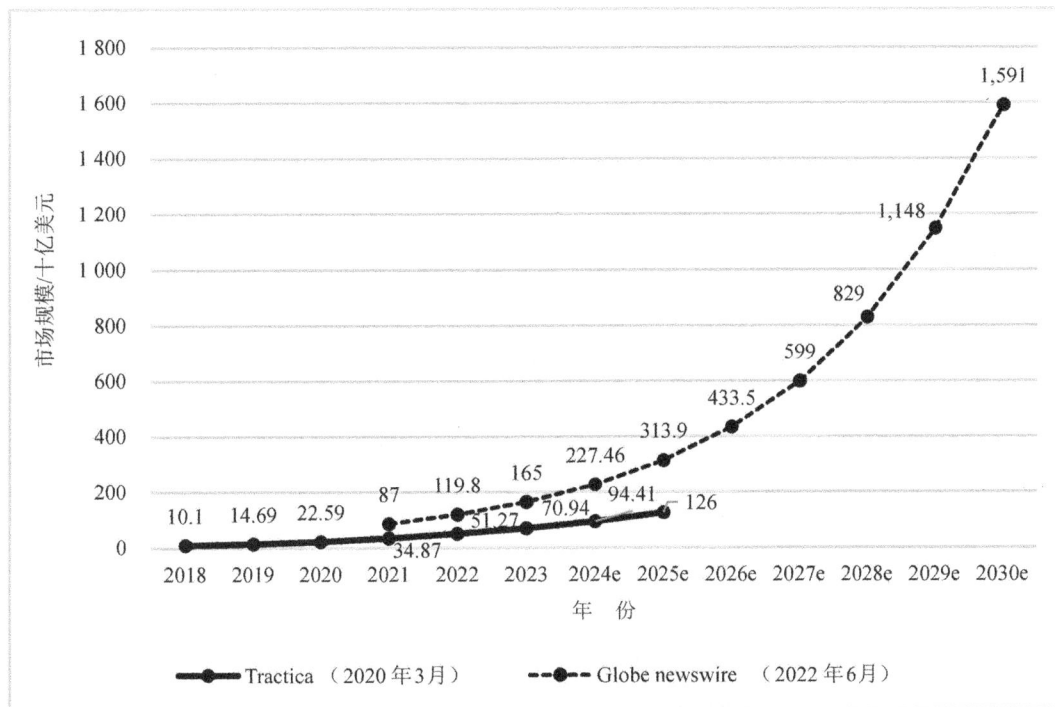

图 2-2 2018—2030 年全球人工智能市场规模①

应用场景落地及商业转化是中国人工智能市场关注的重点。我国"AI＋"技术通过与其他行业深度融合，赋能社会产业发展。艾瑞咨询的相关数据显示，在 2020 年，中国约 6 000 亿元的其他产业增量是由 AI 产业创造和带动的，按照这个趋势，在 2025 年，从 AI 产业中获益产业将突破 1.6 亿万元，如图 2-3 所示。

除此之外，人工智能从 2016 年开始，在全球范围内逐步上升为政府的国家战略。"人工智能"这一名词于 2017 年被我国政府首次写进政府工作报告之中，同时，《新一代人工智能发展规划》三步走战略也被国家发布。2020 年，《中华人民共和国国民经济和社会发展第十四个五年规划和 2035 年远景目标纲要》(简称"十四五"规划纲要)中又再次强调"瞄准人工智能、量子信息等重大科技项目"。AI 这一领域必然将获得更加广阔的发展前景。

---

① 资料来源：艾瑞咨询，中金公司研究部，https://www.iresearch.com.cn/。

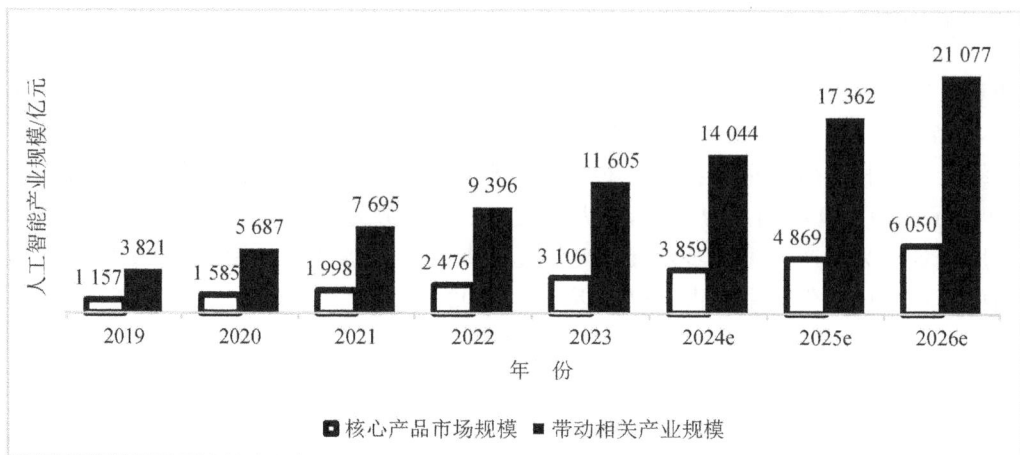

注：核心规模包括计算机视觉、智能语音、对话式 AI、机器学习（含自动驾驶）、知识图谱、自然语言处理、
AI 芯片等核心产业，2021—2026 年，其 CAGR＝24.8％；带动规模为达到 AI 应用目的
而连带采购的、具有相关性的软硬件产品、服务，2021—2026 年，其 CAGR＝22.3％。

图 2 - 3　2019—2026 年中国人工智能产业规模①

2.2　播种：技术拓荒，找准定位

"科大讯飞是一家由大学生创业的高科技企业，早期我们什么都不懂，仅凭一腔热情在技术创新和市场竞争中拼杀突围。"

——江涛（科大讯飞高级副总裁）

2.2.1　少年热忱，投身创业

1999 年，中国商业史激荡出成就辉煌的新气象。在这一年，马云创立了阿里巴巴，成就了中国电商领域的一段传奇。彼时，在距离杭州 400 多公里外的安徽合肥，一位中国科学技术大学的博士生带领十几名同学，开启了创业生涯。他就是刘庆峰——科大讯飞的创始人。

在青春时期，刘庆峰就有一段传奇故事，这也注定了这位少年在未来会成就一番不凡的事业。1992 年，由于出色的数理能力，刘庆峰以一名大二学生的身份，破格加入王仁华教授的国家级语音实验室。加入实验室后的第二年，他就通过技术改造，将一个日本语音分析工具的效率提高了 10 倍，这让王教授大为震惊。在随后的几年时间里，头顶"天才少年"光环的他，又担任了国家重点实验室"语音合成技术"863 项目的负责人，成为语言学大师吴宗济的弟子。当时中国的语音合成技术市场几乎全部被 IBM、微软等国外巨头抢占，国内这项技术并不成熟。因此，为了打破这一尴尬的局面，国家提出了"863 语音合成技术"项目，这一项目也倾注了刘庆峰的科研启蒙教授、语言学大师以及刘庆峰自己三代人对"语音合成技术"的梦想与期待。

与此同时，互联网的第一波热潮也在华夏大地上掀起。刘庆峰认为语音合成技术有望成为这一时代到来的入门技术，未来一定会拥有广阔的发展空间。于是，意气风发的少年凭着一

---

① 资料来源：艾瑞咨询，中金公司研究部，https://www.iresearch.com.cn/。

腔热忱,开启了创业之路。此时这群少年的创业想法很单纯也很直接:中国人必须自己研发中文语音合成技术,在这个行业中国人必须做全世界的领军者,这一行业必须牢牢掌握在中国人自己的手上。

2.2.2　商业试水,铩羽而归

刘庆峰通过大学和研究生期间学习的语音知识和科研经验的积累,以及从事语音技术研究的王仁华、吴宗济等几位业内顶尖人才的技术支持,为其创业打下了良好的技术基础。公司成立后,得到学校和合肥政府的大力支持,初始即获得 300 万的融资。但打破技术壁垒只是企业立足于市场的根本要素之一,如何将技术推向市场、实现价值变现才是从实验室转向产业化的最关键问题。

在创业初期,科大讯飞的创业团队将产品的定位规划为:AI 语音产品直接面对大众消费市场。由于电脑终端主要采用英文字母键盘输入信息,中华民族数千年的方块汉字面对英文字母水土不服,所以如何破解“语言不通”的障碍是那个年代亟需重点攻克的难题。因此,科大讯飞推出了第一款面向 PC 的 AI 语音软件——“畅言 2000”,希望能让很多既想使用计算机又怕学计算机的人“只要会说话,就会用电脑”。在 AI 中文平台的基础上,科大讯飞将美国 IBM 公司的 VIAVOICE 中文语音识别技术融入产品中,软件的内部还嵌入了“统一输入法”“语音导航中心”“听写版”“语音小秘书”等众多实用功能。这两项技术将语音输入的快捷性、键盘输入的精确性和手写笔输入的随意性有机地结合在一起,让用户既能通过语音操控计算机,又能通过语音打字,这是当时世界上语音合成和识别技术的最高水平。譬如,只要说“新浪网”,电脑识别到语音后就会自动打开新浪网;只要说“打印”,电脑就会打印出文稿。

软件开发完成后,团队将软件定价为 2 000 元。对于这款产品,刘庆峰充满信心,认为其能给公司带来 10 亿元甚至 100 亿元的收入,并在未来 2 到 3 年的时间里就能够实现。然而,初出茅庐的刘庆峰一门心思潜心做研发,并不熟悉商业世界的游戏规则,外面的合作、管理、资金、市场,他统统不在意。倾注了整个创业团队心血的软件,终究跳不出商业的一般原则,软件高昂的价格令人望而却步。软件投入市场后,市面上出现了铺天盖地的盗版和破解版软件,正版软件反而无人问津。之前团队瞄准的年轻消费群体对它提不起兴趣,大多数用户是老年人,他们操作电脑的能力很差,遇到问题的第一反应就是打电话找客服,时常出现因为电脑本身硬件问题而呼叫科大讯飞的售后服务的情况,这极大地增加了团队的售后运营成本。

不出意外,2000 年,创立仅 1 年多的科大讯飞就面临第一次重大危机。第一款产品的失利几乎烧光了公司的启动资金,企业账户只剩下 20 万元,刘庆峰只得借钱给团队发工资。

2.2.3　转战 To B,锋芒初显

“畅言 2000”的迅速失败给刚刚创立的科大讯飞带来沉重打击。为了好好反思,刘庆峰带着核心成员来到巢湖边上的半汤温泉,静下心来讨论公司未来的走向。会议上,大家各抒己见,但团队内很多成员开始动摇,有人提出像百度一样做搜索,有人提出将公司卖掉散伙找工作,甚至还有人建议转行做房地产……刘庆峰眉头紧锁,想起过去进入语音合成行业的初心、导师对他的期待,又再次下定决心,严肃地说道:“我们花了很多年才走到今天,中国人自己的汉语语音合成技术掌握在外国人手里岂不是个笑话? AI 语音这一行业需要技术沉淀的时间是十年甚至更长时间,研究人员必须具备甘于长时间坐冷板凳的精神,科大讯飞面对的是一个

全新的行业,这个行业有希望,但是没有现成的路径。谁不看好语音行业,谁现在就可以离开。"会议顿时鸦雀无声。经过一番激烈讨论后,团队成员最终达成共识:语音行业未来有100亿元的市场空间,他们不仅要坚持做语音产业,更要做中国乃至全球语音产业的龙头。既然大众消费市场不是科大讯飞最合适的市场,那就考虑将产品的目标客户对准企业级用户。

1. 与华为合作,进军电信168声讯系统

创业团队十几个人说干就干,不断在市场上物色合适的合作伙伴,最终他们瞄准了中国电信。中国电信开放了168电话信息平台并将该平台从2000年开始铺向全国,但由于采用的方式主要是人工录音接听,所以其对于大量的、不断变化的信息的处理具有很大难度。这是一笔价值能够达到1亿元的订单,对于科大讯飞而言,这笔交易势在必得。

不过,电信看不上当时还是小团队的科大讯飞,而有意愿与具备整个系统集成且企业综合实力更强的华为合作。虽然他们的合作几乎已成定局,但刘庆峰并不死心,他知道这可能是公司起死回生的唯一出路。在华为与中国电信签订合同之前,他多次前往深圳与中国电信168的合作方华为恳谈。最终,华为同意与科大讯飞合作,将其技术嵌入到华为的系统平台上,并一举获得成功。

与华为合作模式的成功令科大讯飞在市场上得到认可,科大讯飞由此成为华为在语音方面的唯一合作伙伴。科大讯飞在语音合成领域一战成名,中兴、联想等50多家企业也迅速成为其合作伙伴,同时还吸引了3家十分著名的企业接连入股,其中包括联想和英特尔。投资方为科大讯飞提供了大量的资金、资源和经验,帮助科大讯飞走向了产业化的快车道。在经历长达5年的亏损后,科大讯飞终于在2004年首次扭亏为盈,化危机为转机。

经历了一系列的合作成功之后,刘庆峰突然意识到:"其实科大讯飞的核心技术并没有问题,真正存在问题的是自身采用的商业模式。初创团队全都是技术人员,不知道怎么做市场,怎么做产品。核心技术是科大讯飞过硬的竞争优势,这一点必须利用好。"

在此基础上,科大讯飞发展出自己独特商业模式的雏形——iFLY-inside。具体而言,iFLY-inside是To B商业模式的其中一个类型,即科大讯飞并不直接为终端应用市场开发和提供自己的产品,而是以自身掌握的过硬核心技术作为基础,将自己的语音支持软件服务提供给开发商。

2. 与Nuance合作,包办国内彩铃语音业务

2005年,电话彩铃进入中国,并在短时间内快速掀起全国范围的一片热潮。当时人们对彩铃的使用热情很高,但市场上产品十分单一,只能通过电话按键回复1~9选择9首歌曲,这让运营商很是苦恼。科大讯飞抓住市场先机,主动联系全球语音巨头Nuance,建立了联合实验室,成功开发"声动炫铃"。用户如果想自主选择相应的电话铃声,只需要说出对应的歌曲名或歌手。

合作成功后,中国几大运营商纷纷找上门来,开发彩铃语音服务平台,科大讯飞再次凭借硬核技术"C位出道"。在巅峰时期,公司几乎包办了所有的彩铃相关语音业务,也因此实现了连续3年净利润130%的复合增长。

2008年,科大讯飞在深圳证券交易所成功上市。自此,科大讯飞成为国内首家由大学生自主创业的上市公司,也成为当时国内上市的唯一一家语音行业的企业。此时的科大讯飞摆脱了创业初期的迷茫,以iFLY-inside为商业模式,明确了自己做企业级客户的业务方向,凭借多项语音技术的优势，在国内的中文语音产业夺回 80％的市场份额。

2.3 萌芽：技术突破，AI 战略稳步推进

2.3.1 全面投入，多方支持

1. 投入增加

在 2015 年，科大讯飞正式宣布其人工智能战略在 2015—2018 年期间将会进入 1.0 阶段，这一阶段的战略向外界展现了科大讯飞在未来将不再仅仅为税后利润的增长而努力，而将会对决定未来战略方向的领域投入更多的资金。这其中十分突出的事件发生在 2018 年，科大讯飞对于 AI 领域研发、生态系统建设和重点赛道的市场布局等方面均投入了大量的资金。从具体数字来看，2018 年研发费用为 12.63 亿元，同比增长 55.82％。

2. 员工增加

产业开始爆发，人才储备就显得极为重要。开发者从 2020 年的 157 万人增至 265 万人，科大讯飞开放平台开发者的数量增长率达 69％，实名认证团队也增加了 108 万人。开发者大赛的参赛队伍也由 2020 年的 9 000 余支增加到 2021 年的 2.2 万支，增幅高达 146％，其中四成的队伍来自新一线城市，87％的选手更是 30 岁以下的开发商和创业者。

"对于硅谷的创业者来说，青少年是最好的企业顾问"，这是之前创业界的名言。在人工智能领域也是如此，年轻人越来越多，技术的渗透率就会随之越来越高，创业生态的持续性更会随之越来越强，从这一点来说，人工智能面临的是一个欣欣向荣的发展态势。除此之外，早期的创业生态是科技和市场经济的核心连接；如今，由科大讯飞打造的开放平台正处在商业化和市场化连接的道路上，科大讯飞早期的开发者们研究的应用主要是个人产品，而现在 60％的应用是服务于工业生产制造的。

3. 政府补助金额增加

科大讯飞获得的政府补助金比 2022 年同期增加 2.52 亿元，但是，科大讯飞获得的政府补助大部分是基础研究经费或重点项目专项经费，这些补助的主要目的是落实国家产业发展战略。2017 年 12 月，科大讯飞向外界发布报告称：由于接收到国家科技部的通知，认知智能国家重点实验室的建设将以科大讯飞作为基础进行开展。这是国内首个专注于深度学习共性技术、知识自动构建与认知计算推理技术等基础理论研究的在认知智能领域的国家级重点实验室。除此之外，科大讯飞对于 AI 生态体系从上游到下游的全产业链投资也产生了一定的收益。

4. 技术开发更便捷

科大讯飞开放平台为开发者提供了低代码和零代码工具，以此实现提供便捷的技术工具的目的。

当基于基线基座来开发各种行业应用时，各个行业领域的开发者几乎不用了解核心技术，就能设计出高效便捷的技术 Kit（工具），仅仅通过简单的拖拽和可视化的逻辑处理，就能解决各个行业的关键问题。

刘庆峰说："人工智能不再是看得见摸不着的概念，人工智能从来没有像今天这样触手可

及。这种触手可及来源于源头创新、产业应用,以及广大开发者的持续努力。"

"一个企业的成功,一定不是独自一人成为一个帝国,因为帝国的命运注定是走向衰落。企业只有以自己为核心,开放自身拥有的资源和能力,最终形成生态体系,企业才能生生不息地发展下去",科大讯飞在"第四届世界声博会暨 2021 科大讯飞全球 1024 开发者节"上发表了这样的观点。

所以,未来的科大讯飞平台将不再只面向 C 端,会更深入地渗透到产业中。在产业中,不一定是负责研发的程序员在应用人工智能技术,工厂里的技术工人也有可能应用。为了实现可视化的逻辑处理,他们可以直接用低代码、零代码的方式,解决一个行业又一个行业的关键问题。就像人人都会通过网络平台在互联网时代发出社交状态一样,通过平台不断为实际应用打下基础,人工智能时代将会真正到来。

2.3.2 启动平台 1.0,逐步探索

1. 2008—2014 年:技术突破阶段,系统开发

在这一阶段语音产业成为科大讯飞的核心产业,科大讯飞着力于技术研发,逐渐将自己的重点从语音产业向 AI 时代转变。智能手机遭遇的创新瓶颈和各大厂商谋求创新突破点使得智能语音时代加速到来,过去 10 年积累的语音处理技术变成科大讯飞步入语音时代必不可少的重要因素。在科大讯飞于 2010 年宣布开放平台时,仅有三项最基本的能力,即语音合成、语音搜索和语音听写。

以移动互联网为基础,科大讯飞于 2010 年 10 月 28 日首次向语音识别和语音合成引擎技术行业业界发布成果——"讯飞语音云"。科大讯飞副总裁于继栋回忆说:"最初的讯飞语音云只有两个通用能力,一是合成语音,二是识别语音。"

2012 年 3 月 22 日,科大讯飞在北京国家会议中心为新一代语音云助手举办发布会。在会议上主持人首先介绍了由苹果的 Siri 功能带来的各大手机竞相推出语音识别功能的语音时代背景,随后,公司高层向来宾介绍了公司在 2010 年发布的"讯飞语音云"平台。这一平台覆盖了手机、汽车等多种终端,可以为顾客提供高质量的语音合成和语音听写等 AI 语音交互服务。未来,在语音云运营的基础上,科大讯飞将致力于核心效果的持续进化,使语音识别通用准确性大幅度提升。同时,此次的发布会上也提出了语音云平台的三大技术创新。在未来,科大讯飞也会在各大平台持续发力,创造更多有利于商家和顾客的智能识别产品。

2. 2015—2018 年:AI 战略 1.0 时期

把单向人工智能的能力服务于平台开发者,并帮助他们完成各行各业应用 AI 工具的开发是讯飞平台 1.0 战备最为核心的目标。在这一时期,技术研发和产品布局,成为科大讯飞关注的重心。其更是把应用探索作为重中之重,进一步地促进技术的产品化和落地实施。与此同时,规模投入被科大讯飞提上议程,智慧教育、智慧医疗等领域遍地开花。

以类人神经网络的认知 AI 系统作为基础,科大讯飞于 2014 年正式启动了——"讯飞超脑计划"。2015 年,AI 开源趋势快速席卷全球,科大讯飞向公众公布了由自身技术部门研发的人机交互界面——AIUI。从那时起,通过深度学习 AI,科大讯飞渗透到各个领域。

于继栋表示"自 2016 年以来,我们整个开发人员数量在 2019 年首次突破百万,进入一个快速成长的阶段。我们通过优化百万开发者的服务,进行了大面积的能力拓展和方案拓展。

其目的是让开发人员可以很方便快捷地开发出符合他们的场景需求的应用。所以，我们从 2019 年开始就不断地在平台上进行能力和方案的拓展。到目前为止，我们的能力和方案已经达到 334 个，已覆盖的开发者及生态合作伙伴达到 230 万家。"

2.3.3 建设平台 2.0，稳步发展

目前，已经有 200 多万产业开发合作伙伴根据科大讯飞提供的 400 多项人工智能能力，打造了 129 万个人工智能应用。从某种程度上讲，科大讯飞通过产教融合的方式，打通了开发者和产业之间的"厚障壁"，培养出一大批能够解决产业重大问题的人工智能技术人才，让技术更接地气。讯飞开放平台始终强调开发者参与的必要性，无论是对于开放平台 1.0 还是对于 2021 年 10 月 25 日更新的开放平台 2.0。

1. AI 战略 2.0 时期

人工智能 2.0 阶段的红利正在加速释放，不破不立，在未来，科大讯飞的成长空间将进一步打开，在这个时候讯飞开放平台 2.0 战略正式启动。如果我们仔细分析科大讯飞公布的战略可以发现，科大讯飞开发的平台能够引起全球顶尖 AI 企业和研究机构的关注的注意力，通过赛道来获利，与行业领导者合作，逐步让产业产生集群效应，通过建立行业解决方案，确定可靠性标准和认证中心。

科大讯飞总裁吴晓如介绍说，科大讯飞在开放平台 1.0 时代向开发伙伴提供单向的人工智能能力；在开放平台 2.0 时代，以产业数字化为基础，对行业应用价值进行深度挖掘。从那时起的人工智能开发，绝不像过去那样，仅仅是开发者和企业用二维思维来想象市场空间，而是由人工智能企业、行业领导者和开发者一起构建一个三位立体的产业生态。

科大讯飞成为中国声谷的领头羊后，自始至终利用 AI 科技为中国制造业提供支持并将制造业的思路反哺给 AI 语音产业，以建立起自己的 AI 语音产业集群和孵化基地。在开发者服务方面，截至目前，科大讯飞已经突破了原有的安卓和 iOS 两大系统，成为业界第一个为鸿蒙 OS 的语音识别和语音合成提供技术支持的企业。除此之外，在行业的探索领域上，科大讯飞还开放了 14 个行业的专题，包含翻译、直播、农业、无接触、数据标注、司法、医疗、智慧城市等，并同时整合了一些中台，其中包括人工智能中台和数字中台，开放给开发者使用。

2. 疫情时代带来的新发展思路

在 2020 年，新冠疫情在全球范围内爆发，这也极大地推进了全中国进入数字化生存时代的进程。"在疫情稳定之后，我们发现基于讯飞开放平台上的开发者进入了继 2016 年以来的又一次快速增长节奏，具体而言，讯飞开放平台已经连续三个季度复合增长率超过 53%。"对于继栋而言，这一次快速增长的关键原因是人工智能的大面积普及，以及新基建为人工智能带来的巨大机遇。

面对这种情形，于继栋指出，目前来看，智能升级、数字转型和创新融合企业数字化升级的终极结果将会是智能化。在未来，人工智能与大数据的融合对于企业拓宽新局面将会起到越来越重要的作用。人工智能将数据作为引擎，不断驱动企业实现内生增长，在人工智能的帮助下，企业将在业务智能化到商业决策优化中发现新的价值空间。

2020 年 10 月，于继栋在"2020 科大讯飞全球 1024 开发者节"的发布会上发布了讯飞 AI 云，该产品以科大讯飞的技术积累作为基础，深入考察并满足不同企业的个性化需求，相关数

据显示,磐石平台和擎天平台是讯飞 AI 云中最为关键的两大平台。其中,磐石平台主要面向 AI 服务,可以帮助企业降低成本、提高效率,实现了对云主机集群进行 103 项专业优化。此外,磐石平台还可以依靠多重认证与加密来保障专属云用户的接入安全。擎天平台主要从全方位满足不同行业的客户对不同业务场景的 AI 需求,为企业客户提供数据标注、模型培训、引擎托管和服务编排等服务。

讯飞开放平台经过两年半的发展,已经引入 500 多家优质服务商,帮助上游企业客户解决发展过程中遇到的场景定制化难题,通过 AI＋招聘、培训、财务、营销、门店(新零售)、客服等多种方式,为上游企业客户提供服务。

3. 五大板块构建 AI 科技树

怎样才能在核心技术上保持领先?怎样才能在技术上实现持续的突破呢?"AI 科技树"的科技理念是由科大讯飞人工智能研究院常务副院长刘聪提出的。刘聪介绍说,"AI 科技树"包括语音识别、语音合成、图像识别 OCR、多语种和行业认知五大板块,并将相关内容面向开发者开放。

对于语音识别板块而言,要实现从语音到声音,从单纯的文字内容识别到音频的全场景解析,刘聪认为语音识别需要不断挑战更复杂的应用场景。而另一种语音识别的潮流,则是通过自我学习的方式进行不断更新,从而达到个性化能力的各个层面。对此,科大讯飞推出了一个多维度的自学习平台,提供给开发者不断更新模型的方案,并且对于一些专门针对性的产品,从端侧就能直接保证用户达到无感知个性化训练的目标。

在语音合成板块,刘聪指出,在技术呈现需要有更高表现力的同时,语音合成技术的发展方向不能仅仅把单纯追求自然度作为目标,更要追求用户可以感知的技术。所以,从声音到声音的全场景音频合成,也是需要语音合成来实现的。在该板块中,科大讯飞一方面以自然语言理解技术为基础,分析出文本中合适的情感焦点和角色相关的信息,同时利用语音的方式将这些内容呈现出来;另一方面,全面考虑不同场景来打造不同的背景音乐和音效,将一个全场景合成音频通过单一的情感合成升级到面向互动场景的解决方案来呈现出来。

在图像识别 OCR 板块,为了解决文档恢复精度不高等行业痛点,科大讯飞以第四代 OCR 技术框架以及对抗生成网络的图文数据生成技术为基础,结合结构化分析方法(如图神经卷和网络等)进行技术革新。刘聪指出,科大讯飞还将向开发者提供各种 OCR 能力,涵盖各种场景以及各种细分能力。截至 2021 年 9 月,这方面的能力调用量已突破 10 亿次,并呈现快速增长态势。

对于多语种版块,科大讯飞将开放多语种能力,其中包含 60 种语言的语音合成系统、69 种语言的语音识别系统、56 种语言的图文识别系统。在这之中,语音识别系统能够正确识别的比例的平均值超过八成。

对于行业认知板块,科大讯飞发布的认知中台可以降低问题定义的困难程度,场景定制效率也会得到很大的提升。刘聪提出,认知中台近期就会上线,未来更多的产品、功能,科大讯飞会不断地开放。

"除了上面提到的几个板块之外,在科技树越来越多枝叶被点亮的同时,科大讯飞 AI 科技树的全貌逐渐展现在所有人的眼前,科技树从最原始的一颗种子成长到参天大树,我想科技树的每一片枝叶、每一项技术背后都蕴藏着很多的努力和付出。"刘聪坦言,科大讯飞未来将一如既往地通过行业应用,让科技树更加茁壮成长,让其价值不断体现。

2.4　怒放：艰难摸索，"平台＋赛道"模式终形成

2.4.1　光明未来，遭遇阻碍

与 Nuance 分手后，科大讯飞转向语音识别技术，敏锐地察觉了人工智能的风口，率先在国内把握了智能语音技术的先机。同时，人工智能的春天随即来到，国家政策的相继扶持，产业日趋丰富和成熟。

科大讯飞正处于人工智能的风口，起步早、积淀多、扎根深，语音人工智能无人能及，科大讯飞的前途貌似一片光明，不可限量。由此，市场对科大讯飞抱有极为积极的态度，市值一路飙升。

不过，远不止科大讯飞一家对智能语音这块"肥肉"垂涎三尺。移动电子产品的发展让越来越多的企业对语音处理业务有了巨大的需求，为了满足自身的需求，大多数大型公司开始向语言行业进军，开发出能支撑自身需求的产品和业务。这对于科大讯飞极为不利，作为第三方技术输出平台，科大讯飞被置于一个尴尬的处境，原有的、运行良好的商业模式受到挑战，其可行性需重新评估。

2.4.2　客户变对手，BAT 高调入场

拥有资金、流量和大数据三大绝对优势的中国互联网公司百度、阿里、腾讯三巨头（BAT）的入局，让智能语音市场格局重新洗牌。BAT 接连高调入场，这些曾经的顾客，摇身一变，都成了科大讯飞直接而有力的竞争者。虽然科大讯飞在技术上有着长期的潜心积累，但在目前已经引发的这场 AI 大战中，比拼的可远不止技术这么简单。

为了能在 To B 端为自己的产品开拓出更大的市场，科大讯飞在 2010 年推出了讯飞语音云平台。科大讯飞拥有的客户分布在各行各业，涵盖了腾讯、高德、携程等。科大讯飞依靠这些互联网公司对自身技术的巨大需求，不仅从中获取了大量的收益，而且保证了自身在主流市场中绝对的统治力。2010—2014 年期间，这种情况始终如此，超过了 30% 的净利润复合增长，让科大讯飞快速站在了行业的龙头之上。但由于各大公司已经意识到语音智能技术的重要性，2015 年，这种合作模式戛然而止。其中 BAT 进入市场对科大讯飞的打击最为致命，因为其让科大讯飞失去了用户并增加了竞争对手。正是这样的双面夹击让科大讯飞在 2015 年以来的净利润逐年走低，看不到上升的希望。

面对即将爆发的人工智能市场，首要的受益者并非这家深耕技术多年的老牌公司，而是拥有大数据且资源丰富的 BAT。语音识别技术遵循马太效应，声音数据越多，识别能力越强。大量稳固扎实的 C 端用户将成为 BAT 进行语音识别数据的天然宝藏。

最先看到机会的是百度。百度在 2012 年就成立了自己的深度学习研究院，并在搜索业务上很快投入相关技术。此外，百度还宣布永久免费开放语音技术全系列接口，将为多家合作伙伴提供语音识别、语音合成、语音唤醒多平台 SDK 等功能。这意味着，很多 AI 技术和产品开发者可以直接调用百度语音技术，而不再需要购买其他第三方的专业技术，其中就包括科大讯飞十分重要的一个大客户——华为，但是，就当时的情形来看，华为已经将百度的免费语音技术应用在自己的部分机型上。这一事件给 AI 语音技术的厂商带来了巨大危机，科大讯飞在

其中更是遭受了前所未有的打击。

在 BAT 的 3 家公司中,腾讯入局最晚,但是布局迅速。马化腾曾公开表示,人工智能已站在风口上,公司内部已有超过 4 个团队在进行 AI 研发。腾讯投资相关领域的公司仅在两年内就达到 7 家。科大讯飞语音平台曾在 2014 年一度将底层的语音技术支持提供给了搜狗语音助手。搜狗在不到两年的时间里,迅速完善了自己的语音团队,推出了语音实时翻译技术。腾讯 QQ 是科大讯飞的另一位合作伙伴,从 2006 年开始就是科大讯飞的客户,只不过目前所有腾讯语音端都采用了其自主研发的人工智能技术。在阿里,类似的情况正在发生——淘宝和支付宝中的电话客服质检、天猫精灵、优酷网、虾米音乐等纷纷开始应用各自的语音技术。

语音只是这些企业很小的一块业务,但绝对是科大讯飞的核心业务。BAT 自己研发的语音技术一旦成熟,他们就会放弃科大讯飞提供的技术而采用自己研发的技术,这就意味着越来越多的大客户将会离科大讯飞而去,内生增长在未来可能会不足。因此科大讯飞一定要变革,一定要抓紧时间进行变革,这对于科大讯飞的未来将会起到决定性的作用。

2.4.3 "平台＋赛道",多渠道赋能 AI 生态

在整个消费者市场中不是谁的产品免费,谁就可以赢得消费者的青睐。能够最后成功的产品,一定是可以满足开发者需求并帮助他们真正解决应用问题的平台。但不可否认的是,科大讯飞正遇到订单被不断地蚕食的严重问题。"留给科大讯飞的窗口期,也就三五年的时间而已。"刘庆峰表示。科大讯飞如果偏安一隅固守现有市场,"活着"不成问题,但要想站在 AI 浪潮的顶端,简直是天方夜谭。对科大讯飞而言,要做深层次的业务布局,必须依靠现有的技术优势。

基于这样的理想和目标,科大讯飞开始探索独属于自己的"平台＋赛道"模式。所谓"平台",就是在科大讯飞开放的平台上,让开发者可以简单方便地使用自己的人工智能能力,为整个行业提供人工智能能力;所谓"赛道",指的是构建垂直的入口或行业的刚需与代差优势。简而言之,"平台＋赛道"的模式就是采用"AI 核心技术＋应用数据＋领域支撑"的模式。具体来说,为了提供产品、服务和解决方案,在消费者产品、医疗、教育、司法、智慧城市以及人工智能客服等行业,科大讯飞在未来将自始至终打造具有自身特色的产品和服务。科大讯飞始终坚持"平台＋赛道"的产业布局方式,在坚持自身核心业务不变的情况下,进行多渠道、多范围拓展。

科大讯飞不仅多条腿走路,按照业务对象来细分,科大讯飞的业务还呈现 To B 和 To C 双轮驱动的局面。这家此前一直藏身在互联网公司背后的技术公司,如今不得不走向台前,由 To B 重新面向 To C。

2.4.4 跑对赛道是关键

得益于 AI 全生态赋能,科大讯飞的一系列新业务、新领域的拓展都取得了良好的效果,已在智能硬件产品、智慧教育、智慧城市等领域取得较好成绩,并加速布局智慧医疗、智慧汽车等人工智能应用领域。科大讯飞在 2023 年前两个季度智慧教育产品和服务领域实现的收入有 22.85 亿元,同比增长 3.63％;在智慧汽车领域的业务,实现收入 2.13 亿元,同比增长 26.14％;在智能硬件产品领域,取得 5.75 亿元收入,同比增长 18.51％;在移动互联网产品及服务领域,实现收入 2.63 亿元,同比增长 60.91％;在智慧金融领域,实现收入 9.13 亿元,同

比增长 22.19%；在智慧医疗领域实现的收入达 1.92 亿元，同比增长 37.13%，如表 2-2 所列。

表 2-2　科大讯飞 2023 年上半年营业收入构成（部分）①

项　目	本报告期		上年同期		同比增减/%
	金额/元	占营收比重/%	金额/元	占营收比重/%	
营业收入合计	7 841 552 405.17	100	8 022 667 214.65	100%	−2.26
分行业					
一、主营业务					
软件和信息技术服务业	7 687 303 276.63	98.03	7 864 255 510.03	98.03	−2.25
教育教学	135 768 914.71	1.73	123 450 501.00	1.54	9.98
二、其他业务	18 480 213.83	0.24	21 205 242.93	0.44	−47.14
分产品					
一、主营业务					
1. 教育领域					
教育产品和服务	2 285 269 310.27	29.14	2 205 255 889.76	27.49	3.63
教学业务	135 768 914.71	1.73	123 450 501.00	1.54	9.98
2. 智慧医疗					
医疗业务	192 003 282.25	2.45	140 014 272.19	1.75	37.13
3. 智慧汽车					
汽车智能网联相关业务	212 924 088.84	2.72	168 805 271.26	2.10	26.14

注：智慧城市、运营商、智慧金融等项目并未显示在分产品表中。

科大讯飞于 2023 年 8 月 12 日发布的上半年业绩报告（见表 2-3）可以发现，该公司上半年获得营业收入 78.41 亿元，同期减少 2.26%。具体到各业务线而言，智慧教育领域的业务获得营业收入 22.85 亿元，同比增长 27.49%；智慧医疗领域的业务获得营业收入 1.92 亿元，同比增长 1.75%；智慧城市领域的业务获得营业收入 15.05 亿元，同比减少 30.99%；运营商领域的业务获得营业收入 9.69 亿元，同比减少 10.86%。可见虽然科大讯飞面临着增收不增利的情况，但是在智慧金融、智慧汽车等领域，其规模仍然保持上升趋势，具有良好的发展前景。

表 2-3　科大讯飞 2023 年上半年主要财务指标②

项　目	本报告期	上年同期	同比增减/%
营业收入/元	7 841 552 405.17	8 022 667 214.65	−2.26
归上市公司股东所有的净利润/元	73 571 996.11	278 081 110.80	−73.54
归上市公司股东所有的已扣除非经常性损益的净利润/元	−304 109 160.61	279 014 155.61	−208.99

① 科大讯飞 2021 年上半年年报：https://www.qcc.com/firm/a34efdb4b5b7fe1b698316b260dae7ca.html。
② 科大讯飞 2022 年上半年年报：https://www.qcc.com/firm/a34efdb4b5b7fe1b698316b260dae7ca.html。

项　目	本报告期	上年同期	同比增减/%
经营活动产生的现金流量净额/元	−1 528 741 829.11	−1 617 147 217.23	5.47
基本每股收益/(元·股$^{-1}$)	0.031 8	0.12	−73.50
稀释每股收益/(元·股$^{-1}$)	0.031 8	0.12	−73.50
加权平均净资产收益率/%	0.44	1.65	−1.21
项目	本报告期末	上年度末	同比增减/%
总资产/元	33 709 165 431.05	32 859 139 720.02	2.59
归上市公司股东所有的净资产/元	16 524 959 181.71	16 400 047 819.43	0.76

1. 智慧教育赛道：2B 因材施教＋2C 个性化学习手册，教育赛道高速扩张

科大讯飞从 To G、To B 向 To C 逐渐布局教育业务，已经打造了一个覆盖 K12 教育的教、学、考、管全场景的产品体系。在课堂教学领域，科大讯飞通过构建智慧课堂实现因材施教的理念，提高老师备课效率，同时加强学生与老师的课堂互动。在学习这一领域，科大讯飞通过推出个性化学习手册产品，帮助学生提升学习效率和学习成绩。在与测试有关的领域，科大讯飞将 AI 阅读理解相关的技术作为基础进行研发，推出了自动阅卷的服务，中高考等很多大型的考试场合都运用了该技术。在校园管理领域，为了高效、便携地对学校的教学流程进行规划和管理，科大讯飞为他们提供了智能排课系统，在区域教育云平台领域，科大讯飞通过大数据分析能力，为区域教育主管部门提供综合性的解决方案。科大讯飞教育赛道各项产品占比如图 2 - 4 所示。

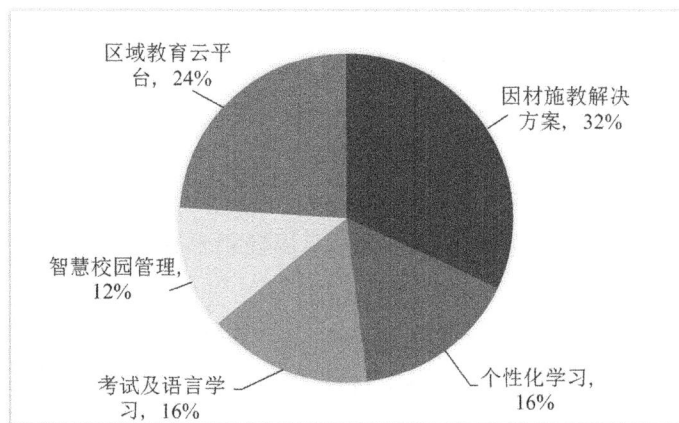

图 2 - 4　科大讯飞教育赛道各项产品占比①

同时，国家的政策对科大讯飞教育赛道持续有利，校外教培业整顿已经为科大讯飞智能教育业务注入了新的活力，在 2021 年两会召开期间，对校外教育培训机构进行规范化和统一化的治理被提上议程。而对校外培训乱象的根本性整治将进一步凸显校内教育的核心地位。

---

① 来自科大讯飞公告：https://www.qcc.com/firm/a34efdb4b5b7fe1b698316b260dae7ca.html。

2021 年 6 月 15 日，校外教育培训监管司正式成立，该机构的主要任务是管理和规范为中小学生提供服务的校外教育培训机构的行为。这对于科大讯飞来说，加强监管和政策的持续落实将对自己未来的发展十分有帮助，以校内体系和横跨线上线下的 AI 教育作为自己招牌产品的科大讯飞，将是其中最大的受益者，在未来，科大讯飞的 To G 业务有望得到进一步的加速和落地。

2. 智慧医疗赛道：深耕三大领域

鹿晓亮（科大讯飞智慧医疗常务副总经理）曾经向公众指出：想要做好"人工智能＋医疗"这一领域具有很大的难度，研发者必须心甘情愿地坐十年冷板凳，只有这样才有取得成果的希望，仅仅投入一两年的努力是绝不可能取得成功的，没有 5～10 年的坚持是绝对不行的，是没有办法把这个事情真正做起来的。

科大讯飞在医疗赛道着重布局于医疗＋智能语音、医疗＋智能影像诊断和智能辅助诊疗。科大讯飞为这三大定位赋予了鲜明的层次感，目前成熟度最高的技术是语音技术，而影像位列其后，但也即将达到投入应用的标准，辅助诊疗则是其中困难最大的。但实际情况是，辅助诊疗已经成为目前市场中的刚需。目前是国家推动分级诊疗的重要时刻，由于基层医生的能力普遍偏弱，他们非常需要辅助诊疗技术，以提高问诊和治疗能力。科大讯飞通过智医助理构建的人工智能辅助诊疗系统，已经能够较好地解决卫健委定义的近千种常见病，其未来在互联网医疗及基层医疗领域将会拥有更加广阔的应用空间与应用前景。这三大定位涵盖全面，联系密切，相互支持。

在 2020 年疫情暴发的大背景下，全国 30 多个地区启动了重大突发公共卫生事件Ⅰ级响应。为了帮助这些地区更加快捷高效地进行相应的筛查和防控等，科大讯飞马上将自己研发的 AI 医疗助理电话机器人投入到应用中。据统计显示，智医助理电话机器人通过智能外呼功能，在帮助医护人员分担人工排查工作量的同时，筛选出发热症状患者 4.7 万人，流行病学史阳性 5.5 万人，这极大地分担了从事医务工作人员的工作压力和任务，帮助他们更加快速地完成任务。

以"讯飞超脑"平台作为底层的技术支撑，科大讯飞不断拓展产业赛道，在数目庞大的行业和领域，推出了覆盖行业范围广、应用程度深的智能产品和服务。经过苦苦的探索，科大讯飞正在正确的赛道上飞驰奔腾，向着人工智能落地一路前进。

2.5　尾　声

科大讯飞与百度、华为、阿里巴巴、腾讯等行业头部企业一样，在创立的 20 多年间，历经了中国互联网时代的"潮起"与"潮落"，也见证了中国人工智能时代的开始。无论是互联网时代，还是人工智能时代，科大讯飞一直在"平台化"的道路上努力着，与李彦宏在《智能经济：高质量发展的新形态》这本书中写道的一样："这是一个大生态、大协同、大成长的时代，开放开源，共生协同，各得其所，是面向未来的态度。"

然而，尽管是行业内的独角兽，科大讯飞的财务情况却一直令人费解。从科大讯飞历年公布的财报可以看到，2013—2020 年这几年公司的收入足足翻了 6、7 翻，从几亿一路飙升到了接近 100 亿,按理说企业的利润也应该随之节节攀升。但魔幻的是,净利润却一直很"稳定"。路漫漫其修远兮,科大讯飞应如何布局,如何真正进入 AI 技术的红利兑换期,未来仍值得思考。

随着智慧城市、物联网、元宇宙等技术和概念的发展,AI 产业在各个行业中占据越来越重要的地位,也吸引了众多的企业加入追逐 AI 的队列。在如此激烈的竞争环境下,"科大讯飞是否还能抓住机遇、独占鳌头,迎来春暖花开"的问题,或许需要时间来继续见证……

启发思考题

1. "畅言 2000"失败的原因是什么?科大讯飞是如何解决的?

2. 在取得初步成功之后,科大讯飞是如何进一步巩固优势,实现技术突破的?

3. 在新商业模式的探索和新技术的研发两个方面,科大讯飞是如何进行选择和权衡的?

4. 在大型公司不断介入、智能语音行业竞争加剧的背景下,科大讯飞是如何进行变革、巩固自身优势的?

5. 对于在人工智能行业进行创业的企业,应该从哪些方面学习科大讯飞,展现自身的优势、占领制高点?

附　　录

2016—2022 年科大讯飞研发支出及占比情况

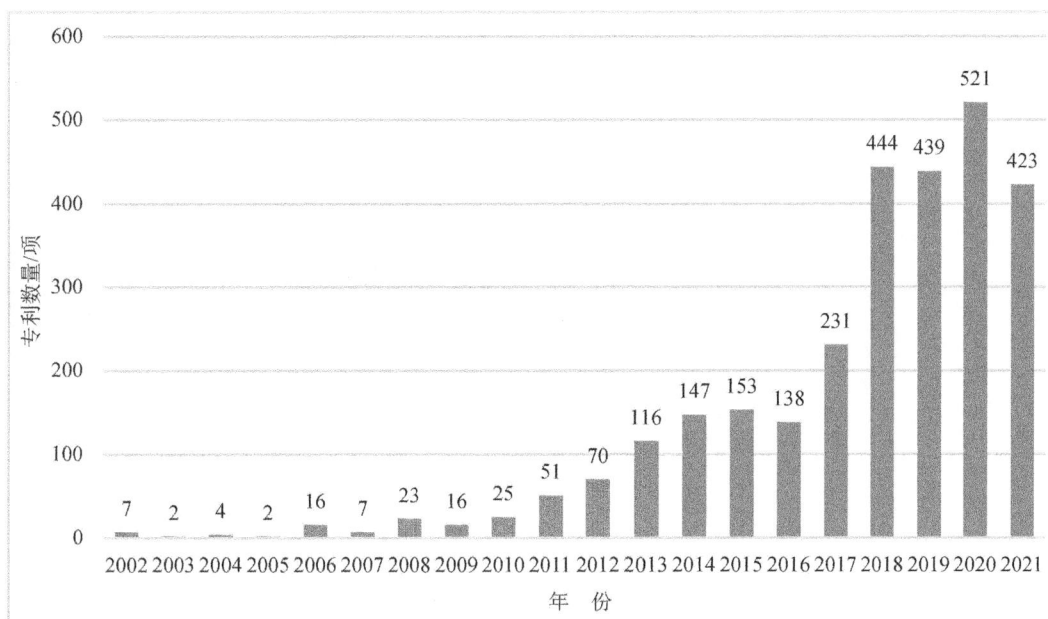

2002—2021 年科大讯飞（及其全资控股公司）申请专利数量

2020 年科大讯飞项目投资情况

序　号	投资项目	所属行业	投资轮次	公开日期
1	鸣啸科技	智慧城市	C 轮	2020 - 12 - 01
2	长光卫星	智慧硬件	Pre - IPO	2020 - 11 - 30
3	近屿智能	AI 招聘服务	股权融资	2020 - 11 - 23
4	优地科技	机器人	战略投资	2020 - 10 - 19
5	玩易汇	智能电视	战略投资	2020 - 09 - 21
6	挺好农牧	农业	战略投资	2020 - 08 - 07
7	安元科技	智能硬件	股权融资	2020 - 07 - 18
8	漫语微视	教育	天使轮	2020 - 07 - 15
9	猎居科技	智能房地产营销	Pre - A 轮	2020 - 04 - 27
10	绿巨人区块链	区块链	股权融资	2020 - 04 - 08

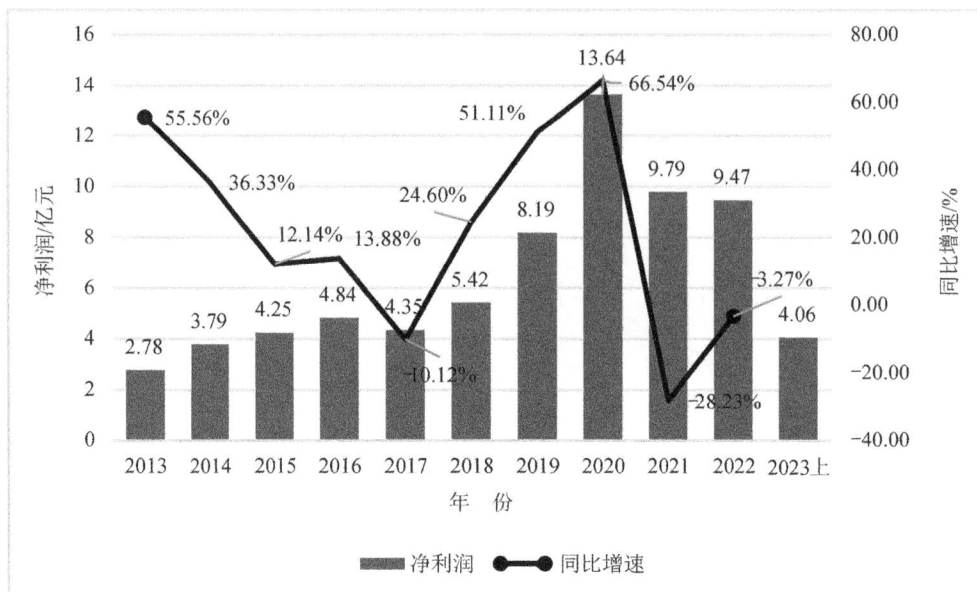

2013—2023 年上半年科大讯飞净利润及其同比增速

参考文献

［1］艾瑞咨询中金公司研究部［DB］. https://www.iresearch.com.cn/.

［2］企查查. 科大讯飞 2022 年上半年年报［EB/OL］.（2023-06-19）［2023-09-17］. https://www.qcc.com/firm/a34efdb4b5b7fe1b698316b260dae7ca.html.

［3］企查查. 科大讯飞 2023 年上半年年报［EB/OL］.（2024-06-18）［2024-8-03］. https://www.qcc.com/firm/a34efdb4b5b7fe1b698316b260dae7ca.html.

［4］企查查. 科大讯飞股份有限公司［DB］. https://www.qcc.com/firm/a34efdb4b5b7fe1b698316b260dae7ca.html.

Manner：探索性价比与大众化 兼具的精品咖啡品牌

精品咖啡大众探索

近些年来,随着中国乃至全世界对咖啡需求量的增加,咖啡店越来越多,咖啡品牌不断涌现。虽然咖啡店的数量多了,但咖啡的价格并没有下降,而且还在不断上涨,再加上最近高档咖啡很流行,所以咖啡的价格居高不下。高性价比咖啡品牌陆续出现。在中国内地,Manner Coffee(以下简称 Manner)从始至终秉持着自己的传统和特色,为顾客提供了一杯又一杯优质的咖啡产品,以及其他高品质的饮料与食品,成为行业内当之无愧的领头羊。自古以来,中国人就把饮茶作为最重要的传统。在这种饮茶文化盛行的社会中,在营造良好的咖啡氛围和传播咖啡文化方面,Manner 起到了很大的推动作用。Manner 咖啡店与传统咖啡店大小不同,以毫无负担的价格向消费者提供咖啡。

摘要:Manner 最早是一家只有 2 平方米的窗口咖啡店,经过几年的时间已成长为一家在上海具有高影响力的精品咖啡品牌,以"让咖啡成为生活的一部分"作为品牌理念,坚持咖啡应该是一种亲民的、所有人消费得起的健康饮料。Manner 创造出了一种咖啡市场中前所未有的新模式,因此被无数网友冠以"上海咖啡性价比之王"的荣誉称号。本案例重点分析了这家浓缩版的咖啡馆究竟是如何崛起的,如何在星巴克和瑞幸两大咖啡巨头根基深厚、众多精品咖啡品牌百花齐放的市场中破圈,并不断进行门店扩张,市场占有率逐步扩大,最终走出一条独特的平价精品咖啡赛道;分析了 Manner 是如何通过持续融资,充分利用新媒体营销来助力品牌发展的。同时,本案例也从平价精品咖啡的产品定位和助力品牌发展等方面分析了 Manner 的成长过程与破圈历程。Manner 能否成为大众的咖啡品牌?除了上海之外的其他城市,能否复制这样的商业模式来取得成功?平价精品咖啡市场同步起飞,但低价格的定价策略真的能够让 Manner 走得更远吗?如何将网红品牌打造成大众品牌?这些问题本案例将一一阐述。

3.0 引 言

"凉爽的秋风拂过街头巷尾,不知不觉又到了 10 月 15 日 Manner 的生日,缘起于'Manners make the man'的回响和 2 平方米的执着,在与大家分享一杯杯好咖啡的日常中不断成长,Manner 六周年了。"这是 Manner Coffee 公众号在 2021 年 10 月 12 日这天发布的一段标题为"Manner 六周年,全国免费喝,还送环保袋"的推送内容。正是如此文艺却风格轻松的文字代表了它作为精品咖啡的品调。这天,位于核心商圈的某门店门口,排起了特别长的队伍。人群中有不少是附近上班的白领,趁着中午休息的空隙,来参加这次 Manner 周年庆的活动。而资深咖啡爱好者陈阿姨则带上了她的星巴克咖啡杯来打咖啡,这种有趣的现象经常在 Manner 咖啡店里见到,自带杯立减 5 元的活动开始于南阳路的小店,并一直延续至今。相比于星

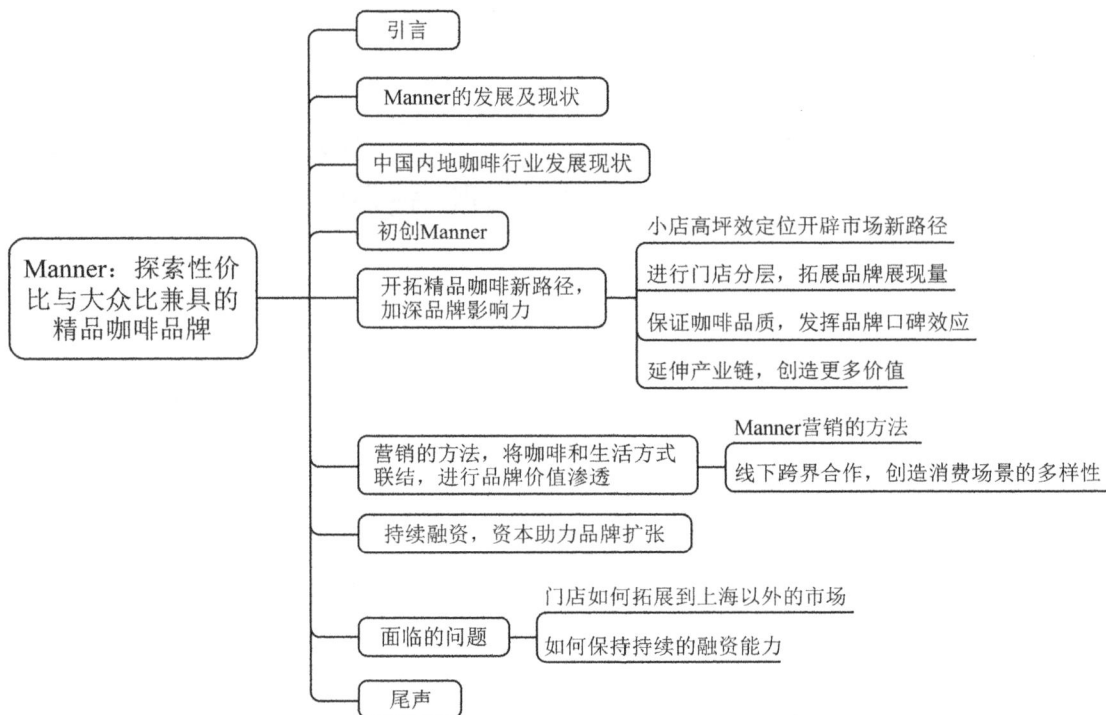

案例 3 思维导图

巴克 30～35 元的单杯价,Manner 的单杯价为 15～20 元,而咖啡品质却可以与星巴克的旗鼓相当。这样的性价比优势吸引了越来越多的用户。

相关媒体称,Manner 正在考虑在香港进行公开募股,计划募集至少 3 亿美元,但是,其创始人韩玉龙曾经向媒体表示过:Manner 暂无上市计划。但这一消息却让咖啡这一快饮行业再次受到大家的关注,也让 Manner 再次成为公众关注的焦点。它究竟是如何在星巴克、瑞幸等主打社交生活场景"第三空间"的慢咖啡品牌和 Seesaw、三顿半等精品咖啡品牌的赛道中走出自己的新路径的呢?

3.1 Manner 的发展及现状

Manner 成立于 2015 年,热爱咖啡的韩玉龙和陆剑霞在上海的南阳路上创立了一个只有 2 平方米大小的窗口式精品咖啡店(见图 3-1),凭着出色的咖啡品质和价格优势,Manner 不久便成为不少咖啡馆主到上海的"朝圣地"。不同于星巴克、瑞幸、Pacific、Costa 等慢咖啡品牌,Manner 走的是一条"快咖"路线;然而在经营模式和经营理念上,它坚持的却是走"慢路"。在成立后的 3 年时间里,Manner 只开了 3 家门店。巨大的变化发生在 2018 年,今日资本进入,随后咖啡门店数量开始迅速扩张,覆盖范围也从上海逐渐走向全国市场。截至 2023 年 10 月 30 日,Manner 已在北京、深圳、成都、厦门等城市开了分店,达成了 1 000 家门店的里程碑,而且在短短 1 个月之后,Manner 的门店数量又增加了 200 家。按照这个趋势进行估计,在 2024 年,Manner 将有望拥有超过 2 000 家的门店。Manner 已经设立的 1 000 多家门店均以直营的形式经营,而在上海地区,几乎所有门店均实现盈利。根据相关数据显示,Manner 目前的毛利率,净利润率均已经超过咖啡行业中的巨头——星巴克,得到来自包括今日资本、淡马锡、美团龙珠资本等公司的投资。截至 2022 年 7 月份,Manner 已经完成数轮融资,拥有高于 20 亿美元的预计估值。在 8 年多的时间里,Manner 逐渐从一个窗口小店成长为一家在上海具有高市场占有率的精品咖啡品牌。Manner 开辟了一条全新的精品咖啡赛道,这不仅源于其对自身清晰准确的定位,也得益于这几年中国内地咖啡行业的快速发展和国人对咖啡需求量的不断上升。

图 3-1　位于上海市静安区南阳路 Manner 的第一家店

3.2　中国内地咖啡行业发展现状

在 1989 年,雀巢成为第一个将速溶咖啡带入中国内地的品牌,并为咖啡文化在中国的传播与发展打响了第一枪。在 1992 年以后的 20 多年中,台系等越来越多的咖啡品牌向中国大陆进军,从此,咖啡被越来越多的国人所熟知,人们也开始接触现磨咖啡这一品类。在 2015 年之后,自助咖啡机这一商业模式(零度咖啡吧等)和咖啡外卖(连咖啡和瑞幸咖啡等),在中国内地市场显现出爆发式增长的趋势。在这个时候,我国的咖啡行业达到了发展速度较快的一个时期,并逐渐形成星巴克和瑞幸两大巨头在中国内地咖啡市场中两极对立的局面,而且各种咖啡连锁品牌如 Costa Coffee、Pacific Coffee 等呈现出百花齐放的态势,如图 3-2 所示。

中国内地近年来对咖啡的需求不断增加,这得益于咖啡文化的渗透,也得益于人们收入水平的提高。2020 年 6 月底,美国农业部(USDA)向大众公布了《全球咖啡产业发展趋势》。从该报告中不难发现,在 2019/2020 咖啡年度,中国内地咖啡产量约为 11.4 万吨,合计 1 900 千包,比上年减少 5%;在 2020/2021 咖啡年度,整个中国内地范围内生产了大约 12 万吨咖啡,折合为 2 000 千包,比上一年增长 5.3%。而且,咖啡在中国内地的消费量每年也保持稳定增长的态势,根据相关数据的统计,在 2019/2020 咖啡年度,中国内地的消费者消费了大约 19.50 万吨的咖啡,为 3 250 千包,折合每年每人消费约为 7.2 杯咖啡,比上一年增长 4.8%[1],如图 3-3 和图 3-4 所示。

---

① 来自前瞻产业研究院: https://baijiahao.baidu.com/s? id=1683479789778039467&wfr=spider&for=pc。

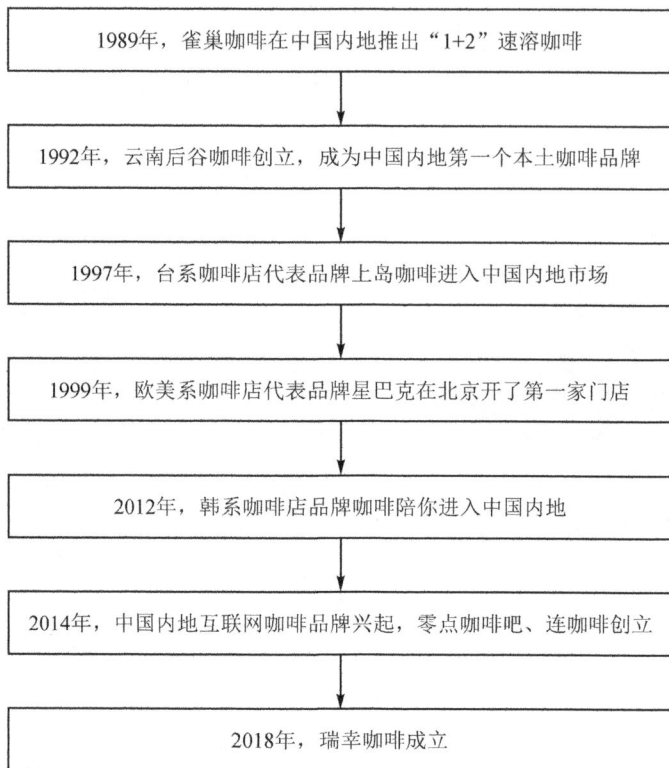

图 3-2　中国内地咖啡行业市场的发展历程①

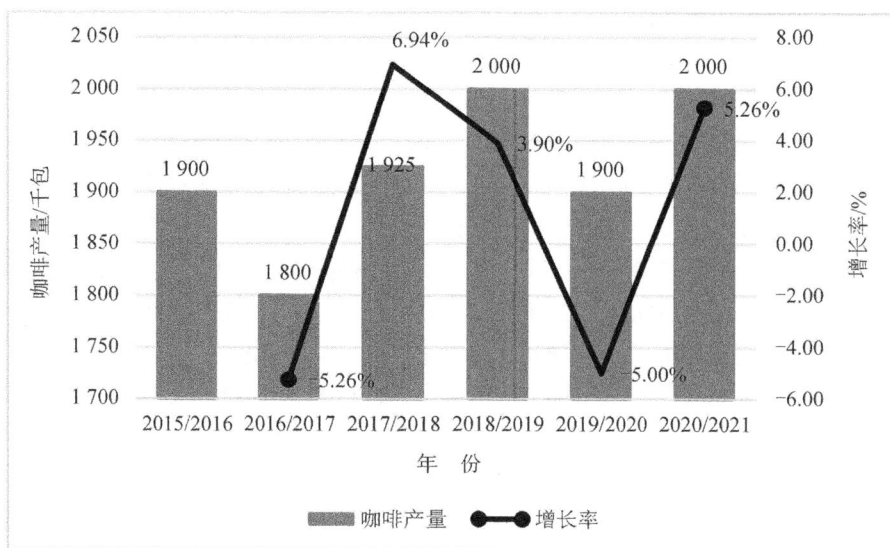

图 3-3　2015—2021 年中国内地咖啡产量统计及增长情况②

---

① 来自艾媒网：https://www.iimedia.cn/c400/63469.html。
② 来自前瞻产业研究院：《2020 年中国咖啡行业市场现状及发展前景分析 2021 年市场规模或将突破千亿元》，2021-2-10。

图 3 - 4　2015—2021 年中国内地咖啡消费量统计和增长情况①

截至目前，中国内地咖啡市场已逐渐成为全世界咖啡市场中的一个重要组成部分，自 2013 年到 2022 年，中国内地每年人均咖啡消费量增长大约 8 杯，如图 3 - 5 所示。尽管中国内地的咖啡数据与发达国家相差很大距离，但是在消费升级的大背景下，人们收入水平提高、消费结构改善以及咖啡功效多样化，从长期来看，我国的咖啡消费量将处于不断增长的态势，有咖啡需求的消费者数量将会不断增长。同时中国内地的咖啡市场还没有到达品牌固化期，进入的品牌仍然可以享受到咖啡市场带来的红利。

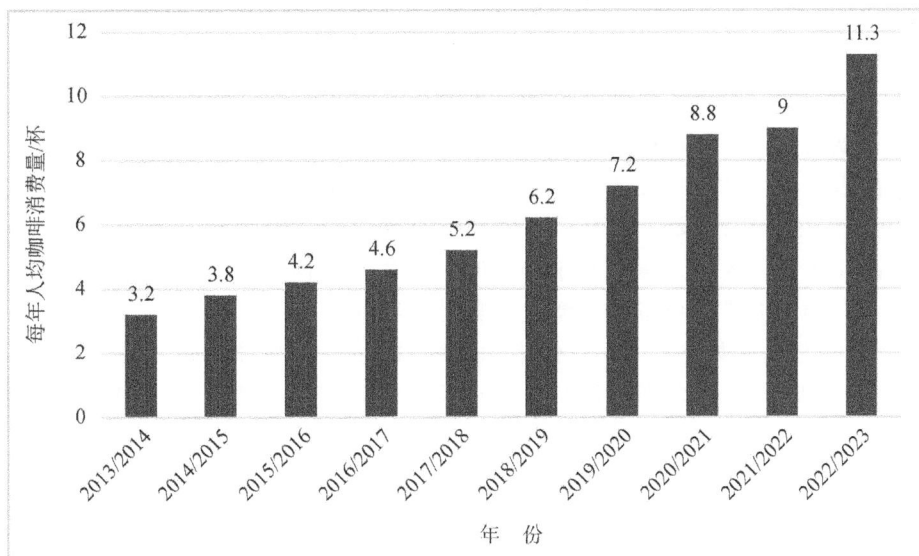

图 3 - 5　2013—2023 年中国内地每年人均咖啡消费量②

---

① 来自前瞻产业研究院：https://baijiahao. baidu. com/s? id=1683479789778039467&wfr=spider&for=pc。
② 来自前瞻产业研究院：https://bg. qianzhan. com/trends/detail/506/200604-b7403cde. html。

　　中国内地咖啡行业市场的规模从 2021 年的 1 651 亿元发展到 2022 年的 2 007 亿元,同比增长 21.56%。按照这样的趋势发展下去,2025 年中国内地咖啡行业的市场规模预计会达到 3 693 亿元。

　　中国内地的咖啡种植主要集中在云南省等区域,总的种植面积和产量均低于全球平均水平的 2%。在咖啡种植的面积、咖啡豆产量、产值三项指标上,全国超过 98% 是来自云南省,云南全省种植的咖啡豆品种为世界主流的品种——小粒种咖啡阿拉比,2014—2023 年每 10 年咖啡豆年均产量约为 14 万吨,如图 3-6 所示。

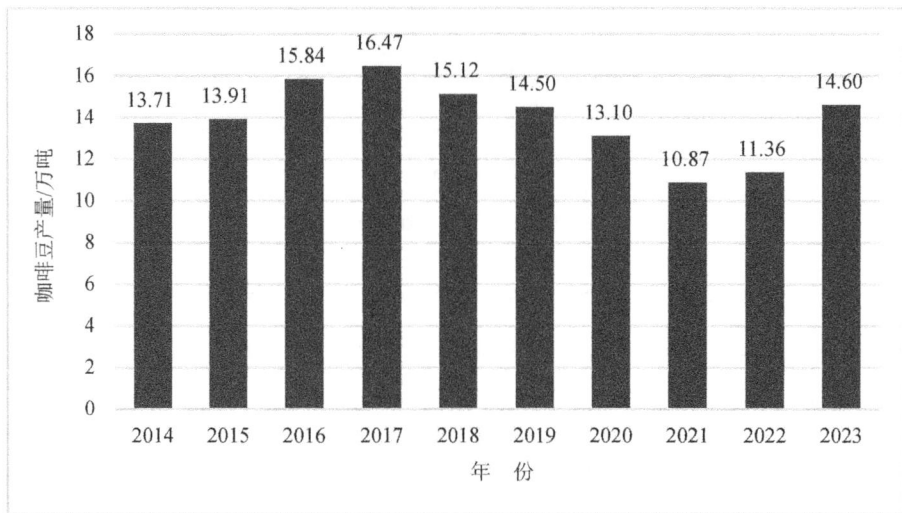

图 3-6　2018—2023 年云南省咖啡豆产量走势①

　　从中国内地人传统的消费和饮食习惯来进行分类,咖啡包含速溶咖啡、即饮咖啡和现磨咖啡三个主要的品类。其中,根据相关的统计数据,速溶咖啡在中国内地咖啡市场的份额于 2019 年已经超过 70%,其原因是快节奏的工作和生活方式所带来的生活压力使得人们对速溶咖啡的偏爱程度更高,现磨咖啡当时在中国内地市场的占有率仅为 18%,相比之下,现磨咖啡在全球市场的占有率高达 87%。从侧面也可以看出,中国内地的现磨咖啡市场大有可为。在一线城市中,随着咖啡逐渐成为一种社交和文化,甚至是生活不可或缺的一部分,咖啡逐渐成为时尚和高品质生活的象征。国人对于咖啡的品质和消费体验上有了更多的追求,品质感高的现磨咖啡和多样的咖啡消费场景也激发了咖啡市场的发展潜力。

　　同时,众多新晋品牌如 Seesaw、三顿半、时萃等精品咖啡品牌崛起,新饮品品牌也入局咖啡行业,喜茶推出咖啡,奈雪的茶 PRO 店推出精品咖啡,蜜雪冰城针对下沉市场的用户推出低价咖啡饮品等,Manner 正是在这样的行业环境背景下应运而生。

3.3　初创 Manner

　　"Manner makes man",这是著名电影《王牌特工》中的一句非常经典的台词,这句话深深

---

① 　来自前瞻产业研究院:https://baijiahao.baidu.com/s? id=1717476040046825725&wfr=spider&for=pc。

触动了85后青年韩玉龙。根据公开资料显示，他是兽医专业出身，大学毕业之后，偶然接触到咖啡这种饮品，从此之后便成为咖啡发烧友。凭借着对咖啡和摄影的高度热情，韩玉龙在2012年回到自己的家乡江苏南通，开了一家以摄影为主题的小咖啡馆，将其命名为"普罗旺斯"，在当地获得了不小的名气。但是在当时，大多数南通消费者对咖啡消费接受程度不高，这让韩玉龙看不到光明的前景。

上海庞大的咖啡消费人群和浓郁的咖啡文化深深地吸引了韩玉龙，于是他决定来上海发展。到上海后，他曾在一家名为Café Del Volcán的咖啡馆做过一年的咖啡豆烘焙师，内心对于咖啡的执着和热爱让韩玉龙产生了开一家"纯粹的咖啡馆"的想法。于是，2015年他和妻子一起在上海市静安区南阳路上创办了第一家窗口式咖啡门店，店内不提供堂食也不做外卖。

在当时，星巴克仍然占据现磨咖啡市场份额第一位，而英国的咖啡品牌Costa则占领了现磨咖啡市场份额第二位的宝座，与此同时，还出现了如咖啡陪你、Zoo Coffee、Seesaw等精品咖啡品牌。自此，中国内地的现磨咖啡市场发展为由星巴克一家独大和多品牌差异化并存的情况，然而国产精品咖啡却一直未形成强有力的品牌力量。所以，从创立初期开始，韩玉龙就坚定了做国产民族咖啡品牌的决心，他说，"好的习惯可以上升为一种礼仪，希望咖啡也能够成为人们生活的一部分。"面对如今快节奏的工作和生活方式，他想创建一个区别于星巴克等传统咖啡品牌的"第三空间"，让白领们可以早上或者中午买一杯咖啡，然后带到办公室中享用。这种模式对于很多热爱咖啡、想喝到品质高的咖啡但又没有时间在咖啡店里坐很长时间的群体来说是一个非常好的选择。这种商业模式也因此获得了一大批刚需客户和大量上班族群体的关注和好评。在刚开始创业期间，Manner更多的是走小而美的精品咖啡路线。走进Manner的大部分门店，我们可以发现：大多数门店都很小，门店内的座位也不多，有一些门店甚至连座位都没有安置，绝大部分顾客都是买完咖啡就离开，店内不设置Wi-Fi和充电口，翻台率极高，"走咖"的形式让Manner成为一种"快咖"。

那么，韩玉龙为何会采用这样的咖啡经营模式呢？

3.4　开拓精品咖啡新路径，加深品牌影响力

3.4.1　小店高坪效①定位开辟市场新路径

中国内地目前的现磨咖啡市场普遍存在的一个问题就是低价难喝、好喝却价高的局面：肯德基和麦当劳的现磨咖啡虽然便宜，但是口感不佳；全家、7-Eleven和罗森等连锁便利店的现磨咖啡平均价格约为12元，方便、快捷、价格亲民、咖啡因救急等属性让便利店咖啡实现了消费升级，主要消费人群为年轻白领，这类人群在咖啡市场中占有相当大的比例。如何获取这部分人群的消费红利是Manner必须要解决的一大问题。

在此背景下，Manner发掘了一条全新赛道。要让咖啡的品质和口感好而性价比又高，应该如何做呢？韩玉龙反其道而行之，不走星巴克做"第三空间"的老路，而是采用极尽精简的单店模式，走连锁小店的经营路线。对于产品的定价，在成功压低了租金和装修成本后，Manner

---

① 坪效指的是每坪面积上可以产出的营业额（1坪＝3.3平方米），也就是单店营业面积内每平方米面积上每天所创造的销售额。

咖啡的客单价基本能够保持在 15～20 元,这成为其与客单价都在 30 元以上的星巴克、瑞幸和 Costa 等零售咖啡巨头竞争的巨大优势。相关统计数据显示,制作一杯咖啡的基本材料包括杯子、纸袋、底托等,其成本约为 3 元,如果把咖啡豆半杯多牛奶、配送费和人工费等有关成本考虑在内,13.5 元是一杯咖啡的最低成本。而 Manner 把咖啡定价在 15～20 元是极力压缩店面面积的高坪效意识:每个咖啡店的店面面积基本维持在 10～20 平方米,这与星巴克接近 100 平方米的大店面或者瑞幸最初 50 平方米的标准店面相比都要小很多。截至 2022 年 3 月,考虑到配送、人工、包装等一系列成本,Manner 只支持顾客到店消费或者线上下单、门店自提的模式,未涉及外卖业务。

虽然面积小,但是门店配置的设备却造价不菲。大多数 Manner 门店都配置了行业内顶尖的设备(如 Mahlkonig 魔王磨豆机等),努力做到"让消费者仅仅用 10 元就能喝到价值 15 元的产品",这也是韩玉龙始终坚持的理念。在杯量上,Manner 采用了独特的设计,不同于传统的中杯 360 mL、大杯 480 mL、超大杯 600 mL,Manner 将自己咖啡的中杯容量控制在 240 mL,大杯容量设置为 360 mL。通过比较我们不难发现大杯的 Manner 咖啡能够与中杯的星巴克相当,更小的容量让 Manner 在产品定价上具有得天独厚的优势,如表 3-1 所列。与其他咖啡店相比,Manner 具有巨大的价格优势,让越来越多的咖啡爱好者慕名而来。

表 3-1　Manner 杯量和星巴克杯量对比

杯　型	杯量/mL	
	Manner	星巴克
中杯	240	360
大杯	360	480

3.4.2　进行门店分层,拓展品牌展现量

在门店装修上,Manner 的大多数门店采用简约 ins 风,这样的风格更加符合当下年轻消费群体的审美偏好。在门店选址上,基本开在 CBD 或者地铁站等年轻的受众群体云集的地方,这也符合 Manner 的目标定位人群。从由美团发布的《上海咖啡消费地图》中我们不难发现,静安区的南京西路街道是上海咖啡馆密度最高的区域,咖啡馆的平均密度约为 57.9 家/平方公里。将南京路作为中心,从上海外滩不断向外辐射和延伸一直达到静安寺,整个咖啡馆聚集区呈现出条带状分布。Manner 在此开设了相当数量的门店,根据不同的核心商圈开设了如芮欧百货店、徐家汇地铁站店、渣打银行店、南京东路店等,在上海大学、同济大学等大学校园内也开设了咖啡门店。这契合它的店面定位,更多的是贴近新一代主流消费群体工作和生活的地方。

与此同时,Manner 还进行了门店差异化和分层,居民区多的门店以咖啡为主,而在 CBD 密集区域的门店则会增加面包类、简餐类等产品。消费者能够经常看到,商场一层的店面进行对外产品展示,在负二层消费者可以自取带走,而在四五层的餐饮区则提供更加丰富的品类,以方便消费者在店消费。Manner 还开设了三家品牌面包工坊,来售卖不同种类的轻食面包产品,其范围涉及上海兴业太古汇、环球金融中心和上海中心。

Manner 还将门店开在各个品牌咖啡连锁店如星巴克、Costa 等的周围,这也从另一层面发挥 Manner 的价格优势,让门店能够通过价格低于 20% 的优势吸引到更多的消费者。

3.4.3　保证咖啡品质，发挥品牌口碑效应

众所周知，茶饮企业想要保持长期发展，提高品质和服务是重中之重。为了能够持续提升自身咖啡的品质和服务能力，Manner 不断作出努力和改变。鉴于年轻消费群体对新产品的追崇，Manner 不断推出季节性新品，打造属于自己咖啡品牌的独特性。韩玉龙定义 Manner 为一个小型的咖啡产业链，他每周都会去松江的烘焙工厂 3～4 次，去烘豆子，以保证出杯品质和性价比。在烘豆方面，韩玉龙天赋极高。在创立 Manner 之前，他从事咖啡培训讲师这门职业长达数年，非常懂得如何烘豆。上海襄阳南路附近一家咖啡厅——Café del Volcán 被大众点评收录长达 8 年之久，而这家咖啡店曾经的烘焙师正是韩玉龙。

咖啡的口感受到原料的直接影响，而行业最高机密和不同品牌的风味灵魂则是烘焙师在烘豆时的拼配比例和数据曲线。韩玉龙从各处寻找优质咖啡豆，Manner Blend 这一品牌采用由韩玉龙调整后确定的比例，其采用了 4 种属于阿里比卡种的咖啡豆，分别产自埃塞俄比亚耶加雪菲、危地马拉各产区、印度尼西亚节门答腊和中国云南。韩玉龙改良了烘焙方法，得到的咖啡与过去相比更突出甜味。Jacky 是一位苏州的独立咖啡馆创始人，他曾经谈到，在上海、苏州和杭州的咖啡文化节上，他都见到过韩玉龙本人。"他手上的功夫一直没丢，对豆子品种、烘焙和萃取方式都有自己的看法"，这是 Jacky 对韩玉龙的评价。懂行仅仅只是一方面，舍得下原料才是风味提升的关键因素。一位与韩玉龙关系不错的创业者曾经向有关媒体表示，"一杯市场中常见的咖啡大多含有 18～20 克咖啡粉，而 Manner 的做法是直接将咖啡粉含量提升到 25 克。"这个说法同样得到 Jacky 的认可，"喝惯了 Manner 的人肯定会觉得别家的咖啡寡淡，其中包括星巴克。以 Manner 十分出名的一款燕麦拿铁来说，与普通牛奶相比，燕麦奶不会太影响咖啡的口感，其甚至可以起到突出豆子原来风味的作用。正因如此，"大多数消费者认为 Manner 的味道更醇厚。"[①]Manner 的中杯和大杯的杯量都比星巴克的少，但是每杯咖啡中的咖啡粉含量并没有减少，这样不但让咖啡的口感更为丰富醇厚，也让咖啡爱好者对咖啡因的需求得到极大的满足。

在走出南阳路之后，产品线被韩玉龙进行了明显的迭代，不断优化产品的口感和提升消费者的体验，通过产品创新，更好地适应了当下年轻消费群体对咖啡品类的新鲜追求。这为 Manner 留住了用户，并增加了更多的客流量。除了标准菜单之外，Manner 还推出了秘密菜单，在扩张的过程中搭建了品牌的全产品体系，如图 3-7 所示。标准菜单提供标价为 10～15 元的意式浓缩咖啡，美式咖啡、澳式白咖啡、卡布奇诺以及拿铁等多款单品。根据咖啡豆产地的不同，推出手冲咖啡系列单品，根据不同咖啡杯的容量，将咖啡价格定在 15～25 元。这一区间之内秘密菜单系列的产品包括：宇治抹茶系列、精选手冲咖啡系列等产品，Manner 咖啡还包括不同产地的精选手冲咖啡系列单品，价格远远高于普通的咖啡产品，其中巴西达特拉半二氧化碳浸渍卡杜艾这一款产品的售价甚至达到 108 元人民币。除此之外，Manner 还会根据不同的季节和节日来更新菜单，如夏季全新清橙系列、白巧杏仁、埃塞茉莉水洗等，十月新品桂花龙井等。

---

① 来自《Manner 咖啡会成为下一个瑞幸吗？》知乎-吴怼怼 2021-6-3。

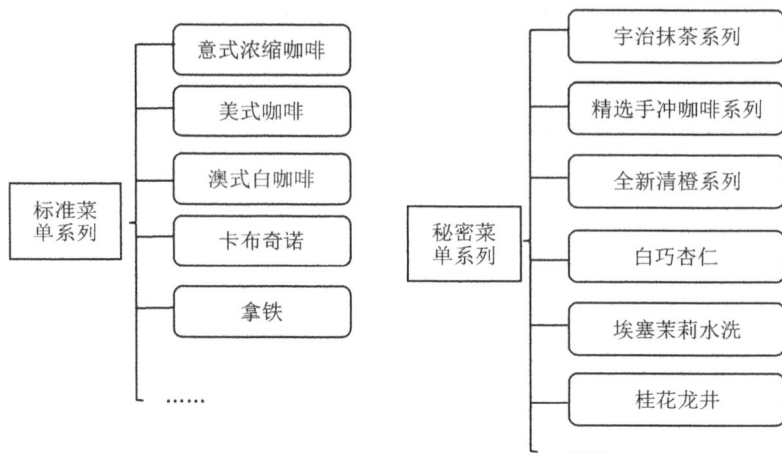

图 3 - 7 Manner 主打菜单图

3.4.4 延伸产业链,创造更多价值

咖啡消费者存在消费降级的需求特征的同时,也存在咖啡降级的需求特征。Manner 在现磨咖啡的基础上积极向上游产业链延伸,不断进行产品升级。在天猫上,Manner 旗舰店售卖不同口味的咖啡豆和现磨咖啡制作工具,推出了全产业链的商品,其中销量最好的当数挂耳咖啡。这样的模式让消费者可以足不出户,在家或者办公室也可以享受到 Manner 的精品咖啡品质。这不仅加深了品牌的渗透度,更让 Manner 拥有了更多高黏性和高忠诚度的消费者。

3.5 营销的方法,将咖啡与生活方式联结,进行品牌价值渗透

3.5.1 Manner 营销的方法

① 礼品性赠品。这种赠品的目的是鼓励顾客更多光顾咖啡店,在客人享用咖啡的时候,可以向客人赠送 Manner 咖啡店的礼品,也可以在重要和关键的日子,到店的消费者和经常光顾的客户赠送相关的礼品或纪念卡,来表达庆祝之意和对他们的祝福。

② 宣传品赠送。Manner 发放一些成本相对较低,而且分配和发放容易的物品,来帮助自己的品牌进行宣传,让了解咖啡厅的消费者群体不断扩大,最终达到提高 Manner 咖啡的知名度和影响力的目的。

③ 奖励性赠品。发放这种赠品的目的是刺激顾客购买更多的产品和打造回头客这一群体。Manner 咖啡更好地利用了发放奖励性赠品这一形式。除此之外,选择性是奖励性赠品十分突出的一个特征,根据顾客到店消费的频率、消费的金额等因素,来决定最终赠送礼品的价值。

④ 提供精致的礼品外包装。包装美观,可以让顾客感到礼品更上档次。包装是现代社会常用来点缀产品的东西,直至它的装饰角色被推广出去。因此,赠品的包装必须精美,美观别致。

⑤ 利用好新媒体资源，如微信的公众号和朋友圈、抖音等短视频平台以做好品牌营销。首先，把微信作为粉丝营销阵地和销售转化阵地，内容赋能品牌营销，公众号以定期发送新产品、新活动的方式进行品牌内容推广和产品推广。基于到店消费不做外卖的经营模式，用户可以在微信小程序"Manner 预点单"上下单，然后到最近的门店取咖啡。其次，创建会员体系，通过会员积分、Manner 券、Manner 慢礼等方式创建消费者社群，精细化运营粉丝，提高消费黏性。还可以在小红书内容中种草，进行口碑营销，打造品牌效应。再次，利用"WeareManner旗舰店"天猫店和"Manner 的咖啡工厂"淘宝店为自身各种类型的产品进行宣传和推广，提供能满足客户多元需求的咖啡豆、咖啡器具等产品。为了提高品牌的影响力和吸引力，Manner也在产业链上作进一步的延伸。

3.5.2　线下跨界合作，创造消费场景的多样性

"对于企业而言，品牌形象是一笔巨大的无形资产，当优秀的品牌占据消费者的内心时，就会触发品牌联想。当其他人提到这类产品时，首先想到的就是品牌，价值与满足的良性互动在企业与消费者之间逐渐形成，消费者自发推广的动机也就更容易产生"。[①] 咖啡承载的更多是社交和情感需求，为了提升品牌的渗透率，Manner 瞄准当下年轻人追捧的新生活方式，积极采用"跨界联名"的方式，将咖啡与消费体验牢牢结合在一起：与户外生活方式品牌 CHUMS合作，引入 CHUMS CAMP 露营游戏项目；在香薰品牌野兽派成立十周年之际，购买拿铁可抽奖扭蛋机香薰；与蔚来联名推出"落日气泡饮"；携手宠物生活方式品牌未卡 VETRESKA 创造遛宠饮咖新体验；在 Manner 成立六周年之际，MANNER CAMP 在乌镇戏剧节"打咖啡"现身，Manner 由此发起了"一万杯咖啡"计划。

与此同时，Manner 也积极推进环保的理念：推出了自带咖啡杯可以立减 5 元的活动；利用咖啡渣做吸管，将咖啡渣进行回收处理，减少浪费和潜在污染；推出了全新环保随性杯、送环保袋等一系列的环保活动，不断提高品牌的公信力。2020 年 6 月至 2022 年 3 月 Manner 推出的环保活动如表 3-2 所列。

表 3-2　Manner 2020 年 6 月—2022 年 3 月推出的环保活动

活动推出日期	活动内容
2020 - 06	世界环境日，自带非一次性杯赠送环保袋
2020 - 08	门店开始使用 PLA 环保纸杯
2021 - 02	推出首款咖啡渣环保杯
2021 - 03	推出咖啡渣吸管，成为首个投入使用咖啡渣吸管的咖啡品牌
2021 - 05	以咖啡环保大使身份加入上海静安世界咖啡文化节，实行全场无一次性纸杯计划
2022 - 03	推出自带咖啡杯减免五元的环保活动

这些举措强化了 Manner 时尚的精品咖啡理念，将咖啡与新的消费方式连结在一起，让咖啡成为新兴生活方式的一部分。这增加了消费场景的"无限空间"，更好地诠释了"让咖啡成为一种生活方式"的品牌理念。

---

① 来自《"互联网＋"背景下新式饮品行业"新零售"发展研究——基于整合营销传播理论》（作者张红帆）。

3.6 持续融资,资本助力品牌扩张

资本对咖啡行业的发展具有重要的催化剂作用,持续融资是经营扩张的重要资金来源。Manner 咖啡门店和业务的扩张很大一部分得益于持续的融资。在 2015—2018 年期间,韩玉龙走的是慢线,并不急于扩张门店数量。这样的情况在 2018 年发生巨大变化,当时今日资本的"风投女王"徐新关注到了 Manner,这一年也是那一时期中国咖啡行业融资金额最高的一年,当时,绝大多数的投资者都是将自己的注意力放在瑞幸上,只有徐新认为当时仅拥有 7 家门店、门店的面积仅为 2~3 平方米的 Manner 更具有投资的价值。2 平方米经营的档口模式、主打 15~25 元低价的高性价比精品咖啡在一定程度上符合徐新的理想模式。于是在 2018 年底,Manner 顺利完成首轮融资,获得了今日资本投资的 8 000 万元。自此以后,Manner 的门店数量开始迅速扩张,门店"温和"的画风被"激进"画风所取代,门店的面积升级为 20~30 平方米,有的门店甚至达到了 50 平方米。除此之外,陆续新增像烘焙工厂、轻食店等超过 200 平方米的新型店,门店数量也开始迅速增多并且走向全国市场。在上海,由原来的几家门店发展到如今的 400 多家,覆盖了上海城区的各个著名商圈和写字楼。基于在上海的成功,Manner 开始向全国范围内扩张。根据 Manner 公众号上的数据,到 2023 年年底,Manner 已经拥有 104 家北京门店、86 家深圳门店、28 家成都门店、5 家厦门门店、1 家海口门店、16 家苏州门店。除了厦门和海口之外这些门店基本是集中在一线或者新晋一线城市。

随着 Manner 市场占有率不断攀升,融资速度随之加快。2020 年年底,Coatue、H Capital 入局。2021 年 2 月,Manner 的 A+轮融资顺利完成,淡马锡这一来自新加坡的主权财富基金高调入场,此轮估值约 13 亿美元,这家入华 16 年的投资公司曾先后投资多家国内大型商业银行,而且投资过众多如今的互联网巨头公司,像阿里巴巴和腾讯等。淡马锡此轮参投的根源是其中国区总裁吴亦兵一直对中国新消费品牌的关注。

Manner 在 2022 年 5 月中旬从美团旗下的龙珠资本获得数亿美元的融资。经过这一轮融资,Manner 的估值有望突破 20 亿美元,较 2021 年 2 月淡马锡投资时增长近一倍。字节跳动也在 20 多天后顺利入局,实现了"成功送钱"。而美团的龙珠资本正是在上一轮融资中战胜字节跳动才拿到投资的份额。表 3-3 为 Manner 融资时间表。图 3-8 为 2014—2023 年中国内地咖啡行业融资整体情况。

表 3-3　Manner 融资时间表①

时　间	融资轮次	融资金额	估值	投资机构
2021 - 06 - 16	B+轮	数亿美元	约 30 亿美元	字节跳动战略投资部
2021 - 05 - 24	战略融资	数亿美元	未披露	美团龙珠
2021 - 02 - 24	战略融资	未披露	约 13 亿美元	Temasek 淡马锡
2020 - 12 - 24	B 轮	1 亿美元	约 10 亿美元	Coatue, H Capital
2018 - 10 - 19	A 轮	8 000 万元	约 2 亿元	今日资本

---

① 来自企查查:https://www.qcc.com/firm/c37140b4201ee58840d4174d9914e9ab.html。

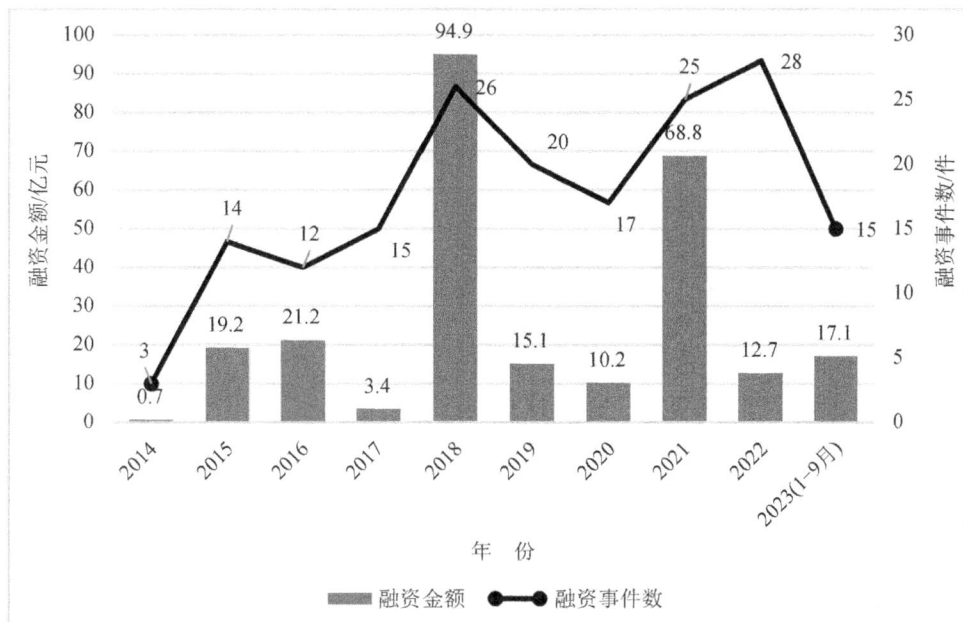

图 3-8 2014—2023 年中国内地咖啡行业融资整体情况①

3.7 面临的问题

3.7.1 门店如何拓展到上海以外的市场

基于上海独特的咖啡文化和环境，Manner 成功在此发源。虽然 Manner 近年来已经在向新一线和二线城市扩张，但是其大部分门店仍然分布在上海。在很多二线和二线以下城市咖啡渗透率都很低，咖啡普及程度不高。不同地区主流的咖啡品牌不一样，但是消费潜力很大。如何去争取这部分市场，将品牌渗透到下沉市场？怎样持续提升品牌自身竞争力和持续的盈利能力？这些都是 Manner 需要思考的问题。

3.7.2 如何保持持续的融资能力

根据投中网的资料可以发现，同属今日资本旗下的两只基金已于 2021 年 5 月 26 日退出 Manner 的投资方；同日，徐新也不再担任 Manner 的董事，今日资本的老股则由原股东 Coatue 和 H Capital 接手。2020 年 7 月，原今日资本投资经理金斌斌以个人身份加入 Manner，持股 10%，深度参与 Manner 的运营管理，担任 CEO 一职；韩玉龙与陆剑霞夫妇则将主要精力放在研发具体的产品上。虽然金斌斌已经退出今日资本，但是 7.28% 的股权仍归其所有，Manner 的部分股权变更情况如表 3-4 所列。这一次为什么徐新会选择退出呢？据 LatePost 的报道，投资人和创始人意见不统一是导致今日资本退出的核心原因，而这并非今日资本的主观意愿。

---

① 来自前瞻产业研究院：https://bg. qianzhan. com/report/detail/300/200409-7069ba00. html。

表 3-4　Manner 的部分股权变更情况①

序　号	时　间	变更项目	变更情况
1	2021-05-26	投资人(股权)变更 带有 * 标记的为法定代表人	DAHLIA INVESTMENTS PTE. LTD. 金斌斌 韩玉龙 * 陆剑霞 H SWEET CO. UIMITED COATUE PE ASIA 34(HK) LIMITED CTG EVERGREEN INVESTMENT H(HK)LIMITED [退出] CTG EVERGREEN INVESTMENT J(HIK)LIMITED [退出]
2	2021-05-26	章程备案	2017-09-07 章程备案
3	2021-05-26	董事备案	方文浩 金斌斌 陆剑霞 徐新[退出]

　　面对资本,前有瑞幸以退市收场,而 Manner 上市会不会面临同样的结局? 资本的进入对于 Manner 来说到底是助力还是掣肘? 资本的不断涌入是否会冲淡当初的经营理念——"让咖啡成为一种生活方式"? 这些都是 Manner 需要思考的问题。为了解决这些问题,Manner 需要重新定位自身与投资机构对控制权的博弈。

3.8　尾　声

　　在中国精品咖啡的赛道上,Manner 咖啡以其独特的定位和策略,成功地赢得了大量消费者的青睐,并在竞争激烈的咖啡市场中占有一席之地。Manner 咖啡的成功不仅仅在于其优良的咖啡品质,更在于其对咖啡文化的传播和对消费者需求的深刻理解。然而,在将上海本地市场取得了成功的商业模式复制到全国其他城市时,Manner 咖啡并非一帆风顺。面对未来,Manner 还能在保持品牌特色与品牌文化的同时拓展更广阔市场吗? 还能在资本介入的同时确保品牌的健康发展吗? 还能成为中国咖啡文化的新标杆,让咖啡成为更多人生活的一部分吗? 这些问题都需要时间来验证和解答。

启发思考题

1. 在精品咖啡的赛道上,Manner 采取的是什么样的定位策略? 具体体现在哪几个方面?
2. 在将网红品牌打造成大众化品牌这条道路上,Manner 运用了什么样的营销方式?
3. Manner 是如何运用新媒体营销,增强与消费者之间的联结的?

---

① 来自企查查:https://www.qcc.com/firm/c37140b4201ee58840d4174d9914e9ab.html。

4. Manner 原有的小众细分市场的品牌格调在扩张过程中能否向其他一线城市和二线城市延续？

5. Manner 在资本和初创品牌理念之间应该如何抉择？

参考文献

[1] 艾媒生活与出行产业研究中心. 艾媒报告 | 2018-2019 中国咖啡产业商业模式及用户画像研究报告 [EB/OL]. (2019-01-22) [2023-10-14]. https://www. iimedia. cn/c400/63469. html.

[2] 前瞻产业研究院. 2020 年中国咖啡行业市场现状及发展前景分析 未来五年市场规模将突破 2000 亿元 [EB/OL]. (2020-06-04) [2023-10-14]. https://bg. qianzhan. com/trends/detail/506/200604-b7403cde. html.

[3] 前瞻经济学人. 2020 年中国咖啡行业发展现状及市场前景分析 人均咖啡消费量达 12 杯/年 [EB/OL]. (2020-11-16) [2023-10-14]. https://baijiahao. baidu. com/s? id = 1683479789778039467&wfr=spider&for=pc.

[4] 前瞻经济学人. 云南省咖啡龙头的背后原因 自然资源、品种资源和技术等成就咖啡第一省 [EB/OL]. (2021-11-26) [2023-10-14]. https://baijiahao. baidu. com/s? id = 1717476040046825725&wfr=spider&for=pc.

[5] 吴怼怼. Manner 咖啡会成为下一个瑞幸吗？ [EB/OL]. (2021-06-03) [2023-10-14]. https://www. zhihu. com/question/458997224/answer/3615514270.

[6] 张红帆. "互联网＋"背景下新式饮品行业"新零售"发展研究 [D]. 青岛大学, 2020. DOI：10. 27262/d. cnki. gqdau. 2020. 002569.

[7] 企查查. 上海茵赫实业有限公司 [DB]. https://www. qcc. com/firm/c37140b4201ee58840d4174d9914e9ab. html.

[8] 前瞻产业研究院. 2020 年中国咖啡行业市场现状及发展趋势分析 下沉市场或将是行业下一发展机会 [EB/OL]. (2020-04-09) [2023-10-14]. https://bg. qianzhan. com/report/detail/300/200409-7069ba00. html.

奶茶热下"雪王"如何屹立不倒

品牌的精准定位与经典营销

当今时代,商业环境迅速变换,市场竞争愈加激烈,一个企业想要在其中占据一定的份额,精准的品牌定位与合理的营销方法不可或缺。如果品牌定位不够准确,再好的产品也会被埋没;如果营销模式不够合理,再好的品牌也难以被消费者了解与认同。如果我们在企业发展与市场竞争中,清晰洞察了市场现状,深入了解了消费者需求,找到品牌价值的切入点与定位点,再加之以合理营销模式的助推,那么企业发展腾飞就指日可待。

随着经济的不断增长,人们的生活水平不断提升,一阵奶茶热席卷整个饮品市场,各大奶茶品牌乘风破浪、不断向前。在这样激烈的竞争环境之下,蜜雪冰城股份有限公司(以下简称"蜜雪冰城")依旧屹立不倒,稳步向前,这离不开其精准品牌定位与华与华杰出营销的帮助。这样的成功案例为一众企业提供了发展扩张的范例,在定位与营销上极具借鉴意义。同时,蜜雪冰城也凭借着自身努力,不断改进加盟模式,不断提升产品质量,让雪王带着更为优质的奶茶饮品,推动人们生活水平与幸福指数的提升,以奶茶装点生活。

摘要:随着经济不断增长,人们对于生活水平的要求逐步提高,饮品市场近年来掀起一批奶茶热,各大奶茶品牌乘风破浪、不断向前。在这样激烈的竞争环境之下,蜜雪冰城依旧屹立不倒,在其营销、加盟的过程中不断改进升级,稳步向前。但与此同时,蜜雪冰城同样面临下沉市场饱和、上行之路艰难等挑战。本案例从其营销模式、加盟问题等多方面进行分析,提出了一些建议与想法。

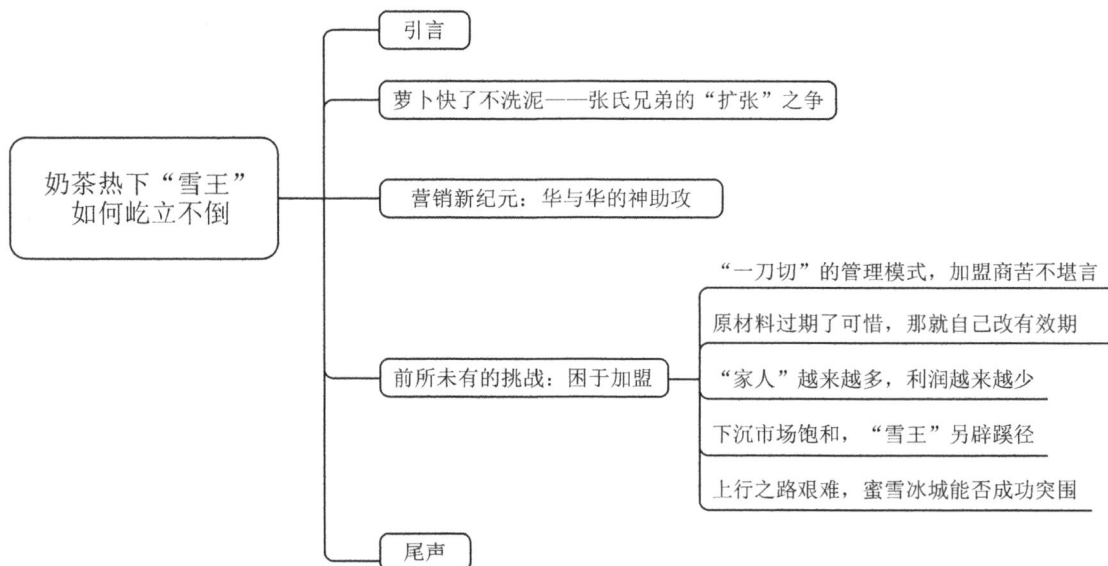

案例4思维导图

4.0 引 言

近年来,随着手拿冰淇淋权杖的可爱雪王的走红,伴着"你爱我我爱你"的洗脑神曲在大街小巷频频唱响,这个"致力于让全球每个人都享受高质平价美味的"奶茶品牌"蜜雪冰城"渐渐走入大众视野。

2006年可以说是蜜雪冰城腾飞的第一年。在这一年,蜜雪冰城第一个爆火单品"火炬冰淇淋"问世,它以极高的性价比吸引来了巨大客流的同时,也让创始人张红超和他的亲戚朋友们嗅到了商机。弟弟张红甫果断投身哥哥的奶茶事业,在2007年成为蜜雪冰城第一个加盟商,之后又多次加开店面。随着越来越多亲戚朋友的加入,蜜雪冰城的规模大增,加盟扩张初见成效。2007年,蜜雪冰城增开了20多家门店,还定下"下一年增开50家"的扩张计划。为了与蜜雪冰城的体量增大相适应,标准化改革势在必行。不久,郑州蜜雪冰城有限公司成立。随后,公司又积极引进外部管理人才,实现了从家族企业的无序向现代化管理的历史性跨越,不仅制定了明确的企业文化,以清晰的"使命""愿景"引领企业发展,还设立了五个职能部门,并进行了股东分工。其中,张红超回归原先的蜜雪冰城家常菜馆,张红甫负责宣传营销和门店运营。不同于哥哥的热血活泼,张红甫擅长讲故事,更适合营销,也更有野心。一个使蜜雪冰城急速扩张、快速成长的宏大理想已经在他的心中酝酿。他决心大干一场,证明蜜雪冰城的光明前景,同时证明自己的能力。那么,刚成长起来的蜜雪冰城真的能如张红甫所想顺利地快速扩张吗? 蜜雪冰城的未来又将何去何从?

4.1 萝卜快了不洗泥——张家兄弟的"扩张"之争

加入蜜雪冰城团队后,张红甫决心做好公司发展的"领头羊"。他在自己的日记中清楚地表达出他对权力的渴望与对理想的追求。他日记中的"理想"二字指的是什么? 首先,他要让蜜雪冰城一年内营销翻两倍,让蜜雪冰城实现迅速扩张;其次,他要自建工厂,由自己掌握核心的供应链,甚至他要主宰公司的一切,要让蜜雪冰城的发展速度跟上他的野心。

2010年,蜜雪冰城开启了"直营+加盟"的市场经营模式,为其市场扩张创造了条件;而2011年股东的和平分家为张红甫理想的实现提供了一个契机。和平分家后,哥哥张红超去开封开办冰淇淋粉工厂,为上游供应链打下基础;而张红甫专攻公司的扩张,负责加盟的品牌与业务工作。权力在握,张红甫便昂首踏上了梦想实现之途。在蜜雪冰城当时五六家直营店和五六十家加盟店的基础上,他加大了招商和引流的力度,不遗余力地吸引加盟商的到来,助推蜜雪冰城的扩张。

首先,公司每年拿出几千万元的资金为加盟商提供免息贷款,解决了加盟商的资金问题,为他们的加盟铺路。另外,蜜雪冰城进行了产业链和办公场所的全面升级,为扩张奠定了基础。在产业链上,一方面,在2012年,蜜雪冰城建立了研发中心和中央工厂,掌握了核心原料的自产,成功控制了上游成本;另一方面,在2014年,蜜雪冰城建成了河南焦作仓储物流中心和全国东西南北四大分仓,由此搭建了高效的物流配送体系,随之以"物料免费运送"的模式快速吸引了大批加盟商。这套"免息贷款"与"自建供应链"的组合拳效果颇丰,不仅推动了蜜雪冰城的扩张,还形成了一个盈利的良性循环:免息贷款和完整的产业链闭环推动了加盟商数量的增加,进而因规模化提高了盈利能力,最终公司扩大、业绩增长又为免息贷款提供了更广阔的资金来源,不断推动着产业链的成长与完善。因此,在张红甫的带领下,蜜雪冰城的规模持续快速扩张。

加盟商数量翻倍,蜜雪冰城规模扩大,这促进了张红甫梦想的实现。但在加盟商的产品和服务质量方面,张红甫却少有顾及,更别提对加盟商的仔细甄选、全面培训。张红甫甚至以"喊"作为加盟商学习的第一要务,这让"大声叫卖"成为十多年来蜜雪冰城的"优良传统",这也是蜜雪冰城极为重要的引流方式。

这时,哥哥张红超对蜜雪冰城迅猛扩张背后的问题有所察觉,对张红甫提出了自己的建议,但向往更大舞台的张红甫却并不赞同哥哥的看法。面对着在自己带领下蜜雪冰城规模、业绩的猛涨之势,享受着随之而来的鲜花与掌声,张红甫并不愿停下快速前行的脚步。在他眼中,哥哥一向精打细算、格局小,3元的汉堡都要精确计算面包和鸡胸肉的价钱,为了省200元不愿换第一块招牌中的错字;在扩张上,哥哥同样思想陈旧,跟不上自己的步伐。持有这种想法的张红甫逐渐膨胀,在一次会议上,张红甫当众对哥哥放话:"你最好离开!我可以把前后端都做好,让我们的团队发挥更大的价值……"面对弟弟的自信与固执,张红超选择了离开。此后,张红甫便如愿以偿地继续擘画蜜雪冰城的扩张伟业,无所羁绊,无所顾忌。

然而,张红甫不知"良药苦口",他的一意孤行终究无法支撑他宏大的理想。应了那句俗话"萝卜快了不洗泥",蜜雪冰城过快的扩张为之后的挫败埋下伏笔。不久后,张红甫发现,公司的设备和物料频频出现问题,甚至伤及旗下各家门店与加盟店;而修缮任务十分频繁,甚至员工出差时都需要带上各式各样的零配件以备不时之需。令张红甫没有想到的是,刚因"内忧"警醒,"外患"又悄然而至。一家源自台湾的新晋茶饮品牌"一点点"把店开到了蜜雪冰城旁边,抢走了蜜雪冰城的大量顾客。随着一点点的扩张,蜜雪冰城的生意逐渐走上下坡路,有些店的客流量甚至只有一点点的十分之一。

为了看清一点点的"真面目",张红甫对这家竞争对手的店面进行了仔细参观与认真学习。他惊叹于一点点的产品和服务:在服务上,店员训练有素的笑容加上台腔的嘘寒问暖,自然能让顾客有很好的消费感受;在产品上,将茶饮的糖度、冰度一点点细分,产品打造的精细化不仅能让产品多样化,更能贴近每一个客户的个性化需求。没有对比就没有伤害,在一点点的对比之下,蜜雪冰城的产品与服务显然掉了一档,难怪抓不住顾客的心。

内忧外患,业绩下滑,不免给正要大展身手的张红甫泼上好大一盆冷水。正在这时,哥哥张红超给张红甫打来电话,让他带着公司高管去各地的店铺"转转"。张红超的话别有深意,全国巡店的结果不仅令张红甫大吃一惊,更为他敲响了警钟。

张红甫在安阳选择了一家标杆店进行探访。这是一个老加盟商,店里看起来生意兴隆、干净整洁;但是一到后厨,却又是另一幅景象。由于长期不打扫,奶浆、糖浆污染地面,整块地板呈现出黑乎乎、粘脚的不良状态,卫生条件实在堪忧。而其他门店的情况也不容乐观:有些门店不注重柠檬质量,柠檬存放条件不佳、存放时间过长,甚至都已经变质;有些门店缺斤短两……全国巡店下来,且不论门店生意好坏,有问题的真不少;而最大的问题是,基本上一个店一个标准,完全没有一个连锁品牌该有的样子。

张红甫百感交集,痛定思痛,对自己的决定和想法进行了深刻的反思。扩张速度过快,扩张过程较为粗糙,这两点都是亟待破解的难题。一番思索后,他决定把蜜雪冰城扩张的速度放缓,在加盟商和员工的甄选、培训和监督上多下功夫。与此同时他把他的哥哥张红超请了回来,请他来负责后端产品的研发与生产。毕竟,蜜雪冰城成功的关键在于高性价比的爆款单品,而之前每种爆款的问世都少不了张红超的功劳。

蜜雪冰城在此后逐渐严格控制对加盟商的筛选环节,从加盟申请书的初审、面试的资质考核,到加盟讲解后的考试,再到进一步的面谈复审,蜜雪冰城形成了一套独特的筛选体系,通过层层选拔,挑选软硬实力兼备的加盟商。在正式选定加盟商前,蜜雪冰城会对加盟申请者进行多次的培训与沟通,为门店质量把关。此外,蜜雪冰城逐渐加强了对门店的规范管理与监督,对物料使用、员工操作、店面卫生、店铺陈设等进行严格的规定,违者罚款,而区域经理等人会进行突击考察或暗访,对门店进行监督。

有了严格的规定与标准,蜜雪冰城的扩张变得更加有序、有条不紊;而通过正确把握扩张的节奏,张红甫更加靠近他的理想。

4.2   营销新纪元：华与华的神助攻

蜜雪冰城的门店如雨后春笋般扩展,越来越多出现在人们视野中。而谈及蜜雪冰城真正的爆火出圈,就不得不提这样一首听过就再也忘不掉的"洗脑神曲"。

"你爱我,我爱你,蜜雪冰城甜蜜蜜。"2021年,这样简单的13个字却组成了萦绕在许多人脑海里久久挥之不去的"洗脑神曲"并由此出圈。从"四川话""东北话"等不同方言的通俗版,到"英语版""日语版""泰语版"甚至"13国语言混合版"等,这首风靡全球的洗脑神曲在各大网站和社交媒体平台广为传播,各种版本的改编也层出不穷,更有"你找我,我招你,鹅厂福利甜蜜蜜"直接被鹅厂认证改编成招聘版本。

"考试时脑子里不停地循环,想不通任何知识。"这首神曲由于出圈时间太过接近高考,还一度被大家戏称为"高考禁曲"。

在蜜雪冰城通过洗脑神曲以及"雪王"形象成功出圈的今天,CEO张红甫也不禁感叹险些否掉华与华提案的后怕与担忧。在张红甫的设想中,蜜雪冰城这一品牌未来将会遍布全球,比肩各大国际知名品牌。为了这一目标,2018年张红甫找到了企业咨询公司华与华,对老板华杉提出了自己的需求,他将一切的宏图伟业融汇成一句话:"我也想要一个超级符号。"

华与华老板是何人?华杉与华楠的名字未必人人知晓,但是他们的成功事迹可谓老少皆知——"小葵花妈妈课堂开课啦!""老爷子要穿老爷子的鞋,专业老爷子的鞋,认准脚厉害!"……这些都是华与华服务过的客户的经典案例。对他们的服务领域,华氏兄弟有明确的分工:企业和品牌战略由其兄华杉负责,广告创意则由其弟华楠负责。

面对张红甫的"超级符号"这一需求,华与华给出的第一步方案就是选择一个合适的符号,但没想到仅仅在这一步就引起一番争议。

华与华让拿着冰淇淋权杖、头戴皇冠的"雪王"成了蜜雪冰城的核心传播符号。可爱的雪人与王结合,当可爱遇上权威,就像蜜雪冰城的主题配色——白与红,就像是冰与火的碰撞与结合。但是这样的方案并没有得到立即的肯定,相反,从蜜雪冰城公司内部到经销商都是一片质疑:"这样太 low 了吧?""这么简单的 logo 未来怎么风靡全球呢?"

面对一片质疑声与众人的不认同,华与华兄弟却没有就此退缩,他们坚持自己的想法,用华与华兄弟的说法就是:把最简单、最大众的元素,用到最彻底。简单的红白色调,雪人与皇冠、权杖的结合,元素是简单的,如图 4-1 所示,但是华与华却让蜜雪冰城把这个"雪王"的超级符号用到了极致，从门头到广告，甚至关店打烊后的卷闸门都印上了雪王的形象。

图 4-1　蜜雪冰城的 logo 图标

仅仅这样一个"超级符号"就能服众吗？显然是远远不够的。"这样的设计比起其他奶茶店简直是画蛇添足！""这样的设计违反了扁平和简约的潮流！"质疑声迭起，这些对华与华的质疑使得张红甫整日烦忧。应该选择相信华与华吗？毕竟这家公司已经有太多成功案例，相信行业的权威总是对的。但是产品做出来就是面向消费者与客户，若是不听取公司其他人员和经销商的意见，那么未来应该如何发展呢？失去市场的营销算是好的营销吗？

诸多问题困扰着张红甫，有太多的方向需要他去选择、去定夺。"消费者好识别、过目不忘就是简约。"张红甫这句话像是说书人的醒木一般，拍下去就拉开了故事的帷幕，这个故事就是蜜雪冰城的火爆史。

相对于喜茶、奈雪的茶，或者一点点、CoCo，蜜雪冰城的门店显得有些"花枝招展"，而只要看到一家蜜雪冰城的门店，就有一股"超廉价"的气息扑面而来，但这正是蜜雪冰城最需要的。找到了"雪王"这一超级符号，又到了华与华最为拿手的"搞谚语"环节，对于蜜雪冰城，华与华给出的就是本节开头提到的洗脑神曲《蜜雪冰城》。

传播爱意不假，但核心目标只有一个：降低传播成本。

华与华将 1847 年的美国 Oh Susanna 这首简单轻快的经典民谣改编成如今这首"好土好洗脑"的魔性神曲，在网络上引起狂欢，模仿与二创佳作频出。这一点，与多年前广告狂人史玉柱的脑白金经典营销如出一辙。"今年过节不送礼，送礼就送脑白金"，听起来平淡无奇，但却将庞大的信息量（脑白金是做什么的，对消费者有何作用）准确真实地传递出去。

华杉曾在一次公开演讲中谈到："一个广告单页的内容，你会不会完整地看完？我觉得大家基本上只会扫一眼，看几个片段就可以了。因此，我们传播的核心就是要解决广告传播中的损耗问题，我们做广告传播的核心就是要解决这个损耗的问题。"蜜雪冰城的主题曲也遵循了这一原则，"13 个字＋雪王"（见图 4-2）将一个贴近大众生活的蜜雪冰城完完整整地勾勒在消费者的印象中，不需要太复杂的创意和广告词。

2020 年 6 月，蜜雪冰城以 10 000 家直营和加盟店占据了奶茶这块抢手蛋糕的第一把交椅,其加盟模式是其发展道路中不得不提的一个亮点,总结而言主要有以下方面,一是加盟筛选的"优中选优、宁缺毋滥";二是管理咨询与原料生意合二为一的"特许加盟"的扩张模式;三是不能停止的扩张之路。

2018年的蜜雪冰城只有5 000家门店,但在2020年就成为全国知名茶饮品牌中加盟门店首家过万的企业;2021年10月,更是收获巨大,门店数量翻倍,超过2万家,新增门店数量为之前20年开店总数量,而这仅仅用了一年的时间。第三方机构及上海品牌检测平台的数据显示,在所监测的全国50家茶饮品牌范围内,仅有10家茶饮品牌拥有超过1 000家店面,其他9家店面总和约3.8万,未超过蜜雪冰城门店数量的两倍。再参考到窄门餐眼的数据,国内店面数量能超过蜜雪冰城的只有兰州拉面和沙县小吃,但是这两家虽然有超过3万家门店,却缺乏像蜜雪冰城这样的公司统一管理,不够具有规模范畴。即使在全球范围内,截至2020年年底,也只是赛百味、麦当劳和星巴克在内的几个餐饮品牌分别拥有4.2万、3.7万和2.3万家门店,数量超过蜜雪冰城。

"雪王"不再是曾经的那个小店面了,它正带着"洗脑神曲"通过加盟扩张的方式逐步迈向世界。

图 4-2 "你爱我我爱你"与"雪王"

4.3 前所未有的挑战:困于加盟

一家、两家、三家……一万家、两万家,眼看着"雪王"的冰雪世界越来越广阔,张红超、张红甫两兄弟心里的石头反而更加落不了地。追随"雪王"加入冰雪世界的人越来越多,这意味着管控的难度越来越大。而其加盟模式重视规模而不重视品控,没有区域保护措施,并且在人员培训、质量体系、内控执行等方面都存在较大的漏洞,这导致加盟商与总部两看相厌、食品安全事件频发;同时,"雪王"所在的下沉市场因快速发展而面临饱和,而中高端茶饮品牌又向下攻城略地,抢占"雪王"的位置。作为"雪王"的"老父亲们",张红超、张红甫两兄弟不仅要时刻操心扩张路上出现的众多问题,还要突出重围,开辟出一条通向未来的光明之路。

4.3.1 "一刀切"的管理模式,加盟商苦不堪言

"外面更加便宜的物料为啥不让我们用?设备好好的,还能使用,为啥要更换?"加盟商对于蜜雪冰城不近人情的"一刀切"管理模式颇有怨言。据他们反映,物料只能由总部统一供应、统一管理,一旦被发现使用外面的,轻则罚款,重则关店;很多原材料包装不合理,量太大,在有效期内根本用不完,只能按规定全部倒掉,浪费太大;店内的设备在还能继续正常使用的情况

下却要按要求更换。这些不知变通的要求与规定徒增他们的成本,压缩了本就因低定价而稀薄的利润空间。

不仅如此,让加盟商更加头痛的是随时可能被突击检查或被暗访,一旦被查出违反规定,就会被罚款,这让本就赚不了多少钱的加盟商更是雪上加霜。"店里的柠檬水卖得很好,我就想着多赚点钱,就凭自己的关系从外面买了更加便宜的柠檬,最后还是被他们查到了,说违反规定使用非甲方原料,罚款 10 000 元,不仅没赚着钱,还亏了。""除了这个原则性问题,还有很多细节规定,可有可无——员工不戴工帽罚 500 元,门前垃圾超标罚 1 000 元,店内尘土超标罚 500 元,店内不开灯罚 500 元……"加盟商吐槽了几条规则,"就连店内海报褪色、过季或者张贴位置不对这点小事都要罚款 500 元"。这样一来,被监督的加盟商与执行监督职责的区域经理的关系就紧张起来,甚至成为冷眼相看的"仇人"。而为了增加自己的利润,不少加盟商铤而走险,采用一些"歪门邪道"来尽可能地降低成本。这就导致蜜雪冰城食品安全事件的频频发生。

4.3.2 原材料过期了可惜,那就自己改有效期

"虽然食材的有效期已经过了,但是这么多食材全都倒了多浪费啊。看上去食材也没有问题啊,应该还可以用,反正大家也尝不出来,这样就能节约一点成本,多赚两块钱了。"在这样的谋利和侥幸心理之下,蜜雪冰城多家加盟店存在人为修改食材的有效期,重复使用过期食材的现象。2021 年,某加盟店为 2021 年 3 月 28 日 10 时开封、3 月 29 日 10 时废弃的纯牛奶重新贴上标签,标注日期为 2021 年 3 月 29 日 12 时开封、3 月 30 日 12 时废弃;某加盟店将已经过夜的奶浆掺入新的奶昔粉中进行制作;某加盟店将头天剩余的奶浆、茶汤、奶茶等材料,经过二次加工后继续使用。

蜜雪冰城多家加盟店除了自行更改有效期外,还被爆出柠檬表皮不清洗、柠檬片徒手抓,柠檬、橙子切片过夜后继续使用,在没有盖子的垃圾桶旁徒手抓珍珠放入锅中等奶茶加工食品安全问题。而媒体的报道也引出消费者对蜜雪冰城食品安全问题的大量吐槽。据称,2020 年 8 月,某加盟店饮品中出现带血创可贴;2021 年 7 月 14 日,某加盟店饮品中存在臭虫;以及饮品中出现头发、苍蝇、塑料片等各种异物。亲身经历过的人们纷纷表示不敢再喝蜜雪冰城,不少网友也表示担忧。但是"洗脑神曲"一经推出,人们的担忧立即就被抛到九霄云外了。而蜜雪冰城也抓住这次时机,实现了门店数量的快速增长,但老加盟商的幸福感却不升反降。

4.3.3 "家人"越来越多,利润越来越少

郑州加盟商说,"比起刚开业的时候,现在几乎不赚钱,今年门店的外卖数量明显减少了。工作日的时候,门店也冷清了不少。"面对日渐密集的加盟店面,加盟商对利润下降有直观的感受,其营业数据也提供了明显的证据。而饮品的外卖本就利润微薄,原来产品本身的毛利在五成,外卖平台的抽佣占了两成,再扣除人工、水电等硬性成本,外卖生意只能尽量达到收支平衡,现在新店又分走了客流,外卖几乎赚不到钱了。

面对加盟商"无钱可赚"的忧愁,总部却并没有打算采取区域保护措施来保护原先的加盟商,反而为了加速扩张而降低了距离限制,并提供减免优惠政策,鼓励更多的新加盟商加入"雪王"的"大家庭"。因为蜜雪冰城不是靠加盟费和卖产品挣钱,而是利用物料及供应链获利,因而加盟店的数量就极为重要,规模扩张势在必行。但是由于国内各城市茶饮行业快速发展,市

场日渐饱和,所以很难再找到优质的位置,最终就会出现门店密集,分走客流的现象。而客流的稀释进而导致加盟商的利润不断被稀释出现"家人"越多,利润越少的现状。

4.3.4 下沉市场饱和,"雪王"另辟蹊径

"在蜜雪冰城的消费者中,大部分没有听说过喜茶和奈雪的茶,也喝不起。这群人在各类研究中被忽略,在各类所谓'主流'分析中也被忽略。"通过对自己顾客群体的深入分析,蜜雪冰城一直以低价在下沉市场保有一席之地并迅速扩张。

但是近几年来,下沉市场规模接近上限,强力的竞争对手也越来越多。蜜雪冰城加盟店周边的奶茶品牌越来越密集,古茗、一点点、茶百道、悸动烧仙草等众多品牌也在快速发展,分流客源,消费者多了选择,加盟商却多了忧愁。不仅如此,就连高端品牌喜茶也开始向下抢夺市场,通过开发定价更低的子品牌在下沉市场展开竞争。

面对这样激烈的竞争,蜜雪冰城唯一的竞争优势就是低价。但是低价意味着饮品用料、制作简单,竞争壁垒低,而且容易被模仿。"在蜜雪冰城,如果学习能力强,一个新手半个月就可以学会店内产品的制作,而在奈雪的茶,则需要三到六个月。"店员如是说。其次,低价也意味着难以摆脱低端品牌的形象,这也成为其冲击高端市场的绊脚石。所以蜜雪冰城在奶茶行业难以采取有效措施,不得不另辟蹊径。

"想开蜜雪冰城的,以后就别找我了;想开咖啡馆的,欢迎骚扰。"

幸运咖是 2017 年蜜雪冰城创立的一家全资子公司,是一个以现磨咖啡为主的全国连锁品牌。其主打轻型咖啡,主攻学生群体和年轻白领,通过密集布局在高校和商业写字楼周边来吸引目标群体,扩张下沉市场。在定价上,幸运咖沿用蜜雪冰城的低定价策略,美式 5 元,拿铁6 元,果咖 5~7 元,最贵不过 13 元。从这个角度来看,幸运咖虽然是蜜雪冰城谋求其他目标群体和品类的一个突破,但是其本质上可以说是咖啡界的"蜜雪冰城"。

幸运咖在开放加盟之后一年的时间里,取得了"年开 200 家店"的好成绩。但是其是否能够继续保持这样的好趋势、持续带来幸运,是否最终再度走入困住"雪王"的死胡同,还要时间给出结果。

4.3.5 上行之路艰难,蜜雪冰城能否成功突围

面对下沉市场的竞争加剧,生存空间不断缩小,蜜雪冰城不得不考虑向中高端市场发起冲击,但是作为"下里巴人"出身的蜜雪冰城,其上行之路注定极其艰难。

早在 2009 年,就有商场在了解蜜雪冰城的价格后拒绝其进入商场。张红甫并不服气,他一气之下跑到高档消费场所开店,并特别以最新鲜的食材设计店堂形象,推出其全新的意大利手工雪糕品牌 Gerratu(吉拉图)。但遗憾的是,这家店在高端市场的开拓并不成功。当时的张红甫还总结了几个教训,"老老实实把自己最拿手的具有价格优势的商品卖出去就行了,避免装不下、端不动,消费者决策起来也方便。"

而到了 9 年后的 2018 年,蜜雪冰城与华与华合作,再次突破,推出自己的副品牌——高端茶饮品牌 M+,并重新设计了品牌 logo 和门店形象,甚至菜单设计。但是多番努力之后,曾经拒绝过蜜雪冰城的商场再次拒绝其进入。

面对冲击中高端市场的屡次失败,蜜雪冰城仍旧没有放弃,2021 年以来,蜜雪冰城已累计新成立 6 家子公司,分布在海南、成都、重庆等地。而重庆"雪王"的成立,意味着蜜雪冰城或将

再次尝试冲击高端市场,在规模化以外寻找新的增长点,同时在原材料供应上继续加码。那么究竟"雪王"能否最终杀出重围,在高端市场上分得一杯羹,我们就静观其变了。

4.4　尾　声

"雪王"人偶伴着魔性的"洗脑神曲"在步行街的门店前面手舞足蹈地招揽着顾客,店内新换的机器时刻不停地运转着,店员们忙忙碌碌制作奶茶。面积不大的店面外三三两两的人群等待着饮品,也有人瞧了一眼热闹走进拐角处的另一家新开的蜜雪冰城,还有人手里拿着对门的 CoCo,邻居"茶百道""七分甜"的饮品也来与火出圈的"雪王"互动。看着眼前热闹的场景,蜜雪冰城加盟商却怎么也高兴不起来:"唉,这条街上又多了几家奶茶店,今天来我们店里的人又少了一些,生意不好做喽,我该怎么办呢?"

寻找出路不仅是加盟商的忧愁,也是让张红甫、张红超兄弟头痛的问题。眼看着自己创造的冰雪世界越来越大,问题也越来越多。蜜雪冰城究竟是凭借着爆火出圈昙花一现,还是能够深入扎根市场长盛不衰?面对着加盟扩张带来的诸多管理问题和"规模困局",下沉市场的饱和、竞争加剧,以及冲击中高端市场的多次尝试的失败,"雪王"的光明之路又在哪里呢?

启发思考题

1. 张家兄弟的这场"扩张之争"中对于企业的管理决策有哪些启示?
2. 蜜雪冰城的"洗脑神曲"爆火出圈对营销过程中广告宣传的合理运用有怎样的启示?
3. 除了华与华的营销助攻,你认为还有哪些因素共同助推了蜜雪冰城收获如此高的热度?
4. 蜜雪冰城的加盟模式有何优缺点?你认为应该如何改进?
5. 面对蜜雪冰城所处下沉市场逐渐饱和,而冲击中高端市场多次失败的现状,你认为蜜雪冰城当下首要的应对措施是巩固自己在下沉市场的地位,还是再次冲击高端市场?

宁德时代：夹击中动力电池万亿
巨头的优势保持之策

时势变迁下，在新能源领域多元化发展的可能性

近年来，新能源产业越来越成为一个引人注目的新赛道，在动力电池行业，众多厂家选择进场。面对政策加持、竞争加剧、社会意识较快转变的外部现状，新能源市场进入了快速发展模式。如何更好地利用政策红利拓宽企业市场？如何在技术要求高的产业背景下寻求突破机会？如何平衡研发和成本之间的关系？如何在这个前景无限的领域占据一席之地？

宁德时代新能源科技股份有限公司（以下简称"宁德时代"）在发展之初就获得了良好的市场优势，占据了一个领域的位置；在之后的发展过程中，利用完善的研发体系、前瞻性的产业布局和完善的公司治理，加上在动力电池领域成功实现了钠离子电池的批量应用，利用正确的战略选择，获得了充分的竞争优势；同时，宁德时代积极进军储能行业，利用多元化发展战略，在评估自身优劣势的基础上，在可能出现发展瓶颈的时期为企业赢得更为广阔的发展空间。宁德时代作为一家引人注目的万亿巨头独角兽企业，正在新能源领域结合时势变化，多元探索，以期更多的发展空间和可能性。

摘要：在过去几年中，新能源产业迅速发展，且"碳中和"概念的提出为新能源汽车行业与储能行业锚定了可观的增长爆发点，相应地，也为电池行业带来了发展机遇。近年来政策环境、市场竞争环境等外部环境的不断变化，给宁德时代的发展带来的挑战层出不穷。为此，宁德时代做出了许多调整。本案例将围绕宁德时代近年来应对环境变化的战略选择，围绕其多元化战略的实施，以及探索新的发展可能，描述宁德时代在商业、产业等方面的转型与调整。意在揭示相关科技领军企业如何在外部环境变化时保持竞争优势，并为相关企业发展提供借鉴。

5.0 引 言

2021 年 7 月 21 日，在深思熟虑之下，宁德时代董事长曾毓群回应了一个最近非常困扰自己的问题——向涵盖中航锂电全系列产品的电池供应商、行业装机量排名第四的中航锂电提起知识产权诉讼。如果胜诉，中航锂电产品可能面临禁售的危机。

为何要挥刀向老四？这就要从之前的竞争事件说起。虽然中航锂电装机量只有宁德时代的七分之一左右，但中航锂电此前凭借相关产品的价格优势抢走了宁德时代的客户，还挖走了一批技术人员。面对宁德时代可能已经掌握了比较完善的证据链条，等待中航锂电的，可不是一场容易的较量。

曾毓群心中自有考量：成立于 2011 年的宁德时代，在世界能源转型的大背景下，乘着时代的东风，从 2017 年到现在，迅速发展并超越了全球动力电池企业排名前列的比亚迪、松下电器、LG 化学等行业巨头，更是突破了万亿市值大关，成为仅次于茅台、工商银行、建设银行的 A 股第四大公司。宁德时代有着自己有力的护城河，这是曾毓群多年耕耘的结果，他对此有

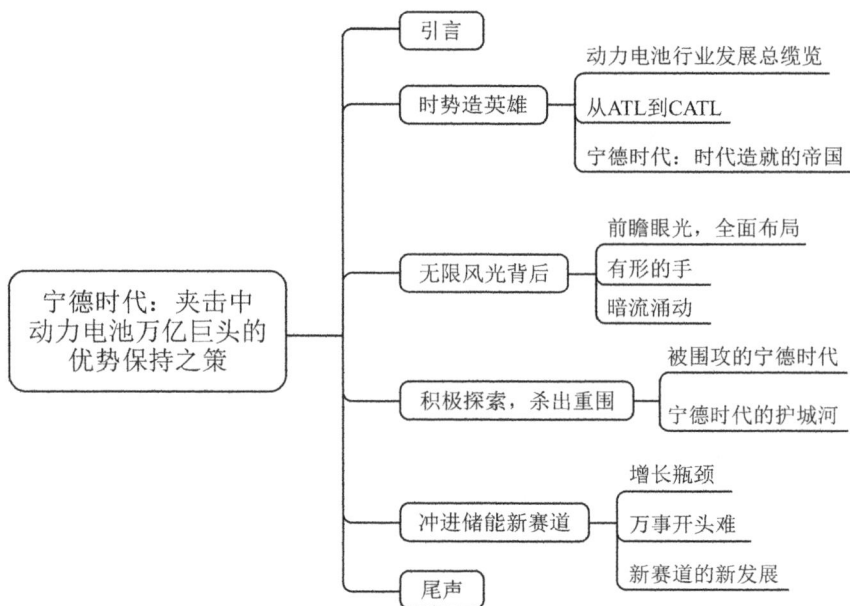

案例 5 思维导图

着强烈的信心。但是市场环境、政策环境、技术环境和竞争对手都在变化,这使得宁德时代必须顺应而变,新的挑战和危机不断涌现。

曾毓群不得不思考,在造车新旧势力想打破其"一家独大"的局面、其他电池厂家频繁挑战的局势下,宁德时代的龙头地位还稳固吗?

5.1 时势造英雄

5.1.1 动力电池行业发展总览

动力电池行业的发展一共经历了 5 个阶段,分别是研究摸索期(2001—2008 年),井喷发展期(2008——2011 年),调整反思期(2012—2013 年),割据混战期(2014—2015 年),有序发展期(2016 年—),如表 5-1 所列。

表 5-1 动力电池行业发展阶段

发展阶段	研究摸索期	井喷发展期	调整反思期	割据混战期	有序发展期
说 明	动力锂电池还属于一个研究和积累阶段,仅少数企业在进行持续的研发,也没有多少经验可以借鉴,属于真正的初级阶段	通过上海世博会、广州亚运会以及国家十城千辆政策,许多电池企业诞生,市场催促着这些企业野蛮生长,但存在许多技术问题	补贴政策的延缓导致市场需求疲软,技术和运营的问题凸显,使得许多新兴动力电池企业被迫关闭或者退出市场	国家在这一阶段将新能源汽车产业的发展上升到国家战略,新能源汽车的发展进入快车道,市场需求快速提升,各个动力电池生产企业纷纷借势大力发展,不断涌现出新的企业	急速的发展一方面带来了市场的繁荣,另一方面也出现了许多安全问题,一些小型企业逐渐被淘汰,头部企业占据市场前列,国家引导整个行业向新的平稳有序的阶段发展

5.1.2　从 ATL 到 CATL

说起宁德时代，就得说它的前身——ATL。而要说这两个公司，就还得从它的创始人——曾毓群说起。曾毓群从国企跳槽进入东莞一家外资企业——全球最大的独立硬盘磁头供应商香港新科旗下的新科磁力发电厂工作。他在这家公司的 10 年间迅速成长并在 31 岁那年成为最年轻的工程总监，同时也结识了志同道合的工作伙伴梁少康、陈棠华等人。2000 年，3 个人终于共同在香港注册成立了新能源科技有限公司（简称 ATL），曾毓群也终于踏上锂电池领域的漫长的创业之路。

公司初期重金购买的"入局"电池专利存在鼓包，行业新角色却拿不出合格的产品，曾毓群和他的团队日思夜想，苦苦探索，好在最后研制出了新的电解液配方，重新研发了生产路线，解决了电池的鼓气问题。结合其早期选用聚合物软包电池的差异化产品竞争策略，ATL 以灵活的封装制程及超高的性价比获得亮眼成绩。

靠着强大的技术能力，ATL 在其后的发展中拿到了苹果、三星等多家大客户的订单。同一时期我国政府尝试用政策加财政补贴的方式积极推广新能源汽车产业，试图在接下来的汽车产业中弯道超车，其中最为关键的技术就是动力电池。

动力电池（Power Battery）是指为交通工具提供动力的电池。其应用领域广阔，市场前景较好。

曾毓群等人意识到动力电池一定是不能错过的领域，在他们的主导下，ATL 设立了动力电池部门。不过该动力电池部门很快吃到闭门羹。原来在 ATL 发展的过程中，为了应对快速扩大的产能需求，公司曾经两次引入外部资金，彼时公司的大股东正是日本 TDK。当时国家规定，能量型动力电池厂商外资持股比例不能超过 50%，显然 ATL 无法再在中国进行动力电池的生产，2011 年，曾毓群团队将动力电池部门独立运行，成为如今的宁德时代，简称为 CATL。

5.1.3　宁德时代：时代造就的帝国

宁德时代的主营业务是新能源汽车动力电池系统，以及储能系统的研发、生产和销售。对于行业的后进者宁德时代而言，前有松下、LG 化学、比亚迪等先进入者，后有不断涌进的新企业，曾毓群和他的团队只有从 ATL 那里积累的技术，没有拿得出手的产品，没有稳定的用户。好在国家发改委和商务部 2011 年修订的《外商投资产业指导目录》将外资电池企业挡在门外，让宁德时代不至于与强大的日韩企业竞争。还有一个好消息是当时位居国内电池行业第一的比亚迪所产的动力电池仅供自家的汽车使用，所以还是有一部分市场份额是属于宁德时代的。

第一个快进键出现在 2012 年。宁德时代技术团队硬着头皮啃下 800 多页的德文技术文档，在满足了宝马苛刻的技术要求之后，宁德时代与华晨宝马达成战略合作关系。

在宁德时代快速发展的同时，动力电池市场不断壮大，国内新能源汽车在政策的长期支持下迎来 2015 年的第一轮爆发，中国顺势成为世界最大的动力电池生产国，中国的新能源汽车市场也在不断发展壮大。

不断扩大的市场引得国际巨头摩拳擦掌，跃跃欲试。与国内企业相比，在一致性、稳定性和续航周期方面，日韩系企业的电池产品优势更大。LG 化学和三星都已经在华投资兴建电池厂。为进一步挤压国内电池厂的生存空间,抢占更大的市场份额,韩系厂商在扩产的同时发动价格战。国内企业虽然出货量大,但市场极为分散,出货最大的宁德时代 2015 年收入刚破50 亿元,只有三星 SDI 的 1/8。这意味着绝大多数的补贴,最终都流向了韩国电池厂。对手来势凶猛,宁德时代该如何应对国际巨头的冲击呢? 国家政策却先给出了答案。

2015 年上半年,工业和信息化部发布了动力蓄电池相关规范,第二年,宁德时代入选工业和信息化部发布的第一批符合《锂离子电池行业规范条件》的企业名单,获得了国家新能源补贴。在此后发布的新的白名单中都将 LG 化学、松下等日韩电池企业排除在外,车企自然不再选择日韩企业的电池。这一行业规范一直持续到 2019 年 6 月,宁德时代获得了较长一段时间的政策保护。

宁德时代在内外部优势条件的共同作用下,迎来企业快速成长的几年。2018 年 6 月,宁德时代成功上市,市值很快超过中国最大车企上汽集团。上市后,其市值三年时间突破 1.3 万亿元。2019 年,宁德时代营收同比增长 54.63%,达到 458 亿元,市场份额在当年三季度创下63.58% 新高,成为行业"寡头"。到了 2020 年,宁德时代与特斯拉达成全球范围内的合作关系,成为其全球最大动力电池供应商之一。

不仅如此,在证券市场还诞生了新的词汇,诸如"宁指数""宁组合指数"。宁德时代现在已经成长为万亿市值的企业,成为锂电池领域里毫无争议的龙头。

5.2 无限风光背后

5.2.1 前瞻眼光,全面布局

宁德时代的成绩并不是凭空得来的。不管是曾毓群和他的团队在 ATL 时期选择的聚合物软包电池,还是成立宁德时代后在三元锂电池技术路线的大胆下注,都能体现差异化战略给予宁德时代富有潜力的想象空间。技术的完备也能使企业一定程度上适应行业的变化。

过去 10 多年,宁德时代豪赌动力电池,布局动力电池几乎所有的技术路线、Pack 设计方案,与材料厂商、主机厂商深度合作,垂直整合产业链。

1. 布局上下游产业链,形成产业链协同效应

在 2020 年之前,宁德时代通过投资、收购等方式积极布局产业链上下游,以降低电池原材料成本,并通过布局下游的换充电业务,进一步扩大其业务增长空间。2021 年宁德时代已经布局动力电池上游矿产等原材料、下游新能源汽车、电池回收以及充换电运营业务。

在上游矿产布局上,对于动力电池而言,70% 以上的成本为原材料成本。降低供应链成本的方式多种多样,宁德时代对主要供应商在原材料成本控制环节采取了与主机厂类似的 VMI模式。同时,其持股比例较低,但减少对单一渠道的依赖,将多家公司布局在关键材料"锂"上,对该领域话语权的提升有好处。但在电池下游的新能源汽车及充换电业务上,宁德时代的话语权稍弱于上游,但其积极与下游整车企业建立合作关系,在动力系统构建及整车制造过程中,与整车企业共同投资研发动力电池及整车技术,探索电池研发需求。另外,宁德时代还致力于打造新能源汽车的全生命周期服务,在美国、加拿大、日本、法国以及香港设立办事处,以加强与全球龙头车企深度合作及获取全球优质资源。

宁德时代还积极推进电池回收,利用产业链投资构建生态闭环,实现原材料—中间材料—

锂电池—锂电池回收这一闭环的业务模式，以降低电池原材料的供应风险。

2020 年，宁德时代公告称，公司拟以证券投资的方式投资产业链上下游的优质上市企业。上游主要围绕价值量较大的正极及上游资源，主要目的是确保供应链的稳定性以及自身降本，下游多为拓展锂电池增量需求而投资。公司此次通过投资，进一步提升自身行业话语权、进化能力，并铺垫未来价值链延伸能力。

总的来说宁德时代正用得当战略清晰把握核心环节，实现产业链深度整合。

2. 完善的研发体系与前瞻性的技术布局

动力电池技术更新迭代快，生产壁垒在于电芯生产、电池制造等各个环节的技术积累。因此对于相关企业来说，持续研发投入非常关键。

宁德时代十分重视产品和技术工艺的研发，建立了完善的研发体系，覆盖产品研发、工程设计、试验验证、工艺制造等各个领域。公司的研发团队建设、研发投入和专利数量一直都是行业领先。公司及其子公司共拥有 3 357 项境内专利及 493 项境外专利，8 000 多名研发技术人员。

宁德时代拥有行业内最广泛的客户基础，新能源车型有效目录共计 2.4 万多个车型，其中由宁德时代配套的车型超过 1.2 万个，占比约一半，是动力电池生产企业中配套车型最多的一家。领先的市场地位、稳固的规模优势……它们都是宁德时代无限风光背后的有力支撑。①

5.2.2　有形的手

时势造英雄，如果没有各种政策和补贴的支持，宁德时代很难成就它的风光。2009—2019 年，新能源汽车补贴政策累计发放补贴资金超千亿元，换来了中国新能源汽车市场的斐然成绩，也带来了动力电池行业的欣欣向荣。

国家政策对国内电池行业的扶持已见成效，但动力电池的商业模式依附政府补贴的程度较高，甚至会有骗补等破坏行业发展的不诚信行为。此外，在我国动力电池产业，由于补贴的存在，低端产能大量涌入，中高端动力电池产能严重不足，需要进一步培育和提升整体市场竞争力，动力电池产业加速技术升级、降低成本是当务之急。

对外有开放的需要，对内有去低端产能、降低财政负担、提高行业发展质量的需求。2019 年6 月善打价格战的日韩动力电池企业得以重新进入国内市场，被政策保护已久的国内电池企业迎来一场空前激烈的洗牌竞争。

不管怎么样，宁德时代背后的那只"有形的手"，都不再是一个有力支持了。

5.2.3　暗流涌动

宁德时代是最耀眼的，但在动力电池行业不是唯一耀眼的。事实上，宁德时代的风光之下，还有众多有力的竞争者。

放眼国际市场，2019 年 6 月工业和信息化部宣布废止白名单之后，2020 年全球电池装机量企业市场占有率前三名分别是宁德时代、LG 新能源、松下，比亚迪位居第四，国轩高科位居第八，日韩企业来势汹汹。其中，LG 新能源与宁德时代差距很小，是未来全球动力电池头把

① 来自宁德时代年报、亿欧汽车研报。

交椅的有力竞争者。[①]

反观国内动力电池行业市场,宁德时代稳定占据市场半壁江山,市场占有率的前五名占比合计为 80.1%,前十名占比合计为 89.2%。目前动力电池行业呈现出极强的马太效应,头部企业坐拥庞大的市场份额,且其余市场份额将进一步向头部企业集中,竞争进一步加剧。如何应对原材料涨价和车企不断下探的价格需求,如何在面临多方压力的竞争中胜出并继续保持优势,如何在浮沉变化的市场中把握住关键契机,就看在这场开放的激烈竞争中如何应对了。

5.3　积极探索,杀出重围

5.3.1　被围攻的宁德时代

1. 技术高地的占领

宁德时代很焦虑。

现在总结宁德时代成功的原因,就要提到 2016 年中国政府新一轮的补贴政策。该政策首次将电池系统能量密度纳入考核标准,将电池能量密度与电动汽车的续航直接挂钩。回顾锂电池在动力电池的两大技术方向,这无疑是对三元锂电池的一次青睐。当时国内电池行业的老大哥是比亚迪,但此前由于其在磷酸铁锂电池上下注太多,在三元锂电池上技术储备不完善,生产线不配套,2017 年就把业内老大的位置拱手让给从一开始就大力研发并具备较成熟三元锂电池技术的宁德时代。

但是当其他企业逐渐调整方向、稳住脚步时,宁德时代的"先动优势"还能保留多少?

我们都知道,乘务电动车最需要的是提升续航,改善续航焦虑。在三元锂电池中,"三元"通常指镍、钴、锰。简单理解就是,镍含量与能量密度挂钩,钴和锰的含量主要是使电池稳定。因此,在技术上提升续航最直接的办法就是提高镍元素的含量比例,但这也意味着钴和锰的含量比例降低,电池的稳定性自然就更难控制了。

电池稳定性直接关系到产品使用者的安全问题。事实上,宁德时代的确面临着电池安全的难题:2020 年 5 月起陆续出现装载宁德时代 811 电池的电动汽车发生起火自燃事故,出于安全考虑消费者会倾向于宁德时代以外的电池,部分车企也不再倾向使用宁德时代的电池以避免影响自己产品的销售。

对于宁德时代来说,破除外界的质疑,重塑自己的形象并非没有办法——如果能兼顾高能量密度与高安全性,那么任何可能的优化方案甚至全新的技术都将一锤定音。然而,宁德时代却先迎来了比亚迪等电池企业的反扑。2020 年 3 月,比亚迪推出"刀片电池",采用了普遍认为能量密度比不上三元锂体系的磷酸铁锂体系,将电芯做得像刀片一样插入电池包中,空间利用率提升,续航里程提升,相比传统磷酸铁锂电池,"刀片电池"已经达到高能量密度三元锂电池的水平,且安全性进一步提升。逼近三元锂电池的能量密度、更低的成本、更高安全性的产品是比亚迪交出的答卷。"刀片电池"的推出使得 2021 年前九个月实现了磷酸铁锂电池的产

---

① 数据来源:韩国市场研究机构 SNE Research,中国汽车工业协会。

销量久违地反超三元锂电池。

不只是比亚迪向宁德时代发起了挑战，蜂巢能源在 2020 年 5 月提出了具有循环寿命高、安全性高、能量密度高的核心优势无钴电池概念，并于 7 月 16 日正式量产了首款无钴电池，其能量密度为 240 wh/kg。2020 年 12 月，LG 化学宣布开发出四元锂电池，在常见的三元锂电池上再次提升镍的含量，通过加入铝这一金属离子，来保证电池的热稳定性和容量保持率，即保证电池安全耐用，并提高车的续航。镍用量提升后，又加入铝，这使得电池中钴和锰的含量减少十分明显，特别是成本占大头的钴，含量直接降到 5% 以内，成本降低数据相当可观。不仅如此，2021 年 3 月，广汽埃安发布弹匣电池系统，号称首次解决了三元锂电池整包针刺不起火，即在大面积短路的情况下能够极大程度地保证安全性，并且能同时应用到两大电池技术体系中。

技术频频出新的背后，折射出许多东西。部分车企 80% 的电池都是宁德时代供应的，这从供应链角度看很不安全，自然会产生"鸡蛋不放一个篮子"的选择。车企开始自己投资和孵化电池企业。当其他企业提供出质量相近或者更好、价格更低的产品时，宁德时代就自然不会是车企的最优选择。所以宁德时代必须始终保持技术水平行业领先并持续进步，才能保持盈利能力和市场竞争力。

2. 产能布局的争抢

有技术并不代表竞争的绝对优势，可以看到比亚迪在推出"刀片电池"后仍不能实现大量生产，产能掣肘仍然广泛存在于整个动力电池行业。宁德时代黄世霖曾说："就是风险预测不足，导致我们有很多非理性的投资，造成很大的结构性产能过剩，从动力电池到新能源汽车都存在这样的现象。"一边是产能的结构性过剩，一边却是供不应求的局面。两者看似矛盾，但这其实就是低端产能过剩和高端产能不足——并不是没有电池，而是没有达到车用标准的好电池，这与急速扩大的市场需求一同形成了供不应求的现状，而电池产能建设不但投资大而且耗时长，建设周期为 15～18 月。且比亚迪、国轩高科、中航锂电、蜂巢能源等陆续落实了产能扩张的计划将进一步缩减他们与宁德时代的差距。

不仅仅是相应设备的建设，宁德时代和其他电池企业都不得不面对另一个难题：上游矿产的供给不足与价格上涨。我国锂矿、镍矿、钴矿对外依赖分别为 79%、97% 和 92%。爆发式增长的需求引起锂、钴、镍等动力电池原材料的价格快速上涨，近三年国内现货钴的价格涨幅近 60%，几度引起业内担忧产生"金属荒""电池荒"。

5.3.2　宁德时代的护城河

1. 立足自身优势来进行战略调整

摆在宁德时代面前的风险有 3 个：市场竞争加剧的风险、新产品新技术开发的风险和毛利率下降的风险。为此，宁德时代在早前动力电池的精细化战略上，做出了战略性的调整。仍然坚守对技术研发的大量投入，2018—2020 年研发投入占营业收入比例从 6.72% 上涨至 7.09%，拥有独立完善的研发体系，从科研工作站到全面专利与研发人员一应俱全。在继续坚持"以技术领先同侪为目标"的承诺，宁德时代在业务方向上做出了符合内外现状的调整。

此前宁德时代对外公布的 3 大战略分别是："一是以可再生能源发电和储能替代固定式化石资源，在戴安化学储能方面重点布局；二是以动力电池助力电动汽车发展；三是以电动化和智能化的集成加快各领域的新能源替代过程。"

通过 10 年的技术布局和扩张,宁德时代的步伐更加坚定,方向更加清晰,组建了总部+四大研发中心+五大生产基地的产业布局。宁德时代希望发挥其强大的科研能力,在电池产品上做出新的突破,有足够的差异化,重新打造技术的壁垒,稳住自己在动力电池行业的地位。在 2019 年、2020 年诸多企业发起对宁德时代的围攻之后,2021 年 7 月 29 日,宁德时代发布了钠离子电池。

2. 发布钠离子电池,下一代电池布局的冰山一角

仔细看其他电池企业的新技术、新产品不难发现一丝端倪,有针对现有两个主流体系的优化,也有针对新领域的探索——这是因为三元锂电池和磷酸铁锂电池两大体系的性能开发已接近边际,却仍不能彻底解决安全与能量密度的矛盾,因此业内纷纷把眼光放在固态电池等兼顾高能量密度和高安全性的电池技术的研发上。但研发新的电池期间并不可能放弃自己原有的业务,这也是新技术发布上出现"优化"和"创新"两大方向的原因。

宁德时代不是第一家发布钠离子电池的公司,在国内外 20 多家对钠离子电池进行布局的企业中,领先企业的钠电池已经做到 100~160 W·h/kg 的能量密度,循环寿命方面也做到了 3 000 次以上。尽管如此,受困于能量密度,钠离子电池迟迟难以商用,仅应用于两轮车等对能量密度要求较低的设备和小范围的储能电站中。这不禁引人深思,宁德时代为什么要押宝钠电池?

钠离子电池性能上具有不少优势:高倍率充电、良好低温性能与高集成效率等,安全性上也明显优于锂电池。针对低能量密度的问题,回看宁德时代的钠电池:一代钠电池的能量密度为 160 W·h/kg,而二代钠电池预计将达到 200 W·h/kg;采用正负极新材料系统、电解质新系统;AB-cell 混合方案实现了钠离子电池和锂离子电池的一体化混合应用……显然,新能源汽车动力电池这个大市场,被宁德时代死死盯住了,想要通过技术开发去实现更为广阔的前景。宁德时代如果能实现能量密度上的突破,其将会在竞争路线上拥有独特的优势。

一般来说,在电池领域,技术路线确定之后,厂商往往都会有一个产能扩张周期,从工厂竣工到产能饱和,少则一年多则两三年。另外,在技术路线迭代期间,厂商往往需要大量的资本扩张开始新的产能布局,投资大,耗时长。这种情况下,宁德时代就需要考虑如何最大幅度地减少赛道更换损失,继续保持原有优势。

而钠离子电池可以从至少两个方面解决上述问题:一是钠储备丰富。全球钠资源是锂资源的 440 倍,不管是只用钠还是钠锂混用,都能减少上游原料紧缺而价格上涨带来的成本压力,使宁德时代能在激烈的成本竞争中取得优势;二是钠和锂有相近的工作原理、高度兼容的设备和生产工艺等,进而可以实现产能共享和生产线的无缝切换,甚至如果钠离子电池最终取代了锂离子电池,宁德时代规模优势依旧,如果其仅作为锂离子电池的补充,同样不用担心新建产能浪费,从这一点上看,宁德时代可谓攻守兼备。

正因如此,宁德时代宣布启动相应的钠离子产业化布局,于 2023 年形成基本产业链,容白科技、贝特瑞、先导智能等相关上游企业也纷纷表示,正在布局相关业务以满足锂到钠的产品线切换。对宁德时代来说,哪怕只是微小的可能,也值得其倾注大量资源,任何有可能在成本、安全性上有所突破的技术路线,都不能放过。在众多厂商纷纷布局的下一代电池上,钠离子电池仅仅是冰山一角。

5.4　冲进储能新赛道

5.4.1　增长瓶颈

面对当下面向宁德时代的围攻,面对技术与市场的双重问题,面对动力电池生产毛利率不断下降的局面,曾毓群认为,对原有优势领域的调整和技术探索不足以完全保证宁德时代的突围,强烈的不稳定性仍然存在。

宁德时代 2021 年上半年营收达 441 亿元,净利润达 45 亿元,但其中 80% 的营收来自动力电池且主要营收来自国内,市场单一。而随着越来越多的车厂涉足动力电池领域,当前主流电池的性能提升空间愈发狭窄,而且主流电池的成本下降空间也愈发狭窄。根据财报数据显示,2018 年以后的四年里宁德时代动力电池系统均价不断下调,其单位收入呈现出下滑的趋势。

同时宁德时代的角色也变得模糊,况且单纯的零部件生产缺乏销售业务的想象空间,难以支撑宁德时代创造较大的市值。

因此,宁德时代亟需在动力电池之外寻找新的增长点。在碳中和的大背景下,储能行业成为宁德时代频繁加码的新领域。

5.4.2　万事开头难

储能应当是未来最佳赛道之一,国家政策不断引导,释放利好讯息,整个储能行业发展也在逐渐增速,但远远不够。可以预见的是,在一段时间内储能行业仍将处于开拓期,技术、盈利模式……它们都需要一个标准,一个从无到有的过程。在这个过程中,只有行业龙头才能在进行探索的时候稍显步履稳健。

曾毓群的技术团队遇到的第一个技术上的拦路虎,是来自储能对电池的高要求。

一方面,技术上需要攻破的问题当然不止电池循环次数这一个,但仅从这一个小方面我们不难推断出,宁德时代的技术优势或多或少会被摊薄。另一方面,规模和体量固然能给宁德时代带来雄厚的资本,但也会使宁德时代受到掣肘。大量的产能投资建设,并不能带来直接的收益。如果能实现技术匹配应用,将后续产能充分释放,则还要思考使用怎样的经营模式。

5.4.3　新赛道的新发展

近两年,储能行业政策利好明显。2021 年政府关于加快电池行业规模化发展的指导意见发布,明确提出政策利好倾向。

因此,在当前市场状况下,宁德时代的发展方向倾向于一边降低成本,增强动力电池盈利能力,一边抢占新兴储能市场的蛋糕以构筑自身优势。从总体来看,由于宁德时代占据着动力电池的世界产业龙头地位,技术布局和产业链控制力突出,拥有切入储能领域的优势,因此,曾毓群更要发挥自己的突出优势,加速切入储能市场。

2020 年之前的几年中,由于储能产业的发展机遇始终未到来,宁德时代一直在进行着储能电池的技术积累。而随着行业环境的变化,2020 年起储能在宁德时代从战略层面得到了加强——曾毓群宣布宁德时代将把"以可再生能源发电和储能,替代固定式化石能源"确定为三大战略发展方向之一,大力提高储能市场占有率。但事实上,从宁德时代的整个研发系统来看,从电池材料、生产工艺,到系统集成,储能电池与动力电池是两条相互独立的技术路线。在这种情况下,如何看待公司在储能电池技术上的差距,如何利用动力电池和储能电池两者技术的相通性,增强储能竞争力,就成为摆在曾毓群面前的一道难题。

发展储能产业的第一个问题——对电池的寿命、安全性方面的更高要求,就是动力电池厂商们遇到的第一个拦路虎,相关的技术突破与实现量产两个门槛挡住了生产者们。此时,曾毓群正手持公司在动力电池技术上的积累,但是在储能电池领域并没有旗帜性的成果。面对未来巨大的发展前景和高难度的技术困境,曾毓群最终决定,做好先手准备以适应市场。2016年,他的目光就锁定在包含开发循环寿命更长的锂离子电池任务的国家重点专项上,把研发摆在了更重要的位置。2020年,这一历时四年的专项终于取得了相应的技术突破,锂离子电池的循环寿命延长到12 000次。这一技术突破,让宁德时代宏大的研发版图日渐清晰,并为受制于成本的储能行业带来新的希望。

电池循环寿命的突破只是宁德时代技术探索的其中一步,面对储能市场逐步启动的大背景,增强研发投入,不断提升产品性能以满足大规模储能电站的要求是企业发展的必然路径。而从技术储备来看,宁德时代由于其动力电池的世界产业龙头地位,在结构创新和材料体系上的技术布局非常完善。此时正要利用各方面的技术储备,在新市场占领一席之地。

储能产业的发展在很大意义上来说受制于商业模式,盈利能力也长期被质疑,其中的一大问题就是成本过高。储能电站建设的主要成本是系统成本,其中储能电池约占系统成本的60%,是影响电站成本的重要一环。然而,在当下全球锂资源储量见顶、碳酸锂价格持续上行的大环境中,电池生产商面临着上游原材料商和下游储能商的双重压力。因此,布局钠离子电池的战略在宁德时代高层看来更是一个有必要的行动——不只局限于新能源汽车动力电池领域,在储能领域,由于钠资源的丰富性,钠离子电池有望在锂电池技术进步这条路之外,提供一条进一步下探储能电池成本且有较高安全性的新路。钠离子电池性能优越,有望与锂电池形成优势互补,灵活适配储能、低速交通工具等领域全场景的应用需求。

在国内储能市场中,宁德时代深度参与储能电站建设,与电网开展广泛合作。近年来,宁德时代创立储能合资公司,还与国家电网、南方电网和五大发电集团合作,拿下多个大型储能项目,联合开展光伏发电、风力发电、储能专案的磷酸铁锂电池解决方案。在国外市场,其首个储能项目在加州并网,并不断增进探索。

宁德时代早已开始储能业务的全面布局。其储能业务带来的营收从2019年的6.1亿元增长至2021年上半年的46.9亿元,营收占比从2019年的1.3%增至2021年上半年的10.7%,2021年上半年同比增长超过700%;从毛利率看,与动力电池的持续下跌相比,宁德时代储能业务的毛利率则在稳步上升。在储能这一新兴领域,宁德时代大有可为,正在利用其优势,构筑自己的储能版图[①]。

5.5 尾 声

补贴退坡之后,国内电池企业迎来全面竞争,对于行业龙头宁德时代来说,在国内有众多

---

① 宁德时代的储能雄心 https://mp.weixin.qq.com/s/0Pty23acMqbyV1nPIJCdbQ。

企业对其地位虎视眈眈,在国外有老牌巨头与之分庭抗礼。面临着诸多因素对电池行业毛利率下降造成的难以避免的影响,加之可预见的不断打开的新能源汽车市场对动力电池的需求缺口,争夺市场份额、巩固自身地位甚至实现反超是所有电池企业对未来 5~10 年生存境况的考虑。但还不仅仅于此,电池产品逐渐走向同质化,宁德时代的产品不再占有绝对优势,甚至车企会因为对成本等因素的考虑而不选择宁德时代的产品,并且车企同时还启动自主研发电池及相关技术的项目,试图逐渐实现关键零部件技术自主化。宁德时代正面临一场全方位的考验——要有兼备高性能、高安全性和低成本的产品;要实现进一步的规模化;要把握住广阔的海外市场,等等。目前,宁德时代面对新形势做出了一系列的调整,至于未来如何,还有待我们去见证。

启发思考题

1. 列举宁德时代发展的促进因素,并分析近年来哪些环境因素的改变促使宁德时代陷入重围?

2. 宁德时代近年来总体上采用了什么样的发展战略?该战略的优势和劣势分别是什么?

3. 宁德时代在业务上采用多元化战略的动因有哪些?钠离子电池的推出对宁德时代企业发展具有哪些方面的意义?

4. 宁德时代为什么要在当前时机实施混合多元化战略来发展储能业务?应该如何推进混合多元化战略以占领储能领域市场先机?

【案例6】

互联网智能如何助力电动车行业发展
——小鹏汽车商业帝国的创业之路

技术为擎,真诚至上

中国正在从技术大国一步步走向技术强国,进步的背后是敢于与技术硬搏的创新型人才和不断加码的配套设施。目前新能源政策红利一浪高过一浪,新能源汽车的蓝海已经掀起腥风血雨,是选择高效的市场运作进行弯道超车还是死磕核心技术,这是大部分智能汽车制造商所不得不考虑的问题。

广州小鹏汽车科技有限公司(以下简称"小鹏汽车")的一系列动作已经给出不负众望的答案:精准的微操、纵横捭阖的经营策略在100年后谁也不会记得了,技术却能成为永久传承的遗产。奉行"简单高效"为圭臬的小鹏汽车如同一个埋头做题的学生,而这种真诚也是能够打动消费者的,不管是持续进化的智能互联网汽车还是直追特斯拉的续航与加速性价比,都见证了小鹏汽车多轮融资、建立智能研发团队、生产链全程可控的大手笔背后的诚意所在。

摘要:伴随着互联网技术与传统行业的深度融合以及国家对新能源汽车政策的支持,越来越多的互联网企业开始进入汽车制造行业。传统的汽车制造行业也伴随着这些新势力的加入开始转型升级。小鹏汽车就是智能电动汽车行业中的一员。本案例描述了小鹏汽车从初期创业到产品的更新迭代,通过融资和人才引进开始创业,并通过技术创新和互联网运营实现量产的过程。本案例对小鹏汽车依据互联网思维将传统汽车与智能科技相结合,通过资源整合和商业模式创新,进而提升企业竞争优势,最终实现产品的更新迭代并持续升级产业的过程进行分析描述。当下电动汽车激发出的竞争市场,在群雄逐鹿的情况下,谁将最终问鼎中原?

6.0 引　言

2021年,新能源汽车的赛道变得更加拥挤,几乎所有科技巨头和传统汽车巨头,都已深度参与其中,行业正在陷入空前内卷,蓝海正在变成红海。处于高速发展期的小鹏汽车其毛利率过低、造血能力较弱,既要对现有车型进行改造,又要进行新车研发,这些都需要资金。2020年其第三季度毛利率首度转正至4.6%。此前,被称为"卖一台亏一台"的小鹏汽车的毛利率一直为负值。

"当今世界电车界群雄逐鹿,大家的小日子都过得有滋有味,这都是资本狂欢和劲舞的驱使。但是,我觉得汽车工业的基本规律不会变,那就是规模,最终全世界汽车工业领域不会有太多的企业存活下来,能够存活下来的只有规模企业。"2021年年初之际,吉利集团董事长李书福在吉利内部发表长篇讲话,万字长文中对新能源汽车的洞见直指要害。小鹏汽车在2021年上半年销量虽然同比增长560%,但远没有形成规模效应。从销量上看,小鹏汽车还存在结构问题。数据显示,小鹏汽车2021年6月的汽车销量为6 565辆,其中P7和G3的交付量分别

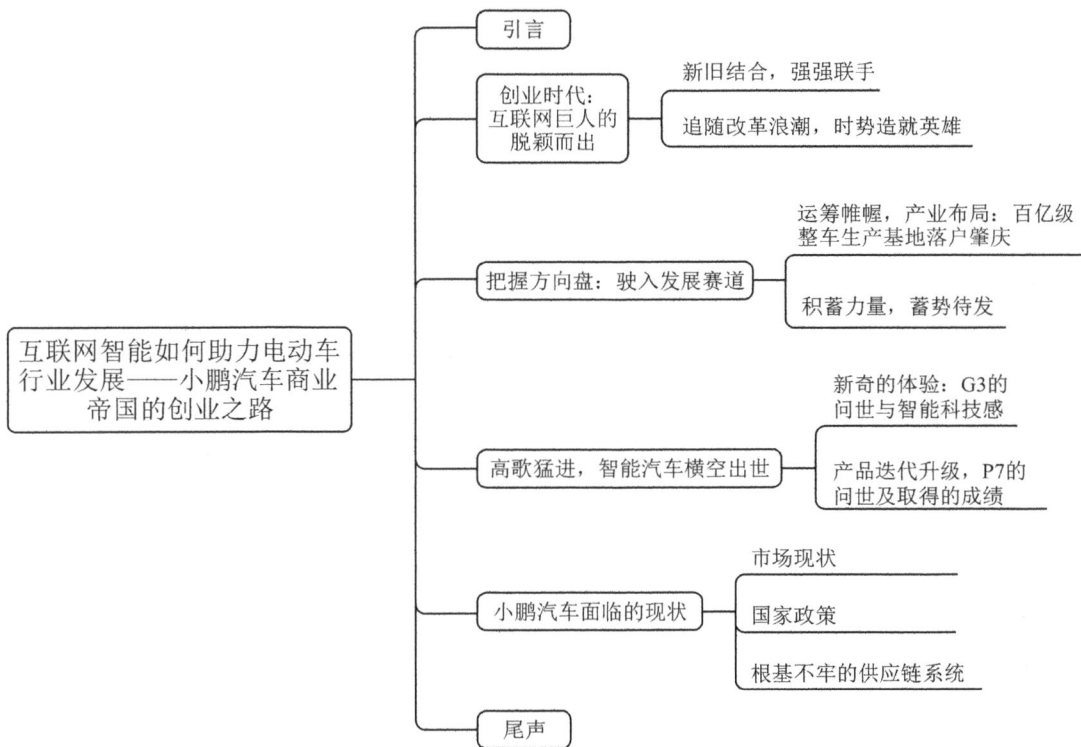

案例 6 思维导图

为 4 730 辆和 1 835 辆。这意味着,目前小鹏汽车打开市场的只有一款车型——P7。如何让小鹏汽车形成规模效应,扩大市场占有率,是当前小鹏汽车面临的最大问题。后续小鹏汽车该如何布局和定位让小鹏汽车董事长何小鹏陷入沉思中,让他回想起小鹏汽车成立以来经历的风风雨雨。

6.1　创业时代：互联网巨人的脱颖而出

根据何小鹏的描述,小鹏汽车的创业历程是成功的,而这种成功来自公司强大的核心团队的精心准备。

6.1.1　新旧结合,强强联手

2014 年,当时就职于广汽集团研究院的夏珩逐渐接触到了来自百度和阿里巴巴的互联网朋友,他发现,美国底特律的汽车企业很多都开始往加州搬家,TCES(Technology Consumer Electronics Show)都被汽车企业承包了,"老领导也说要我去试一试,我觉得自己年纪还小,这个时候学习可能比别人更快。"夏珩二话不说就离开广汽集团,投身于创业浪潮中,与何涛、杨春雷共同创办了小鹏汽车。

何小鹏在互联网界是一个为人称道的老手,他带领团队打造的 UC 系列产品取得了用户的高度认可。同时,何小鹏也是互联网行业的知名投资人,有着自己独到的投资眼光和人脉资源。当时何小鹏已在互联网行业打拼十几年,积累了丰富的实战经验和重要影响力,为小鹏汽车的发展奠定了坚实的基础。

2013年,何小鹏就有了做汽车的想法。他是一个在移动互联网时代尝到甜头的人,所以这也延伸了他的创业逻辑:现在是功能机向智能机的时代,功能车未来会不会转移到智能车上去?

"微信、支付宝、滴滴这些App诞生在移动互联网,如果场景转换到汽车上,会有什么奇思妙想诞生?"何小鹏说话间突然举起双手,比比画画,像是在描绘着他脑海里的想象。

何小鹏在入职当天的演讲会上说,汽车将继续向智能化和互联网化的方向发展,未来是制造业和互联网融合的时代。"小鹏汽车作为一家新能源互联网汽车企业,必须通过传统汽车人和互联网人不断地跨界融合,打磨出更加注重数据和用户体验的极致产品。"

6.1.2　追随改革浪潮,时势造就英雄

互联网造车风潮愈演愈烈,掀起汽车产业变革大潮。中国对汽车的需求量、保有量步步升高。截至2013年,中国内地汽车保有量已达1.37亿辆,此后也在逐渐扩大,但就目前来看石油作为重要的能源战略布局点和民生资源,降低石油消耗,摆脱石油进口依赖是一个总体趋势,中国也正在积极寻求其他的可替代方案。

环保方面:减少城市车辆尾气排放量。含碳氧化合物、氮氧化合物等的传统汽车尾气排放的有害颗粒严重污染空气,导致温室效应、雾霾等现象频发。发电污染更为集中,治理起来相对容易一些。所以国家在往前推进国5、国6和后来的排放标准。运行在城市交通系统中的电动车不会产生尾气,属于零排放,因此不会加剧城市热岛效应,也不会加剧PM2.5上升。因此,何小鹏自然将目光放在了电能上。

技术方面:绕过传统汽车的技术壁垒,寻求新技术的直接突破。我国在传统燃油车领域起步较晚,尽管近年来我国汽车工业发展较快,但与国外一些大的主机厂还是有一定的差距。特别是一些核心产品和关键技术,如AT(Auto Transmission)变速器等,专利壁垒很多,技术水平本身就存在一定差距,想要在短时间内突破难度更大,因此国内汽车企业会选择研制干式/湿式DCT(Dual Clutch Transmission)。不过在故障率和驾驶性能方面还是有一定优势的。所以,国家推进发展电动汽车,这样国内企业可以与国外企业在相对差别不大的领域,如电池、电驱、电控等方面,拥有更平等的竞争机会,并能争取走在前面。同时国内企业可以做一些技术上的储备,以备未来清洁能源的驱动计划。

从上述角度来看,高效清洁能源的发展是未来一段时间必然的趋势。

我国政府部门非常重视汽车制造业的转型升级和新能源汽车的发展。2020年2月,国家发改委《关于印发〈智能汽车创新发展战略〉的通知》发布,提出未来30年内,全面建成更加完善的中国标准智能汽车体系。

快速增长的市场需求和全新的新能源汽车推广力度使国内众多汽车制造企业嗅到了商机。在小鹏汽车、蔚来汽车等互联网汽车行业新生力量借力东风、蓄势待发的同时,奇瑞、江淮、比亚迪以及上汽等传统汽车企业也投入了大量的人力、物力对汽车生产线和产业链进行整改。

6.2　把握方向盘：驶入发展赛道

6.2.1　运筹帷幄,产业布局：百亿级整车生产基地落户肇庆

2017年5月,小鹏汽车与肇庆市政府合作规划的百亿级生产基地于肇庆市高新区落地(见图6-1)。

图6-1　鸟瞰小鹏汽车肇庆工厂

肇庆市地处沿海、内陆交通要冲,距广州核心城区50 km,有多条高速公路、铁路、水路穿境而过。小鹏汽车的研发中心和生产基地之间只有1个多小时的车程,大大方便了小鹏汽车研发团队和生产制造团队之间的充分沟通,在有效保证其产品进度的同时,也节省了大量的时间成本。

落户肇庆的小鹏汽车工厂符合国家发改委关于新能源牌照审查的要求,有产业基础仅存在于消费市场的区域。其落地建设后会产生较大的产业集聚效应,对肇庆高新区乃至整个肇庆的产业转型升级、实现跨越式发展都具有重要意义。

小鹏汽车的核心团队体现了以广汽、比亚迪、PSA、福特、德尔福等知名整车及大件企业为主的传统汽车制造业,与以阿里、腾讯、三星、华为等互联网及科技企业为主的互联网的深度融合。各路高管纷至沓来,团队的快速成长让小鹏汽车面临着外来户与现有团队融合的巨大挑战,如何在不同知识背景的团队中达成共识,如何将小鹏汽车的企业文化快速打造出来,这是摆在何小鹏面前的一个迫切需要思考的问题。

6.2.2　积蓄力量,蓄势待发

汽车制造是一个烧钱的行业,要想搭建起完整的商业链,必须有充足的资金,因此,何小鹏给自己制定的第一个目标就是：找人,拉钱。表6-1为小鹏汽车2015—2021年融资一览表。

表 6-1 小鹏汽车 2015—2021 年融资一览表

融资时间	轮 次	金 额	投资方
2015-04	天使轮融资	数千万元	微光创投、紫牛基金等
2016-03	Pre-A 轮融资	4 200 万美元	雷军、俞永福、李学凌、傅盛、张颖
2017-06	A 轮融资	22 亿元	优车产业基金、大钲资本
2018-12	A+轮融资	5 亿元	A0:阿里集团、何小鹏;A1:晨兴资本、IDG、经纬资本;A2:新鼎资本、光速创投
2018-01	B 轮融资	22 亿元	阿里集团、云锋股份、Apoletto
2018-08	B+轮融资	40 亿元	春华资本、晨兴资本、高瓴资本、K11
2019-11	C 轮融资	4 亿美元	小米集团、何小鹏、经纬中国、晨星资本
2020-08	C++轮融资	9.47 亿美元	Aspex
2020-12		25 亿美元	中概股有史以来最大规模 IPO/Coatue Management、高瓴资本和红杉中国等
2021-07		1.65 亿	港交所上市/阿里巴巴、卡塔尔主权财富基金等

多轮融资给了小鹏汽车发展的本钱,但何小鹏心里很清楚,这不过是万里长征刚走完第一步。获得融资后,何小鹏将目光转移到硬件技术上,小鹏汽车迅速搭建技术,构想出 Xpilot 自动驾驶+Xsmart OS 车载系统+SEPA 电气化平台。与"蔚来重视服务,理想强调效率"不同,在自动驾驶技术和智能操作系统领域的储备方面,小鹏汽车更注重在技术和研发方面的投入。2017 年 9 月,小鹏汽车与海马汽车合作进行小鹏汽车的研发、生产和销售。实际上对于海马汽车来说,利用其郑州基地的闲置产能,提高行业地位具有重要意义。对于小鹏汽车而言,海马代工厂对其尽快推出量产车型、迅速占领新能源汽车市场份额起到了重要作用。

同时,小鹏汽车要想拿到工厂的"准生证",最快的办法就是收购一家虽然业绩不佳,甚至濒临倒闭,但却拥有工业和信息化部生产资质的企业,从而使自己的新车能够利用自己的生产资质登上工业和信息化部的新车目录。所以,何小鹏想到了收购福迪。收购完成后,福迪的资质顺利转移到小鹏汽车肇庆工厂,有了"造车资质"和工厂,也就意味着有了成本管控和质量管控,而这是技术和产品以外的第二重要竞争要素。

6.3 高歌猛进,智能汽车横空出世

6.3.1 新奇的体验:G3 的问世与智能科技感

小鹏 G3 自 2018 年 12 月上市,即凭借领先同级 SUV 的自动驾驶辅助能力、交互体验、整车 OTA 能力获得了当年一众年轻消费者的青睐。每一台小鹏 G3 都拥有持续进化的能力,性价比不断提升,"让车辆从购买起不断增值"的智能汽车时代正在逐渐变成现实。

此次 OTA 升级构成具有更合理、更高效的防碰撞系统的全新动态预警和动态自动刹车。"在造车这件事上,慢慢来,慢慢来!"何小鹏将小鹏汽车的造车理念袒露在 G3 汽车发布会现场。"这么多新造车企业,但衡量一款新车到底好不好,就看你敢不敢用这款车载着老婆孩子、爸爸妈妈,放心地在高速上飞驰了!"

① 关于安全方面:G3 采用高强度球笼式框架车身,达到同级领先的安全性能;通过了 17 项国家动力电池安全检测,其中 7 项达到"双国标"安全标准,采用双层防护电池包和自主研发的 BMS 系统;在信息安全领域,G3 率先搭载了打造完整信息安全架构的防护技术,如自主安全芯片、Autopilot 模块隔离安全系统等。

② 关于整车质量:G3 以 273 台工业机器人的配置实现了 85% 的自动化生产力,打造出智能工厂;搭建了一支由 30 多人的日韩质量管理专家和 200 人的工程师组成的队伍,与 314 道检测流程相配合,实施严格的质量管理,并与国际顶级供应商,如博世、三星、英伟达等实现战略合作。对待产品质量,小鹏汽车可谓不惜血本。

③ 关于设计是否符合年轻人的审美:小鹏 G3 通过采用大量跑车元素、鲨鱼式前脸和光剑式 LED 行车灯,营造出极富科技感与辨识度的外观造型;内饰围绕驾驶座舱,通过 12.3 寸高清全液晶智能仪表、Nappa 真皮一体式运动座椅,营造出符合年轻人审美的驾驶空间。

2021 年 2 月,小鹏轿车 G3 销量为 1 626 辆,在小鹏轿车总销量中占比为 53.57%,位居中国内地 SUV 销量排名第 74 位;G3 销量环比增长 9.2%。

6.3.2　产品迭代升级,P7 的问世及取得的成绩

然而何小鹏并不愿止步于 G3。

P7 作为小鹏汽车的第二款量产车,于 2020 年 4 月正式上市。它采用了全新的硬件,实现了感知层的全面自研,总体上 P7 相当出彩。动力性能也是 P7 的一大亮点:更快的前后轴扭矩传递,适应各种路面条件。P7 双马达车型能实现超跑级别的加速性能。作为小鹏汽车旗下的旗舰车型,同时具备互联网基因的智能 Coupe,P7 为热爱驾驶、渴望激情的用户带来卓越的驾控体验,其内外兼修的"跑车操控性能"功不可没。P7 的车型外观如图 6-2 所示。

图 6-2　P7 的车型外观

P7 也有相对明确的价格定位,相比蔚来汽车锁定"智能电动车中的中高端",以 44 万元的终端均价做"电动汽车中的奔驰和宝马"的定位,小鹏汽车在竞争层面的成绩反而显得更加难能可贵——无论是 G3 还是 P7,都处在竞争更为激烈的价格带上。15~20 万元的价格区间对燃油车的压迫作用极其显著。无论是中低配 B 级轿车和 A 级 SUV,还是 A+级轿车,这个价

位级别至今仍是主流合资车的密集分布区,产品竞争力都很强。P7 30 万元左右的价位,将直面电动车品牌中的最强者——特斯拉。以 Model3 为主力的特斯拉,根据中国汽车流通协会提供的数据,其目前国内终端的平均售价恰好也是 30 万元。尤其在 Model3 多次玩过官方游戏后,业界对 P7 的应对之策更加关注。

不过需要说明的是,对于标准续航(小鹏汽车叫长续航)车型,P7 的价格区间为 22.99~27.99 万元,Model3 在官方降价前为 27.2~32.8 万元;至于长续航(小鹏汽车叫超长续航)车型和四驱车型,P7 与 Model3 在价格上的差异就更大了,完全不存在重合的情况。

即便特斯拉降价,实际争夺的焦点还是落在 30 万元以下的标准续航车型上。小鹏汽车主打的却是超长续航车型,Model3 长续航车型依旧要 30.99 万元起步,P7 的价格优势还是比较明显的。图 6-3 所示为小鹏 P7 和特斯拉 Model3 的售价与续航里程比较。

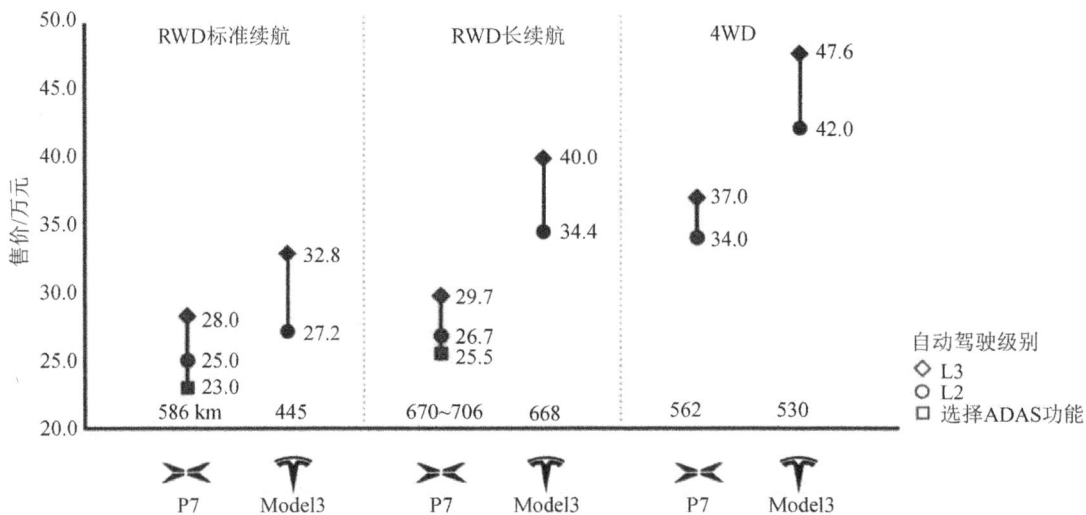

图 6-3　小鹏 P7 和特斯拉 Model3 的售价与续航里程比较

当大家还在热烈讨论特斯拉、蔚来汽车、小鹏汽车、宁德时代的股票时,耳边传来的是小伙伴们热烈讨论"小鹏 P7 车机借来试乘、试驾真好用"的声音。想起何小鹏与李斌关于"销量过万"的赌约,在一刹那,脑海里闪过 2018 年。

从 2018 年提交第一份答卷,到 2021 年全球车企市值前 15 名,小鹏汽车始终要在风雨飘摇中起步,在坎坷中前行。神奇的 2020 年,对于小鹏汽车来说,推出一款性能超越 G3 的车型 P7 并不是简单的事情,相比发布 Mate7 的华为,P7 身上所承载的小鹏汽车的破局意义更大。

细数下来,P7 至少已闯过 3 道难关,也成就了 3 次"匪夷所思"。这绝非仅仅是某个品牌的灵气,对于同行来说,这更是一种理解和借鉴。

"本来我们自己都觉得它是小众",通常比平淡无奇的欣喜更耐人寻味的正是这种带有意外色彩的"惊喜",小鹏汽车 2020 年的成绩单体现了这一点。

表 6-2 为 2021 年 7 月小鹏汽车 P7 与竞品车型销量对比。图 6-4 为小鹏汽车 P7 2020—2021 年销量。

表 6-2　2021 年 7 月小鹏汽车 P7 与竞品车型销量对比

车　型	销量/辆	所属级别	在该级别中销量排名	所属厂商	占该厂商份额/%
小鹏汽车 P7	6 054	中型车	9	小鹏汽车	81.15
蔚来汽车 ES6	4 059	SUV	57	蔚来汽车	46.13
小鹏汽车 G3	1 406	SUV	111	小鹏汽车	18.85
微蓝 6	1 620	紧凑型车	44	上汽通用别克	2.78
奔驰 EQC	237	SUV	181	北京奔驰	0.75
理想 ONE	8 589	SUV	17	理想汽车	100.00

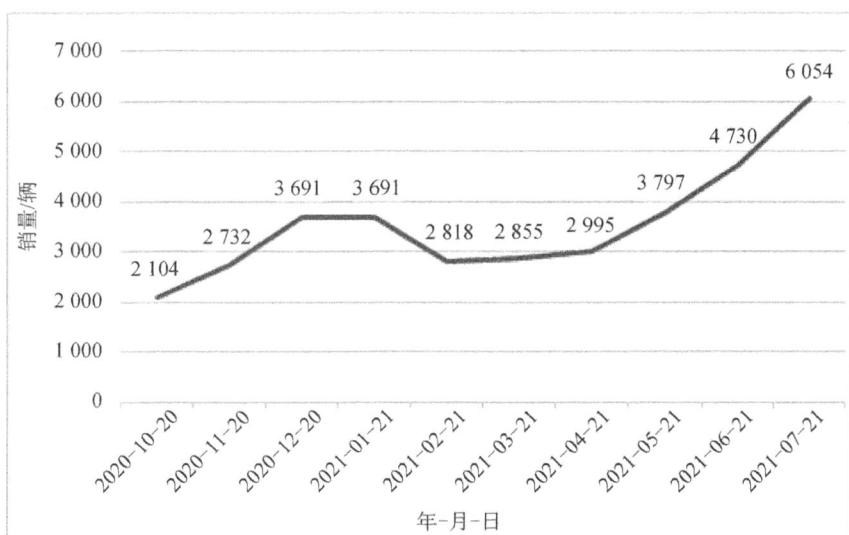

图 6-4　小鹏汽车 P7 2020—2021 年销量

根据相关数据，2021 年 7 月，小鹏汽车 P7 销量为 6 054 辆，占小鹏汽车总销量的 81.15%，位居中国内地中型车销量排名第 9 位；P7 销量环比增长 27.99%，中国内地中型车销量排名环比上升两位。小鹏汽车 P7 在 2021 年 1～7 月累计销量达到 30 631 辆，位居中国内地中型车销量排名第 16 位。这个不错的结果似乎出乎大家的意料。

6.4　小鹏汽车面临的现状

6.4.1　市场现状

纯电车销量在新能源乘用车中的占比逐渐上升至八成以上。消费者对纯电车的接受度随着电池性能和续航里程的提升而逐步提升。现在国内新能源汽车的销售市场上，纯电动乘用车已经成为主流。在高额补贴和特斯拉的成功示范下，巅峰时期曾有 300 多家国内造车新军与众多竞争对手，最终存活下来并取得可观销量的只有蔚来、理想、小鹏等少数车企。同时，传统车企也在不断拓展新能源生产线，众多科技巨头也盯上了这块"肥肉"。

新能源车以短途出行为主，核心客群为一、二线城市的青年男性，消费者在购买时，成本和牌照是主要考虑因素。新势力主打智能互联车型,如蔚来、小鹏、理想、威马等标配 L2 级自动驾驶及车联网/OTA,超半数消费者愿意为此买单。

消费者的购车顾虑仍然存在,主要体现在续航里程和充电性达不到预期,其中近四成的消费者对续航里程的期许高达 600~700 km。

6.4.2 国家政策

国务院发布的《新能源汽车产业发展规划(2021—2035 年)》中强调技术革新和整车产业基础能力提升的集成化技术创新,构建促进工业与通信、交通、能源一体化发展的新型工业生态。

但目前在国家政策收紧的阶段,补贴直接影响了汽车的售价,届时消费者会如何选择?

6.4.3 根基不牢的供应链系统

汽车供应链是全球公认的供应链管理系统中最复杂的一种。相较于传统车企,根基不牢的供应链系统是造车新势力一个非常大的短板,当然小鹏汽车也不例外。

小鹏汽车在供应链上出现了"卡脖子"的一环。动力电池系统、电机电控系统、热管理系统、智能网联、内外饰件和车身是新能源汽车最重要的组成配件。小鹏汽车曾将探索技术和供应链布局的切入点——电池、电机电控系统和中央控制大屏,简称"三电一屏",也就是其"卡脖子"所在。

车规级芯片研发成本高昂,绝大多数汽车厂商都选择与芯片品牌方合作,小鹏汽车也不例外,它分别与英伟达、高通展开合作。

在打造小鹏汽车的科技感上,芯片功不可没:来自英伟达的 Xavier 芯片用以实现号称目前最符合中国国情的智能导航辅助驾驶;而相机、毫米波雷达,以及同时采集信息的超声波雷达(感知),则更多的是毫米波雷达芯片的功劳。

在全球芯片出现缺货潮时,汽车领域也遭遇寒冬,其中以小鹏 P5 车型为代表的"缺芯",特别是毫米波雷达芯片的供应短缺等问题,正是导致小鹏汽车曾一度引发关注的交车难问题的原因所在。

虽然小鹏汽车称将努力降低芯片短缺的影响,但仍难打消消费者对其是否会受外部供应链压力而不得不制约产能的疑虑,这会影响其产品的销售预期。

除了芯片这一难题,行业还面临着磷酸铁锂电池供给的极度紧张,小鹏 P7 480E/N 车型订单无法在预计交付周期内交付。小鹏汽车也在计划完善供应链,准备引入中航锂电。

当小鹏汽车推出磷酸铁锂电池时,其本意是扩大供应链,降低成本,给消费者多重选择,却被广泛质疑为降价减配。但产品宣传资料中更改后电池容量降至 60.2 kW·h,直流快充及交流慢充时间增加,机身重量增加,续航里程缩水。对于两款电池版本,消费者产生了质疑。小鹏汽车如果再次引入电池供应商,会引发新的风波吗?

可见,小鹏汽车在供应链中缺乏话语权,更换关键零部件需要得到上游供应商支持,但小鹏汽车的这些资源储备相对薄弱。2021 年 12 月 8 日,小鹏汽车发布致歉声明,由于受疫情影响,行业面临着磷酸铁锂电池供给的极度紧张,造成 P7 部分车型订单无法及时交付。

若其引入新的主力电池供应商——宁德时代,小鹏汽车的采购量只占到 6%。在这样的巨头供应商面前,小鹏汽车的议价能力和采购话语权将被极度削弱。

面对上述困境,小鹏汽车如何突出重围,如何定位布局,将来该何去何从? 我们拭目以待。

6.5　尾　声

在这个互联网技术突飞猛进、碳中和亟需推进的时代,小鹏汽车显然属于抓住时代浪潮的佼佼者,小鹏汽车的自我定位显然快准狠地直击消费痛点,同时很好地利用了国家政策与时代红利,使自己能够在智能汽车领域拥有了今天的一席之地。巧妙的互联网运营,壁垒高筑的创新技术,豪横果断的人才引进,铺就了小鹏汽车如今竞争优势的一段花路。如果说对技术的追求使得小鹏汽车不断推出令消费者和这个时代耳目一新的产品,那么持续的创新投入就是小鹏汽车培养消费社区以及优秀口碑的关键。然而,没有任何一个市场是永远的蓝海,在当下国家政策不断转变,竞争对手相继进入的环境下,小鹏汽车引以为傲的核心技术将不再是守护它的壁垒。小鹏汽车接下来又该何去何从呢?

启发思考题

1. 何小鹏在进入互联网造车领域时有哪些条件?
2. 在政策调整影响下,小鹏汽车是如何战略布局自己的生产基地的?
3. 小鹏汽车是如何实现产品迭代创新的?
4. 在竞争日趋白热化的新能源汽车市场中,小鹏汽车该何去何从?

悟空中文：海外中文在线教育领导品牌
——从0到1的快速发展之路

做有爱的教育，直击痛点并因材施教

学好汉语对海外华裔儿童来说，既能促进今后的发展，又能传承中华文化，扎下民族的根。随着中国的快速发展和国际影响力的提高，汉语学习热潮汹涌，许多海外移民家庭意识到中文学习的重要性，唤起了心中民族文化的认同感。不过，在国外学习中文并不是一件容易的事情，很难接触到真正的母语环境，而且因为不同华裔家庭的背景不一样，孩子们对中文的习得也各不相同，中文水平参差不齐。也许在家庭生活中，父母会用中文与孩子们沟通交流，但在国际学校的学习中，孩子们在很大程度上会受到语言环境的影响，更加偏向于使用当地的语言，而不愿意运用中文进行交流，这正是困扰众多华裔父母的教育难题。

Wukong EDU（以下称为"悟空中文"）的创立正是直击这些痛点，精准定位市场，秉持用爱做教育的初心，针对不同学员量身定制不同的课程体系，自主研发课程内容，形成独具特色的教学方法，贴合不同年龄、不同环境的孩童学习中文的需求；构建长期体系，实现对全球全年龄、全学段孩童的覆盖，打造一个沉浸式的母语环境，以良好的口碑迅速站稳市场，不断创新赋能，快速成长为海外中文在线教育的领导品牌。悟空中文从0到1的快速发展之路体现了保持初心、用爱做好教育的意义，只有真正地把爱注入到教育中，才能为孩子们点亮中文学习的希望之光，才能在遇到困难的情况下不断坚持，实现突破和超越，于竞争热潮中脱颖而出。

摘要：作为较早成立的国际少儿中文教育品牌，悟空中文从创业早期面临缺资金、缺品牌等诸多挑战，到如今逆势而上，成为业内业务规模最大、口碑最好的领导品牌之一，实现了海外中文教育从0到1的突破。本案例回顾了悟空中文的创立及其快速成长的历程，探索解决悟空中文持续发展所面临的问题；重点阐述了悟空中文创立过程中的情况，包括从创业初期的屡屡碰壁到最后站稳市场。悟空中文在快速发展的同时，也吸引了同行业竞争者的跟随模仿；"双减"政策以及疫情带来的线上海外教育的热潮，让悟空中文的市场份额受到一定的影响。为了占领更多的市场份额，并维持业务持续高速发展，悟空中文下一步该如何发展？如何选择公司战略？这将是一个重要的战略抉择，关乎着悟空中文今后的发展。

7.0 引　言

随着国民经济水平的不断提高，家长们越来越重视对孩子的教育，各类教育培训机构五花八门、层出不穷，教育行业发展蒸蒸日上。

"把全球最前沿的教育理念、最优质的教育资源，跨越国界，通过在线的方式，带给全球的孩子们。"这是王玮创立悟空中文的初衷。她深知教育改变命运，而自己的命运也深刻地被教育改变，怀揣着为海外华人家庭提供中文教育的学习环境和学习资源的初心，使悟空中文一步步从这个行业的拓荒者成为领军者。"扎下母语的根，立足世界的人。"悟空中文的标语让不少

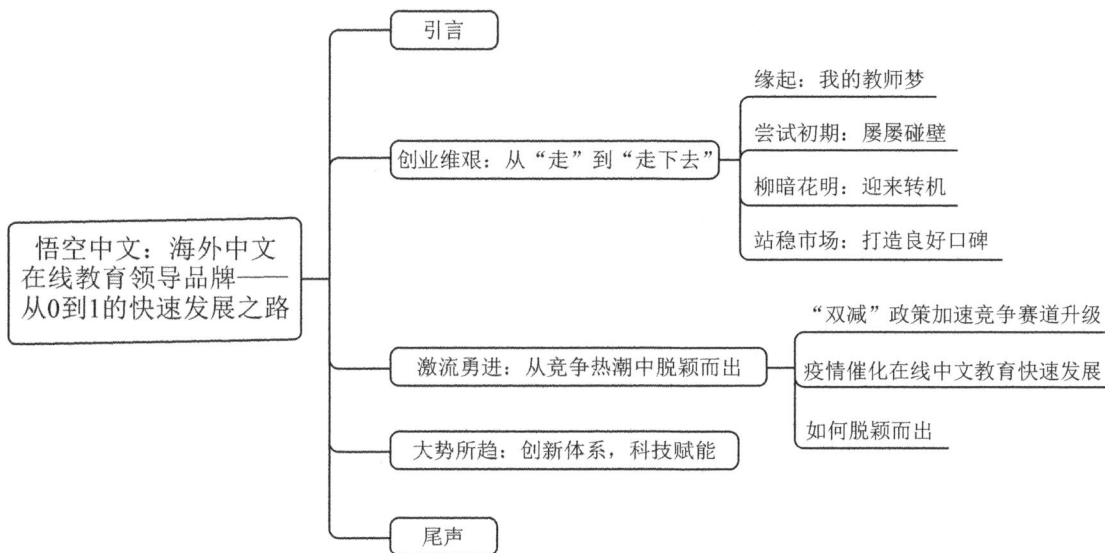

案例 7 思维导图

海外游子得到了心灵的慰藉。

然而到了 2019 年末，各行各业都受到突如其来的世界范围内蔓延的新冠疫情不同程度的影响，教育培训行业也未能幸免，疫情催生了大量的在家在线学习需求，为是机遇也是挑战的中国在线教育开创了一片广阔的天地。与此同时，悟空中文也面临着如何在该赛道竞争热潮中脱颖而出的挑战。

7.1 创业维艰：从"走"到"走下去"

7.1.1 缘起：我的教师梦

悟空中文创始人王玮，出身教师之家，自幼受过良好的教育。在这样的家庭环境下，王玮耳濡目染，从小就有一个从事教育事业的"教师梦"。出生于一个中国西北小县城的王玮深知教育改变命运的重要性，上学时期，她一直保持着优异的成绩，本科和硕士都毕业于上海交通大学。从西北小县城到上海，从上海到新西兰，一路走来，王玮的命运被教育深深地改变，用教育改变更多人命运的想法促使毕业后远赴新西兰的她开启了创业之路。正是怀着这样的初心和向往，王玮毅然决然地选择了在教育行业特别是在线教育领域发展。王玮在上海的创投圈活跃了许多年，后来公司不断经历从 A 轮、B 轮到 C 轮融资，这为日后创立"悟空中文"打下了坚实基础。

来到新西兰后，王玮不断地学习它的教育理念和模式，自己对教育有了崭新的认知。有一次，王玮受邀参访新西兰的一所小学，发现这个学校每个班级都选择了不同的国家作为探究主题，平时上课会围绕这个主题国家的历史、地理，鼓励孩子们提问，让孩子们最后进行多元化的展示，自主探究知识。这种基于 Inquiry-based Learning（探究性学习）理念的教学模式，激发了孩子们自主探究学习的兴趣，培养了孩子们独立思考的能力，也深深地触动了王玮。"把全球最前沿的教育理念、最优质的教育资源,跨越国界,通过在线的方式,带给全球的孩子们。"通过全球在线教育传递优质教育理念和资源的梦想就这么在王玮心中萌发了。

后来在新西兰的生活中,王玮接触到了许许多多的华侨华人,他们都是长期定居在新西兰的,在那里有自己的家庭,甚至父母和孩子都在那里,很少回国。但子女教育问题是海外华裔家长面临的巨大挑战。大部分海外华裔父母都希望自己的孩子不仅能掌握所处国家的语言,同时也能很好地掌握中文,拥有良好的双语交流能力。也许在家庭生活中,父母会用中文与孩子沟通交流,但在国际学校的学习中,孩子们在很大程度上会受到语言环境的影响,更加偏向于使用当地的语言,而不愿意运用中文进行交流,这正是困扰众多华裔父母的教育难题。在了解到海外家庭生活状态和孩子们学习中文的需求后,为了解决这些痛点,王玮开始调查海外华侨华人的情况,并对其进行了系统分析。王玮了解到,全球华侨华人数量众多,许多国家的华侨华人也与新西兰华侨华人一样,对子女教育问题存在着种种顾虑。于是,王玮左思右想,开始着手想办法解决这一难题,以满足海外家庭的中文教育需求。

当时国内教育行业发展得如火如荼,对外汉语教育也是势如破竹(见图7-1)。王玮根据自己在教育行业多年的经验,分析了国内教育培训行业的发展现状。2010年市场规模为34.7亿元,而2015年市场规模达到71.7亿元,增幅超过一倍。另外,中国对外汉语培训市场规模的增速在2010—2015年均保持在10%以上,2014年增速更是达到21.57%。中国在教育资源、水平等方面与亚洲除了日、韩之外的其他国家相比,都有很大的优势,留学费用远低于欧美国家。

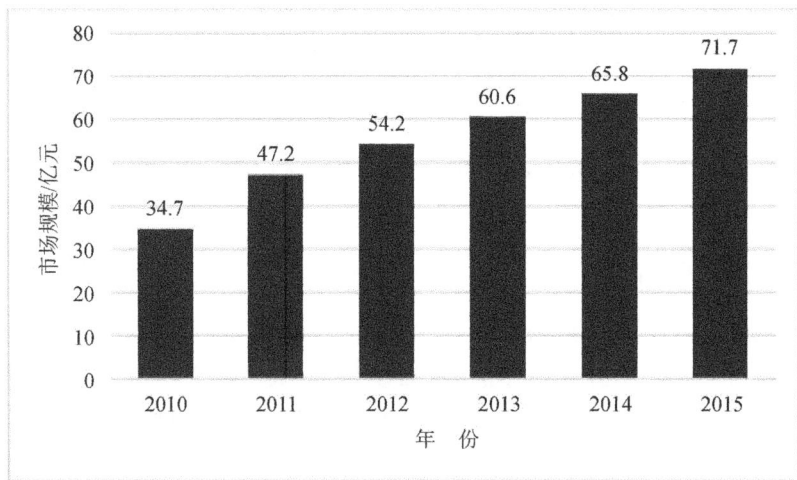

图7-1 中国对外汉语培训行业2010—2015年度的市场规模①

通过调研,王玮萌发创办一家中文培训机构的想法。可是,国外不比国内,国外不同国家的教育体系与中国相比差异很大。在国外,孩子们也需要每天到学校学习,他们不能系统地学习中文,所接触到的中文只是在家庭环境的细微影响下习得。基于以上分析,王玮将公司定位在为海外华侨华人家庭3~18岁子女制定实施中文学习方案,提供精英中文教育。

那么,既然是提供中文教育,怎样才能让海外华侨华人的孩子接触到真正的中文环境呢?

---

① 来自产业信息网 https://www.chyxx.com/industry/201606/427132.html。

如果创立线下实体培训机构，必然无法满足众多海外华侨华人家庭的需求，且这些家庭在国外各个国家的分布并不是很集中，所以线下中文教育不能很好地维持下去。王玮想到了国内的在线教育，如今已是互联网时代，互联网连接千家万户，让一切成为可能，这正是实现真正中文环境的一大途径。而刚好王玮在国内投入了很多精力在在线教育方面，这正是自己擅长的领域，所以在线教育必然成为解决这一问题的唯一办法。

明确了公司的定位和经营模式，王玮开始着手创办公司。公司定位是为海外少儿提供中文教育，所以王玮决定在海外成立公司，在公司层面上发展全球化战略。悟空中文于 2016 年夏季正式在新西兰的奥克兰(Okland)成立。

7.1.2 尝试初期：屡屡碰壁

王玮在创业初期，曾多次碰壁，遇到过许多难以解决的问题。悟空中文刚开始创立的时候，对外汉语在线教育行业还处于萌芽阶段，在行业无人区进行探索，注定不会是一段平坦的旅途，而是一场需要面对风险、经历孤独、经得起失败的冒险。

前期资金压力大，只有投入没有回报，创业核心团队的经验和能力以及团队成员的信心、业务发展、人员分配等是所有创业型企业在创业初期所面临的难题，悟空中文也不例外。创业初期，王玮和她的团队遇到很多挑战：缺少资金、形成品牌，以及需要很高的认知门槛去尝试这种新鲜的方式。

"创业初期，创始团队不停地给公司'输血'，几个人加在一起的团队，最困难的时候只能拿出 200 元人民币。"王玮回忆说。

作为新出现的企业，如何吸引更多的用户，招纳更多的学员也是一大难题。王玮永远忘不了那次在新西兰公园第一次招收学员的经历。四月的新西兰，樱花盛开，王玮和其他两个悟空中文最初的成员来到一个公园里，摆好桌子、凳子和宣传材料，放上免费试课的标志，开始了悟空中文第一次招收学员的尝试。烈日炎炎，他们穿着印有悟空脸谱 Logo 的 T 恤衫，以便让大家更好地了解悟空中文，加深印象。箱子里放满了冰淇淋，小朋友们只要登记试一次课，便可以得到一支冰淇淋。随着正午的临近，气温越来越高，拿冰淇淋的小朋友越来越多，看上去非常热闹。最后冰淇淋发光了，3 个人脸上满是疲惫，但望着满页的试课登记名字，露出了一丝欣慰和喜悦。然而，事情总不是那么让人如愿，满页的登记名字，但最后来试课的人却寥寥无几。刚开始学员数量增长得非常缓慢，以后的路还很长。

7.1.3 柳暗花明：迎来转机

追梦路上满是坎坷，荆棘丛生，然而脚踏实地，一步一个脚印地往前走，便能守得云开见月明。在融资困难、学员增长缓慢的境地里，一场新西兰 New Kiwi 创业大赛间接改变了悟空中文的命运，使其发展迎来转机，柳暗花明。

2018 年新西兰 New Kiwi 创业大赛是由新西兰首家华人天使和风险投资机构——然诺资本举办的，比赛为踏上新西兰这片土地的新移民们实现自己的梦想和抱负提供鼓励和支持，搭建了一个实现梦想的平台。本次比赛主办方的主要目的是让新移民的优秀创意不会由于缺乏资金和平台而泯灭，帮助新西兰吸引更多的精英人才。这是悟空中文的大好机会。

本次比赛一共有 42 个参赛队伍，专注中文线上教育的悟空中文得到评委的高度赞扬与认可，从 42 个参赛团队中脱颖而出，获得冠军。此次成功绝不是偶然，背后是悟空中文日复一日的努力和准备。在最初成立公司到参加比赛前整整一年的时间,悟空中文构建了独特的运营模式、完善的课程体系,并且制定了全球化的发展战略。

悟空中文成立之初,通过线上平台,为海外家庭的孩子们提供了很好的中文环境,孩子们也从中学到了中文知识。随着学员慢慢地增多,公司的经营开始出现一些问题,虽然满足了海外家庭的中文环境要求,孩子们也从中有所收获,但是零散的不集中、不系统的教学内容,还是无法保证海外的孩子能像国内的孩子一样在学校里学到系统的中文知识。除此之外,海外家庭的孩子也有其特殊性,其中文水平参差不齐,并不能使用完全统一的中文教材进行授课。于是,王玮下定决心,开始着手筹备建立专门的专家教研组,聚焦 3~18 岁海外学员展开学术调研和课程研发。2017 年 10 月,悟空中文系列课程"国际中文"上线,正式面向海外学员推出自主研发的在线国际中文课,并且以其专业性、互动性和趣味性开创业内先河。经过一年的磨砺,悟空中文有所成长,只等东风的助力让其飞向更广阔的天空。

参加新移民创业大赛便是助力悟空中文驶向梦想彼岸的那缕东风。大赛中参赛者与导师之间进行了双向选择,悟空中文团队与在 IT 和营销方面具有丰富经验的 Lance 和 Victor 导师组建团队。导师们在创业理念、运营模式、财务模型和市场渠道方面进行不断地点拨和指导,经历了一次又一次的反馈和修改,最终帮助悟空中文完善了在线教育平台和流程。在经过多轮比赛后,悟空中文成功地战胜其他参与者。

此次成功,是悟空中文和天使投资的双向奔赴,为悟空中文赢来了投资和学员。比赛后,这个在异国他乡创业并获得创业大赛冠军的企业吸引了众多人的关注,其中不乏众多投资机构;悟空中文的学员数量指数式增长,许多海外投资机构加入悟空中文成为悟空中文的伙伴。悟空中文的规模不断扩大,办公室由最初只能容纳 3 个人的共享空间不断扩大,每隔一段时间就要搬到更大的办公空间。

2021 年 1 月,WuKong 的巨型 Logo 落成,悟空中文团队正式搬入位于奥克兰北岸的独栋办公楼,开启了快速发展的阶段。

7.1.4 站稳市场:打造良好口碑

企业创立后的下一步,便是思考如何站稳市场,在全球在线教育这个行业扎根,长成一棵参天大树。悟空中文站稳市场的关键,正是通过秉持把爱注入教育的初心、高质量的产品和精细化的人才战略打造了良好的口碑,使其屹立不倒。

1. 秉持教育初心

据王玮所述,"悟空中文在海外很多国家都有员工,很多员工的子女也都在悟空中文学习,所以我们既是产品的生产者,也是产品的使用者。"悟空中文成功的关键,正是秉持着将爱注入教育的初心,这份爱为悟空中文注入了源源不断的动力,悟空中文获得了海外用户的广泛信任,每三位学员中,就有两位学员来自老学员的推荐。

2. 课程内容自主研发

悟空中文针对不同程度的学员制定了两套课程体系。

第一套课程体系针对海外出生并长大的青少年研发。这一课程体系致力于全面发展学员的中文综合语言能力。课程引入世界权威的"IB 课程"标准,对标 HSK 考试和国际高考,并首次将 Inquiry-based Learning 教学法融入中文教学,重视学生学习中文的主动性和积极性。

第二套课程体系适合在国际华校或沉浸式中文学校进行全日制学习的学员、在国内完成部分小学课程修读后来到海外有需求与国内小学语文同步或有较高中文基础的学员。这一课程体系课本选用中国 2019 年最新小学语文课本(部编版),对标中国新课标。同时,在中国小学语文课大纲基础上针对海外学情进行深度二次开发,在强调"原汁原味"文化属性的基础上,融入国际化元素。首次将 Inquiry-based Learning 教学法融入中文教学,平衡知识性与趣味性,启发学员的想象力和创造力,注重培养其中文学习兴趣与能力。

经过专业教研团队的不断研究和打磨,悟空中文目前针对中文产品打造了四条主产品线,即四大核心课程体系:启蒙中文、国际中文、进阶中文和基础汉语,同时形成了独具特色的海外青少儿 6A 教学法,贴合不同年龄、不同环境的学员的中文学习需求,构建长期体系,实现对全球全年龄、全学段学员的覆盖。

3. 人才战略规划

企业之间的竞争需要科技创新,而实现科技创新离不开人才驱动,人才是企业发展的核心力量,是企业生产力的提供者。企业的发展离不开正确的人才战略规划。实际上,早在悟空中文成立之初,王玮及其团队就开始进行国际中文教育未来的人才战略布局。

(1) 师资力量的培养

既然要打造全球中文在线教育的领导品牌,那么教师选拔是人才战略布局的第一步,同时也是重中之重。在教师的选拔上,悟空中文制定了严格的标准流程,可谓是过五关、斩六将方能成功进入悟空中文。首先,悟空中文严格选用来自全球的一线优秀教师,普通话标准纯正,筛选通过率不超过 1%,严格控制老师的质量。3 000+中国好老师,通过"悟空认证"5 大标准的 8 轮筛选。筛选流程主要为简历筛选、语言面试、教学模拟、背景调查、信息审核、签约老师、入职教学培训。其次,要求老师的平均教龄为 5 年以上且为国内外名校毕业,100% 来自全球 TOP 名校精英,超 76% 拥有硕士学位以上学历,确保每一位悟空中文的教师都拥有教育专业背景与丰富的教学经验。另外,老师必须具备先进的教学理念和思维,能够创造浸入式中文课堂,运用 TPR 等教学手法,给学生创造原汁原味的中文学习环境。除此之外最重要的一点是,老师必须真心爱学生,怀揣教育初心把最好的教育给学生。

在教师培养方面,悟空中文对教师进行儿童心理学、本地文化、高科技教学手法和先进教学理念等系统培训,提高教师的综合能力从而提高师资水平。

(2) 悟空中文的"她力量"

目前,在全球范围内,知道悟空中文员工 80% 以上为女性的人并不多见,悟空中文的主力及发展的中流砥柱是女员工。在悟空中文创立初期,慕名而来加入的伙伴,从产品经理、程序员课程顾问等,有所成就的大多是新西兰本地的移民父母,其中很多都是孩子的妈妈。随着悟空中文不断地发展扩大,悟空中文的"她力量"逐渐形成,她们是像王玮一样,对教育有着纯真的热爱,对孩子有着极致的关爱,对事业有着崇高的追求的全球各地女性从业者。随着新时代女性议题热度的不断提高,悟空中文持续为女性力量赋能,关注并助力女性的多元发展,让女性的力量得以在更大的舞台上展现,这是悟空中文可持续发展举措中的一部分。

(3) 深入国内高校,达成合作

悟空中文教师的选拔条件中,有一条要求老师必须为国内外名校毕业。在此条件下,与国内知名 985、211 高校及知名师范院校达成战略合作便是如虎添翼。截至 2021 年 10 月,悟空中文已与包括西北大学、天津大学、西北师范大学等高校达成战略合作,为悟空中文的教学研究团队注入了稳定持久的力量,获得了战略性人才的支持。校企合作也实现了互利共赢,悟空中文在扩充教学团队的同时也为学校学生提供了更多的就业机会,双向奔赴。

从 2021 年 1 月开始,悟空中文团队就开始奔赴国内各个高校进行实地考察、交流与学习,与各高校的老师和同学们进行沟通,讲述悟空中文的故事和发展历程,表达对优秀人才的需求,不断寻找合作机会。经过 10 个月的探索与交流,悟空中文最终与部分高校达成战略合作。

王玮认为,"校企合作是悟空中文发展过程中十分关键的一环,优秀师资力量的打造是我们最核心的竞争力,出色的教材也是在线教育不可或缺的重要资源,未来双方一定可以开发出更多合作形式和路径,共同为国际教育和文化交流添砖加瓦。"

7.2 激流勇进:从竞争热潮中脱颖而出

7.2.1 "双减"政策加速竞争赛道升级

"双减"政策一经发布,便在中国教育培训界掀起一股巨大的风暴。部分家长提出了自己的疑惑和担忧。当然,影响更加严重的是各种学业辅导机构。减轻校外培训负担意味着很多孩子将会减少课外培训,辅导机构必将面临生源减少、业务减少,甚至停止业务的可能性。因此,"双减"政策对教育培训企业来说,无疑是重拳一击。

教育机构的发展在双减政策调控下举步维艰。如何打破壁垒,使企业屹立不倒,将目标转向海外市场,拓展海外教学业务便是一条可行的道路。国内课外教育培训市场在政策高压下已难有容身之地,中国教育培训企业不约而同地将目光投向海外,而海外市场则为开启转型之路的中国教育培训行业提供了广阔的海洋。一些教育培训企业将转型目光放在了悟空中文所处的海外中文教育行业上。2021 年末,"新东方在美国教中文"的消息引发了众多关注,在2021 年 8 月,新东方就宣布成立了 Blingo,面向对象为海外华裔儿童和青少年,提供中文教育线上课程。除此之外,VIPKID 旗下的全球在线中文教育平台 Lingo Bus 也成为 VIPKID 转型的主要推动力之一,这意味着 VIPKID 也将目光聚焦在海外中文在线教育上。伴鱼少儿英语也正尝试着将"中文分级阅读"等教育产品带到海外。这些教育培训机构的转型,增加了海外中文教育赛道的参赛者。目前,这条赛道上的成员大致可以分为三类:一是以悟空中文、Lingo Bus 为代表的海外中文教育公司;二是以新东方、卓越教育为代表的 K12 教育公司;三是以伴鱼、火花思维为代表的在线教育科技公司。

双减政策之下,显现的是海外中文教育竞争赛道的升级,面对众多的竞争者,悟空中文要脱颖而出并保持头部品牌的地位则任重而道远。

7.2.2 疫情催化在线中文教育快速发展

在悟空中文公司成立之初,创始人王玮便预见性地采用线上教学模式,这正是其与传统教育方式的最大区别。

2019 年底,一场突如其来的新冠疫情席卷全球,许多产业在这场疫情的打击下遭受重创,经济下滑的压力越来越大。教育行业也受到影响,亿万大中小学生居家在线学习,掀起了在线教育快速发展的浪潮。

如今的网络时代,在线授课优势多多。学生的学习方式和教师的授课方式在线上教学中得到了丰富。各学校在疫情期间开始进行网络教学,这能够检验和提高教师的信息化应用水平,促使教师在学习中要敢于走在前面,主动学习。

与海外传统线下中文学校相比,在线教育的优势为线上中文教育行业赢得了丰富的流量。疫情之下,由于交通受阻、隔离管控等,人口流动受到限制,很多海外的线下中文学校的教学因缺乏老师、暂停面对面上课等而受到阻碍,因此线上教学成为主要形式。

疫情推动了传统教育向线上教育的转型,逐渐提高了用户对于线上教育模式的接受度。而疫情之前,不少家长都因悟空中文课程全部采用线上模式而怀疑和担忧其课程的质量和效果。因此,疫情对悟空中文来说既是机遇,也是挑战,快速发展之下暗含着竞争激烈程度加剧的暗流。

7.2.3　如何脱颖而出

面对"双减"政策带来的全球中文在线教育的赛道升级,以及疫情之下行业的快速发展,悟空中文以自己独特的优势在竞争中稳步前进并且沉着应对未来的挑战。

1. 术业专攻:打造沉浸式课堂

凡事都有两面性,在线教育也是有弊端的。网络上的东西有时鱼龙混杂,杂乱无章,如果不加以合理取舍和有效控制,教学效果将大打折扣。教师的角色转变为单纯的"网络主播",线上授课缺少老师与学生的现场教学互动,课堂学习气氛不足,教学效果得不到有效保证。

面对线上教育的弊端,悟空中文术业专攻,致力于打造沉浸式课堂。悟空中文的教学过程是一个完整的闭环。学生能在课前预习、课中学习、课后回放复习,教师可布置作业、讲评作业。还为每名学生配备一名专业的跟班班主任,及时跟进以确保学员能按时完成作业,并得到教学的及时反馈。在教学模式上,悟空中文采用一对一、一对多和大班教学模式,以保证每位学员都能学有所得。一对一的教学能满足个性化定制需求,老师能充分关注学员的学习效果,为其定制个性化学习计划,随时灵活地调整学习内容,使学员上课更专注。在大班课中,孩子们可以共享学习乐趣,多主题趣味课堂包含文化、历史、地理和国学,能提高学员的阅读兴趣和能力,丰富语言背后的人文知识,以激发学员的探索欲和创新力。悟空中文采用 TPR(Total Physical Response)教学方法,提倡"乐活"课堂。学员和老师之间是朋友而非师生关系,学员乐于跟老师一起分享生活和学习的乐趣,老师也会带给学员不一样的文化体验。这就是悟空中文的"乐活"课堂。

悟空中文术业专攻的沉浸式课堂赢得了用户良好的反馈,有两位家长在分享选择悟空中文的原因时提到:"与很多机构不同的是,悟空中文提供了一套系统性的教学方法,能够帮助孩子掌握将所学知识、文化串联起来并熟练运用的能力","悟空中文的教学具有个性化的特点,当老师观察到恺骅已经达到一定的中文水平,在写作上有更大提升的潜力时,老师就会主动提出,每个月给他布置一个专门定制的额外写作题目,并额外指导恺骅的写作技巧。在老师启发式的引导下,孩子的中文输出能力有了显著的提升。"

2. 深刻洞察需求,快速执行市场

王玮在采访中曾提到:"有想法,去行动,去快速验证这些东西,是创业从 0 到 1 搭建一个企业必须经历的过程","这样的产品,是基于对用户需求的深刻理解而设计的,要根据反馈,先投入市场并快速迭代,然后再对市场策略进行调整。"搭建一个企业并不是招几个国外的员工那么简单,而是真正沉下心来了解这个市场,并且迅速地执行这个市场,这才是最重要的,也是最关键的。凭借着对市场需求的深刻洞察和对市场的快速执行,悟空中文得以取得如今的成就并且会在未来与其他企业竞争的过程中占据一定优势。

早在悟空中文创立初期,王玮就洞察到海外华裔孩子学习中文的需求,并且推断这种需求在未来一段时间内将会长期持续存在。学好中文对于华裔孩子来说,不仅意味着其在未来的发展中可以发挥天然的优势,而且还能传承中华文化。捕捉到市场需求之后,悟空中文凭借着超高的执行力在疫情以前就对新西兰区域的市场进行了测评,跑通了 MVP(Minimum Viable Product,最小可行性产品)测试,为后续用户的获得奠定了基础。在疫情期间,悟空中文以原先的测评用户为源头,凭借着良好口碑不断扩大用户圈。据了解,每三个新用户中就有两个来自于老用户的推荐,层层裂变,最终达到源远流长的效果。这正是悟空中文与其他刚转型的企业相比所具备的优势。

3. 项目制管理跨国协作

作为致力于国际中文教育的企业,随着规模的不断扩大,悟空中文内部员工的数量不断增加,且遍布全球。目前,悟空中文的中文教师和员工已超过 4 000 人,他们来自全球 11 个国家和地区。如何跨时区、跨地域、跨文化、跨语言、跨环境地管理员工以达到高效、高质的效果是摆在跨国创业悟空中文的一道难题。

悟空中文为了管理众多跨国员工,以北京、成都、奥克兰三地为中心,按地域管理教学研究团队,对其他部门的国内外团队采用中心化的跨国协作模式——项目制进行管理。悟空中文内部设立众多项目组,项目组定期举行线上视频会议,并且设立云开会、云团建、云打卡等日常活动,用简约方式保持沟通。悟空中文在内部平等地对待来自不同国家的员工,并没有因为他们的国籍不同而实行差异化对待,使员工凝聚成一个整体。

王玮认为,"不同团队之间每天沟通的方式,一定要在各国组建海外团队时考虑清楚,这个过程是透明的,不然会掩盖很多问题。"她主张"必须把意见提得顺耳一些,把意见变成建设性的,通过双方沟通共同去做"。凭借着项目制跨国管理模式,悟空中文内部形成了稳定的组织架构,团队之间得以高效地协作。

7.3 大势所趋:创新体系,科技赋能

近年来,全球在线教育市场经过不断发展,逐渐成熟,头部品牌的优势将更加明显。互联网正成为全球产业转型升级的重要助推器,悟空中文势必将目光聚焦在科技创新上,以应对大数据和人工智能时代背景下的未来发展机遇和挑战。

悟空中文启蒙语文课程搭配有趣的游戏化互动作业,实现了课内外点击互动、语音互动、师生同节奏学习等多种模式。2022 年 9 月,悟空中文在教学研究理念的基础上,宣布推出悟空中文七步学习法。该方法以"知—懂—固—会—精—深—通"为核心,构建金字塔学习模型,层层递进,将"学"与"习"通过 7 个关键学习步骤巧妙融合,使学习情境趋向多元、有趣、科学,从而让孩子爱上学习,获得更好的学习效果,最终学有所用,学有所成。

悟空中文创始人王玮在封面新闻的专访中提到:"未来,我们将在课程本地化上投入更多研发力量,同时在科技创新上的投入将进一步加强,通过 AI 智能技术的引入,进一步提升在线课堂的体验感、互动性。"相信未来,悟空中文会不断创新,通过科技赋能,在课程和产品创新

方面进行更深入的探索,通过国际化战略布局,为满足全球不同国家、不同年龄段学生的中文学习需求,开发多元化的课程体系。

7.4 尾 声

从行业拓荒期到行业快速发展期,悟空中文见证了全球中文在线教育行业由冷到热的过程,当年那颗刚萌芽的种子一步步扎下深深的根,慢慢成长为一棵可以遮一方天、蔽一方日的树木,为全球华裔孩子创造了可持续进行优质中文学习的绿荫。漫漫长路,悟空中文未来的路还很长。纵观全球,教育科技崛起,全球中文在线教育赛道竞争升级,不断吸引众多企业和资本的注入。面对国外不同的语言、环境、文化、制度等,悟空中文要想真正扎根海外,还需要面对诸多的挑战。在竞争激烈的海外中文在线教育市场中,从一众新老玩家中汲取阳光,长成参天大树的今天的悟空中文,下一步该怎么走? 这是悟空中文未来发展需要考虑的问题。

启发思考题

1. 悟空中文作为一个海外创业型企业,是如何在几年时间里快速成长为海外中文在线教育领导品牌的?

2. 悟空中文的人才战略规划是什么? 你认为这样的人才战略规划有什么好处?

3. 与行业内其他竞争对手相比悟空中文的独特竞争优势有哪些?

4. 新冠疫情和"双减"政策的发布分别给悟空中文带来哪些机遇和挑战?

5. 随着教育科技行业创新潮涌,悟空中文未来应该在哪些方面持续创新,从而在竞争中脱颖而出?

消费升级中的沧海遗珠
——童年记忆娃哈哈如今路在何方

老牌企业的消费升级之路

如今,随着我国国民经济水平的提高,消费升级的浪潮席卷而来,一些传统老牌企业的年销售额不断下滑,在洞察消费需求与转型升级之路上陷入迷航。但经济不断发展,市场环境日新月异,企业故步自封注定衰落,只有随着时代不断转型升级才可能在未来独占鳌头。

饮品市场传统老牌企业杭州娃哈哈集团有限公司(以下简称“娃哈哈”)自1987年诞生起已有36载,其漫漫发展之路为我们提供了很多启示与思考:在品牌遭遇困境时,努力洞察消费者需求,及时调整营销模式与路线,以全新姿态与模式追逐年轻消费者的步伐;在电商经济步步攀高的时刻,大力推动线上线下相结合的发展模式,把握国家经济发展政策的大方向,紧跟时代脚步,不断探索,不断前进。娃哈哈的转型升级,在推动自身随着时代发展的同时,也为一众传统老牌企业提供了示范与启示;同时娃哈哈凭借自身的转型升级不断推动饮品市场发展进步,提升整体市场水平,带动了国家经济发展与人民生活水平的提升。

摘要:中国饮料业巨头娃哈哈自1987年诞生起,沐雨栉风36载,已年过而立。“娃哈哈”创始人宗庆后带着“儿童营养液”“AD钙奶”“营养快线”等一系列爆品,让已36岁的“农村娃”成为一代人的童年印记。但如今,随着我国国民经济水平的提高,消费升级的浪潮席卷而来,饮料行业品类多样,市场逐渐细分,竞争愈发激烈,新生代消费者的需求不断变化,而娃哈哈近年的销售额却不断下滑,渐渐在洞察消费者需求上陷入迷航。传统老牌企业如何跟上时代的步伐,以全新姿态与模式重新焕发活力?本案例从多渠道线上销售、品牌延伸、品牌形象升级等角度给出了一些思考与建议。

8.0 引 言

“喝了娃哈哈,吃饭就是香。”

“妈妈我爱喝!”

当耳熟能详的广告词响起,一代人的童年记忆娃哈哈浮现于脑海。

随着时代的迅速发展,这个已然36岁的“农村娃”也在不断迈步转型,追赶着时代的节奏。在线下现代化渠道的探索上,娃哈哈于2018年进军无人超市等领域,开发自动贩卖机;在2019年开出了奶茶店,在切入线下茶饮市场的同时,构建新的与消费者沟通的销售与传播渠道。关于线上渠道部分,2020年,新冠疫情席卷全球,电商经济迅猛发展,娃哈哈乘风而上,尝试打造电商平台,将经销商和零售商联结到线上,实现“线上下单,线下配送”的一体化模式;依托原有的代理商资源,将经销商与零售商联结在一起,形成了娃哈哈提供平台统一管理、销售及配送环节由代理商完成的模式。

线上、线下双渠道并行,共同构成了娃哈哈在这个新消费环境中的销售网络,也成为娃哈

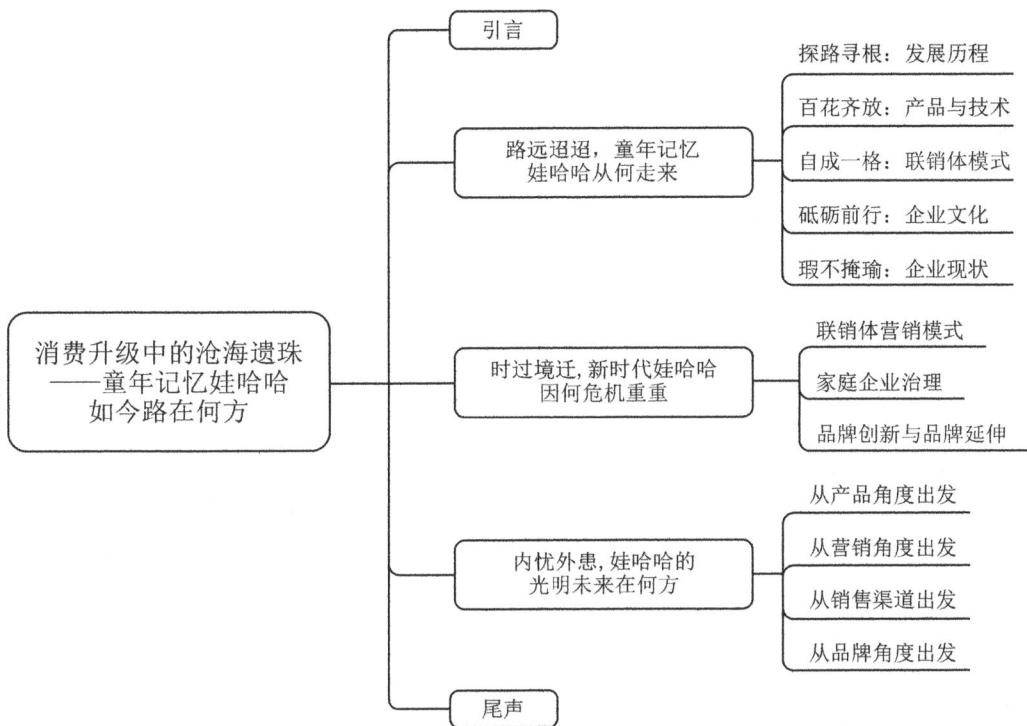

案例 8 思维导图

哈传递顾客价值的重要触点。线上电商平台将消费者的数据汇集起来,对消费者在线上和线下的经营情况进行持续的反馈;而娃哈哈在线下的健康生活馆,则打造了立体化的全新购物体验,其发展方向是"解决用户 3 公里半径内的健康和快乐需求"。

近年来,奋力拥抱互联网、更换全新代言人、追逐年轻人步伐的背后映射的是否是娃哈哈对"中年危机"的焦虑? 而频频出招、走在转型路上的娃哈哈,又能否顺利走出"中年危机"呢?

8.1　路远迢迢,童年记忆娃哈哈从何走来

8.1.1　探路寻根:发展历程

1978 年,娃哈哈创始人宗庆后结束了 15 年知青生活回到杭州。

1987 年 4 月,宗庆后筹建了杭州保灵儿童营养食品厂,以花粉销售货款和银行贷款 5 万元为原始资金,为杭州保灵公司代加工花粉,带领两位退休教师踏上了娃哈哈这一未来饮料巨头的创业之路。

1988 年,在浙江医科大学营养系朱寿民教授的指导下,为解决独生子女不愿吃饭、偏食、营养不良的问题,杭州保灵儿童营养食品厂研制成功自己的第一个产品——娃哈哈儿童营养液。随着那句经典广告语"喝了娃哈哈,吃饭就是香"响彻大江南北,娃哈哈儿童营养液迅速走红,成为企业的拳头产品,公司名称随之由"杭州保灵儿童营养食品厂"变更为"杭州娃哈哈营养食品厂"。1989 年,娃哈哈儿童营养液推向市场后,得到了不少消费者的喜爱,销售业绩不

断攀升。

1991 年,在杭州市政府的帮助下当时只有 100 多人的杭州娃哈哈营养食品厂,为了满足市场需求,有偿兼并了国营老厂——杭州罐头食品厂。该厂占地 6 万平方米,职工 2 000 多人,娃哈哈耗资 8 000 多万元,创造了"小鱼吃大鱼"的奇迹。在此之后,充分利用了自身产品、资金和市场等方面的优势,娃哈哈迅速盘活杭州罐头食品厂的存量资产。原本亏损 4 000 多万的杭州罐头食品厂,在短短 3 个月内就扭亏为盈,实现了第二年销售收入 4 亿元、利润 7 000 多万元的历史性突破。这次"百日兼并"既奠定了娃哈哈企业发展的基础,又成为央视"解放思想大讨论"的开篇之作。

2016 年,国家发布《"健康中国 2030"规划纲要》,娃哈哈陆续推出娃哈哈晶钻水、爱迪生乳酪酸奶、猫缘咖啡、启力 8 小时等系列大健康产品。

娃哈哈近年来借势发力电商平台。2018 年年底,娃哈哈规划的四大电商平台之一——"哈宝游乐园"上线,截至 2020 年 5 月注册粉丝数量已达 700 万;在该平台上既可以销售娃哈哈的产品,在大量出口企业受新冠疫情影响而面临出口受阻的困境下,也可以帮助他们通过"出口转内销"解决部分食品饮料的销售问题。

8.1.2　百花齐放:产品与技术

娃哈哈的产品种类多样、涉及类别十分广泛,主要产品涵盖十几大类,200 多个品种。除了研发制造食品饮料外,娃哈哈拥有自行研发设计制造模具和饮料生产设备及工业机器人的能力,这在食品饮料行业是不可多得的。

8.1.3　自成一格:联销体模式

20 世纪末期,娃哈哈已经成为中国饮料界的巨无霸。这个成就,一方面得益于创始人宗庆后敏锐的商业嗅觉,能够在各种纷繁复杂的情况下,准确地做出判断;另一方面,这也得益于娃哈哈特有的商业模式——联销体模式,正是这种联销体模式,在稳稳占据三四线城市市场的同时,也让娃哈哈一鸣惊人。

一级特约经销商每年年底将不低于当年销售额 10% 的保证金交到协会总行,娃哈哈将以相当于甚至略高于银行同期利率的"利息"回报给他们。二级市场特约经销商与一级市场特约经销商的不同之处在于,二级特约经销商不用再交纳相应的订金,同时需要结清之前所欠货款后,才能按月进货发货。

联销体模式得以确立并有效运行,主要得益于以下几点:

① 层层递进的保障机制,保证了从严格有序的"差价"中获取利润的各级经销商利润来源的稳定;

② 讲求契约精神,娃哈哈在未发货之前就清欠的规定,使企业呆账减少,资金回笼速度加快;

③ 娃哈哈的品牌效应和广告的大量投放,使各级经销商不必为囤货难、卖货难而发愁;

④ 宗庆后具有商业敏锐性,决策坚定,执行力强。

由此可见,娃哈哈早期的经营模式主要以"健康"为品牌核心价值和宣传特色,通过联销体模式形成了一个独立封闭的销售网络,与各级经销商构成利益共享、风险共担的共同体,通过自主研发、自主设计、自主生产模具和饮料生产设备,降低成本,丰富产品线,快速占领市场,获取利润,以"差价"创造企业价值。

8.1.4　砥砺前行:企业文化

娃哈哈一路走来离不开其优秀的企业文化(见表 8-1),"基业长青"的企业愿景、"健康你我他,欢乐千万家"的企业使命、"勇于开拓,自强不息"的企业精神推动着这个老牌企业攻坚克难,不断发展。其中,娃哈哈管理的哲学体系,即人们所说的"火箭模型"发挥着不可或缺的作用,以其强大的精神力量保障着娃哈哈数十年来持续向前,真正做到自强不息。

表 8-1　娃哈哈的企业文化概况

企业愿景	成为饮料和大健康的龙头企业,业绩一流,责任持久,基业长青
企业使命(宗旨)	健康你我他,欢乐千万家
企业精神	励精图治,勤奋工作,勇于开拓,自强不息
核心价值观	凝聚小家,发展大家,报效国家
座右铭	先将诚信施诸于人,才得以取信于人
工作作风	拉得出,打得响,过得硬
企业价值观	① 质量观:质量是企业的生命; ② 人才观:正直、专业、奋斗、创新; ③ 创新观:突破无止境,创新赢未来; ④ 品牌观:就在你身边,赢在健康快乐

8.1.5　瑕不掩瑜:企业现状

娃哈哈历经风雨,不断前行,不仅拥有多款经典产品与许多高精尖技术,还已然进军电商平台,推进线上线下双渠道发展。但是作为一家老牌企业,在风云变幻的新时代,它不可避免地显露出一些颓势。其主要问题是战略方向未及时调整、创新产品难以出圈、形象不符合新生代消费者期望。

1. 战略方向未及时调整

娃哈哈推行的联销体模式,将自己的消费主力局限在三、四线城市。然而,租金成本、人工成本、运输成本等随着经济水平的提高和人口红利的消退而不断增加,经销商们试图追求更高的差价,其核心竞争力的定位却在饮料这个原本就不具备很大中间利润的产业上出现问题。此外,随着消费升级和互联网+的兴起,从娃哈哈近些年的年销售额统计(见图 8-1)来看,娃哈哈的渠道优势不再具有压倒性的优势,即便是娃哈哈一直引以为豪的下沉市场,也是危机四伏,原有优势无法体现。

2. 创新产品难以出圈

新消费软饮品牌快速发展,老品牌与新秀品牌相比,在与年轻人的代沟中表现出难以跨越的一面。不仅仅是娃哈哈,在品牌不断老化的困境中,其他老品牌也出现了或衰或亡的状况。

以往娃哈哈的每一次爆发,几乎都是循着跟进的路子走的,铺渠道、抢市场、创新得当。比如:娃哈哈推出的首个爆款"儿童营养液"对标广州太阳神,AD 钙奶对标乐百氏钙奶,营养快线对标小洋人妙恋。

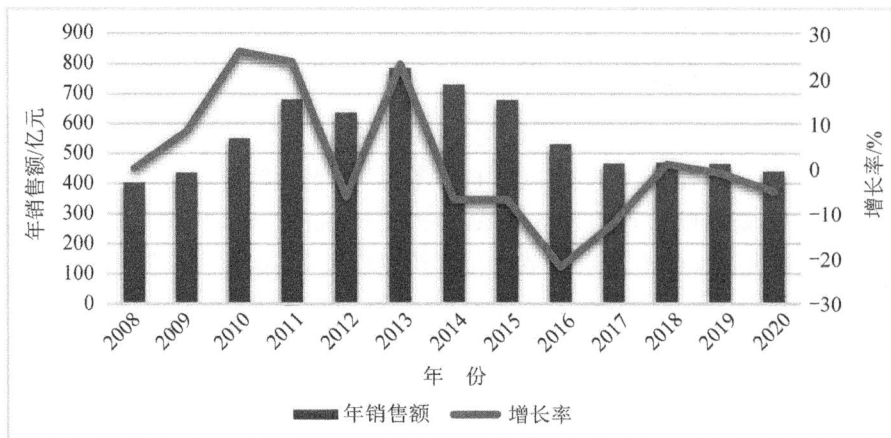

图 8-1　娃哈哈 2008—2020 年销售额统计

而如今,饮料市场分食者众多,同一品类的分食者更是进一步细分,以迎合年轻人的个性化需求,仅纯净水一项就有很多品牌,比如农夫山泉、怡宝、娃哈哈、昆仑山等。同样的产品被稀释了太多的市场份额;同时,随着用户越来越多的选择,饮料行业的竞争越来越激烈,每年都会涌现出数以百计的品类。

行业内部龙争虎斗,单一产品无法长久撑起一个品牌的发展,仅仅简单创新难以在激烈的竞争中突出重围。

3. 形象不符合新生代消费者期望

为了抓住"奶茶热"风口,娃哈哈选择在浙江杭州推出了"AD钙奶娃哈哈奶茶",却因为口味未贴近大众化,收效甚微。宗庆后之女宗馥莉为了使品牌"年轻化""洋气化",让品牌形象更加贴近新生代消费者,于2016年推出了KellyOne这一子品牌,但对标跟进之路并没有终止,元气森林的火爆催生了气泡水"生气啵啵"、低卡果味茶饮"KELLYONE CHACHA"以及无糖的"茶一茶"。从市场反馈来看,除了气泡水"生气啵啵"之外,其他产品均反响平平。在产品创新之外,宗馥莉选择解除与代言娃哈哈20年之久的艺人王力宏的合约,在2021年官宣流量小生王一博担任生气啵啵全系列的代言人。这一举措使得生气啵啵取得了60倍的销量增长,全线产品一度售罄,让生气啵啵短暂地成为气泡水品类销量冠军。

8.2　时过境迁,新时代娃哈哈因何危机重重

8.2.1　联销体营销模式

如何促进产品在竞争日益激烈的中国消费品市场上快速放量,成为各家公司的头等大事。能不能很好地解决企业产品销售的问题,营销模式的选择就成了战略的关键点。Philip Kotler指出,营销渠道,又称贸易渠道或分销渠道,是由一些营销中介机构组成的,这些中介机构在生产者和最终用户之间执行着不同的功能。

在娃哈哈的成长历程中,其渠道发展也经历了不少风雨,后来宗庆后痛定思痛,创立"联销体"模式。娃哈哈选择将分散在各地市场的分销商联合起来,把二、三级市场(城镇和农村市

场)作为主要的销售市场,将这些分布区域较大的市场通过分销商的力量进行有效的渗透,在当地形成优势。娃哈哈联销体营销模式是由于激烈竞争的需要,为适应客观条件,在所处行业的特定环境下发展起来的。联销是一种利益联合体,既然有利益的存在,就必然会引发一些问题与矛盾,若解决不慎,所产生的最直接后果就是联销体的解体,甚至诉诸法律。

既然整合了双方的优势资源,联销体对双方的期望都很大,但往往期望越高,一旦出现问题就越失望。如若因为市场原因经营不善,很多以往累积的矛盾就可能接连爆发。矛盾是无处不在、无时不有,如何认识与分析矛盾、出现矛盾又如何解决才是关键。

电商时代下,消费者的需求在不断变化,线下平台已经无法满足绝大多数消费者的需求,联销体的局限性逐渐显现。目前,娃哈哈的立足之本是联销体的经销商体系,覆盖全国、拥有8 000多家分销商、控制10多万批发商和数百万零售商的立体销售网络,覆盖40多家销售分公司,渗透神州大地每一条毛细血管,一周之内就能实现全国范围内的新品铺货。曾有业内人士称,在中缅边境海拔2 500多米的乡镇,方便面难觅踪影,但娃哈哈纯净水、营养快线、AD钙奶等产品却有一家当地小卖部在销售,娃哈哈下沉渠道之深可见一斑。同时,这也意味着娃哈哈要为经销商的利益考虑,必须在线上发展。

事实上,出于对联销体经销商的保护,宗庆后在电商发展初期曾一度反对传统电商平台上的不良现象,比如"烧钱买流量,销售假冒伪劣(产品)"等;但2020年娃哈哈开始加速"触电",萌生一口气做四个电商平台的念头。在实现线上线下融合的过程中,娃哈哈试图打造一种从线下到线上融合,让经销商、批发商都参与进来的模式,以区别于阿里、京东等传统平台线上线下的融合。但是,线上平台的搭建往往是一个漫长的过程,同样的产品线上线下操作起来却是千差万别。以饮用水举例来说,线下大部分是即时性消费,而线上大部分是计划性消费。娃哈哈要找到线上运营的方式,需要继续深化营销和消费场景的打造,而娃哈哈能不能做到这一点,目前还不得而知。

8.2.2　家族企业治理

40多年的改革开放,让中国家族企业风起云涌。第一代创始人勤勤恳恳,奋斗了大半生,有些企业成长壮大,有些企业则功亏一篑,如石沉大海,令人唏嘘不已。事实上,真要探寻失败的原因,那么,在引进人才、注入资金、把握政策动向等方面,都需要摸索。企业用人失当、管理模式陈旧、经营效率低下等一系列企业治理中的问题,就如同一颗颗蚕食着市场经济的毒瘤。

从股权架构上看,娃哈哈始终与掌权者宗庆后捆绑在一起,是宗庆后一个人的帝国。企业调查数据表明,宗庆后通过直接和间接的方式获得娃哈哈62.5%的股份。在创始人持股51%的情况下,投票权超过半数,聘请董事、总经理,选举董事,拥有企业相对控制权等一些重要事情都是可以决定的。创始人独揽大权与京东一样,早期主导着企业的发展方向;但随着企业规模的扩大和业务的拓展,一个独揽大权的股权架构不仅使创始人心力交瘁,也会阻碍企业的多元化和创新。

"古典派"的宗庆后曾在多个场合公开表态:娃哈哈不差钱,上市坚决不做。但实体经济在电商行业的冲击下风雨飘摇,娃哈哈的营收一路走低。不同于"古典派"的爸爸,"海外派"女儿宗馥莉,多了几分豪放,多了几分活泼。宗馥莉说,挂牌是为了让这家老牌企业更"亲民",挂牌对资本进入有更清晰的流程和规则。作为娃哈哈品牌公关部部长,宗馥莉上任后便将娃哈哈纯净水代言人从老牌艺人王力宏换成了鲜肉小生许光汉,而在此之前宗庆后曾于娃哈哈成立 30 周年的时候,亲自给王力宏授予荣誉员工的称号,并表示未来双方还会继续合作。娃哈哈的两代管理者表现出十足的差异,对于企业来说,领导风格与管理模式的不一致会存在一定的风险。

8.2.3 品牌创新与品牌延伸

无可非议的是,娃哈哈品牌有着辉煌的过去,驰骋中国儿童饮料市场近 20 年,曾连续四年位列中国饮料行业第一名,在儿童饮料市场一直稳居霸主地位,拥有其他竞争对手难以企及的品牌地位和影响力。但是,缺乏创新一直是娃哈哈无法回避的问题。在新品迭出的饮料市场,娃哈哈近年来一直未有明星新品问世,靠山寨低配的产品,要想满足新时代消费者的需求已经越来越力不从心。

品牌定位是企业的立身之本,其目的在于为企业树立一个独特的与目标市场相关联的品牌形象,从而在消费者心目中留下深刻的专属印象,使消费者能将其与其他品牌区分开来。娃哈哈似乎不满足于食品饮料行业的发展,想继续往多元化的品牌延伸。2002 年,娃哈哈集团在北京宣布,以 3 个月内形成 2 000 家且计划年销售额超 10 亿元的连锁特许经营店为目标,携手香港利得集团全面进军童装产业。一石激起千层浪,这个消息出来之后,在当时的连锁界,不管是饮料界还是童装界,都产生很大的震撼。在娃哈哈声名鹊起的 20 世纪 80 年代,它的品牌视觉形象是一个端着一碗白米饭,憨态可掬,胖胖的孩子形象。但娃哈哈进军童装市场,却没有以往能与童装市场共享的具有冲击力和"杀伤力"的品牌视觉形象,致使娃哈哈的童装产品的视觉形象,受到长期积淀的娃哈哈形象的限制。娃哈哈集团的品牌延伸战略出现了这样或那样的问题。

娃哈哈在成人饮料产品、休闲类产品、医疗健康产品等市场领域也出现延伸困境。娃哈哈从一开始就在广大消费者心中树立了"童趣"的形象,因此娃哈哈的品牌延伸也受到品牌核心价值的限制。

为了改变娃哈哈固有的儿童形象,娃哈哈在进军这些市场上下了不少功夫,虽然取得了一定的效果,但最初定位过于狭窄的问题本质上不曾改变。

8.3 内忧外患,娃哈哈的光明未来在何方

随着越来越多网红饮料的涌现,娃哈哈的处境越来越艰难。不过,对比战略和管理相对完善但增长停滞的可口可乐、康师傅等公司,娃哈哈还有很多可以在内部优化提升的地方,还有很多可以提升业绩的空间。

8.3.1 从产品角度出发

食品饮料行业在消费升级的大背景下,正朝着高端化、健康化方向迈进。消费者不仅对食品安全、健康保持着高标准、严要求,同时还对企业品牌形象、产品包装设计等持有更高的审美与要求。根据 2019 年发布的中国购物者报告,快消品市场增长强劲,高端化是行业复苏的重大贡献力量。贝恩全球合伙人 Bruno Lannes 认为:中国消费者越来越青睐于快消品市场,快消品市场逐渐复苏,产品的健康和生活方式得到改善,尽管一些产品的购买率和渗透率可能已经趋向最大值,但平均售价仍有足够的上升空间。例如,从 2011 年至 2017 年零售价格复合

增长率达到 3.9%。即便如此，品牌商仍然可以为进一步促进消费者购买意愿而采取相应的措施，以便让其他产品再度增长。

随着人们对健康生活的推崇，消费者对含糖饮料的抵触情绪逐渐升高。当健康的追求成为大势所趋时，许多品牌（比如我们熟悉的可口可乐和雪碧）推出了零糖零卡版本。主打无糖饮料的元气森林的成功也说明了健康饮料是未来的人心所向，而这对于娃哈哈来说，也是一个全新的启示，可以考虑对主打的热门产品推出相对应的零卡零糖版本，以减少人们对健康的顾虑。

娃哈哈给大多数人的印象是本土化、接地气，在包装上不够新颖，甚至可以说有些"土"（见图 8-2）。消费者在选购饮料时，若从包装的角度考虑则不会选择娃哈哈。在未来的发展过程中，娃哈哈应当更加注重品牌形象的优化升级，对包装加以改进，增加其设计感。

图 8-2　娃哈哈经典品牌形象

8.3.2　从营销角度出发

以 2010—2019 年期间，我国广告市场呈现稳步增长趋势，与 2018 年相比，2019 年我国广告市场总规模同比增长 8.54%，达到 8 647.28 亿元。从人均广告消费额来看，2019 年我国广告消费额比 2010 年提高 300% 多，这表明 2010—2019 年期间我国广告市场活跃度有了显著提升。

以 2019 年为例，由于国内外形势复杂严峻，2019 年我国消费市场总体表现出下滑的趋势，各行业广告投放明显回落。在整体消费市场和广告投放市场下滑的情况下，企业广告投资相对更加谨慎，但食品饮料行业却表现出逆势增长。在广告投放排名前 10 位的行业中，食品饮料行业稳居第一，占整个广告投放市场的 10.6%，这是食品饮料行业连续第六年位居第一位。食品饮料板块受经济周期的影响较小，食品饮料种类繁多，销售周期较短，更新快，而且食品饮料行业具有刚需的特点。在互联网广告投放中，食品饮料也位居第一位，占其总广告投放的 30.59%。随着消费者对于食品饮料安全问题重视程度的提升，食品饮料企业在食品安全方面的宣传力度愈发增强，这使得该类行业对宣传渠道愈发重视。电视播放、综艺宣传以及传统的户外投放形式对食品饮料行业的广告宣传来说尤为重要，这些媒体拥有的公信力正是该行业所需要的。有人认为,消费者更倾向于食品饮料行业的视频广告投放,视频投放有利于把产品更好地传播给消费者,促进企业利润增长。正如数据显示,食品饮料行业在影院视频媒体中的广告投放同样增长显著,例如 2019 年 4 月份的广告投入就较上年同期增长 201.7%。

人们青睐休闲食品,这类食品是食品饮料业中的佼佼者。现如今,"90 后""00 后"已成为社会主流人群,而休闲食品的主要消费群体正是这些年轻人。近年来,随着二次元热潮的掀起,许多企业的产品广告宣传开始融入二次元元素,有的将广告投放伸向国产漫画。比如,2020 年大火的国产漫画《天官赐福》中,经常会穿插纯真小蛮腰的广告。动漫角色谢怜手捧纯情酸奶,念出广告词"一口纯情、返璞归真"。主人公形象不仅与产品相符,而且能引起年轻消费者的关注与兴趣。除了休闲零食,饮料行业广告投入也较为突出。乳制品饮料以及果蔬汁的广告投入增幅明显。此外,与同期相比饮料行业在电梯海报媒体的广告投入明显上涨,其增长主要来源于婴幼儿奶粉、矿泉水以及茶饮料的大量投放。

反观娃哈哈,从 1998 年官宣王力宏作为纯净水的代言人后就一直沿用了 22 年。直至 2020 年 5 月才更换了新的代言人。相较于不断更换代言人的其他品牌来说,娃哈哈显得有些保守,又或者是不太重视代言营销。其实不仅是代言人,印象中娃哈哈的广告也很少,像其他品牌经常使用的跨界联名活动等更是少见。在瞬息万变的未来,娃哈哈如果不紧跟时代潮流,则很容易被消费者所遗忘。现在很多国货品牌都利用"怀旧"这个概念进行营销,比如像大白兔和奶茶店合作推出大白兔奶茶,还有大白兔冰激凌饮料等一系列新的产品。其实娃哈哈的营养快线这款产品是很多 90 后童年的回忆,可以采取类似思路进行营销。比如,可尝试与喜茶等品牌推出联名饮品,推出营养快线口味的糖果,等等。此外,一些企业选择与综艺合作,摇身一变成为"制作人"。比如,在大火的网络选秀综艺《创造营 2021》中,选手们生活的环境里随处可见广告产品和标语,消费者可以通过购买纯甄为喜欢的爱豆助力,期间还有与观众之间的互动。这样一个共创式的宣传渠道,既能提升消费者对品牌的好感度,同时也能将一个正能量的品牌形象展现出来。对于娃哈哈来说,这些都是可以借鉴的。

8.3.3 从销售渠道出发

传统的线下销售渠道已不能很好地满足消费者的需求,多元化、智能化的销售渠道,如小程序分享、快闪店、长视频和网红营销等或将成为未来消费者的更优选择。

对于娃哈哈来说,其产品更多的销售渠道仍在线下商超。其实娃哈哈有很多产品,如营养快线、AD 钙奶、爽歪歪和八宝粥等都是 90 后童年的回忆,适时推出一个怀旧套盒,在知名主播的直播间进行售卖或许是不错的选择。观看直播的受众中 90 后年轻人居多,易引起情感共鸣,促进销量提升。

8.3.4 从品牌角度出发

企业要注重提高品牌形象,注重广告投放效率。消费者对品牌形象的关注度随着市场竞争激烈程度的升级而不断提高。良好的品牌形象能够让消费者在众多品牌中根据自身需求快速对其产生兴趣,进而提升用户的粘性与忠诚度。企业要想从激烈的市场竞争中脱颖而出,不可忽视品牌的塑造。现如今,网络上充斥着大量野蛮的传播,很多企业在无法培养消费者忠诚度的情况下模仿这类传播,这很容易造成消费者流失,尽管这样可以获得知名度。企业可以通过多做一些公益事项,在过程中合理融入产品相关特点进行传播,这有利于引发消费者共鸣、抢占消费者心智。在 2021 年河南遭遇特大暴雨的时候,其之前几年营销情况并不乐观的鸿星尔克默默捐赠 5 000 万元的物资,感动了大量网友。很多网友在了解这个情况后都涌入鸿星尔克直播间购买其产品,以实际行动支持鸿星尔克,守护良心国企。娃哈哈应当努力抓住这样的机会更好地打造自己的品牌形象。

8.4　尾　声

相对于其他以快速扩张为基调的企业战略定位,娃哈哈的发展以稳健为基调,被外界普遍认为发展略显保守。"坚持主业,适度相关多元化"的战略,"小步快跑"的具体战略,这是宗庆后在娃哈哈发展壮大过程中定下的。企业资源是有限的、稀缺的,无论企业处于发展阶段还是成熟阶段,创新一定会消耗很多资源,所以把握好时机和节奏对创新至关重要。宗庆后在平衡企业资源利用最大化与市场创新表现的问题上,强调"绝不做市场的先行者,不交培育市场的学费",所以娃哈哈所有产品基本上都不是由其自己主导创新的。在市场上,选择时机很重要,资源过度提前则消耗成本极高,但市场反应过于迟钝也会使企业遭遇淘汰。在"2019 浙商破壁者大会"上,娃哈哈集团品牌公关部部长宗馥莉曾表示,进入 2014 年后,传统零售行业"人、货、场"三者分界被打破,随着移动互联时代的到来、电商的崛起和新一代消费价值观的演进,传统消费品企业面临战略创新和竞争升级的全新挑战。在新的发展时代,娃哈哈是否可以再创辉煌?

启发思考题

1. 娃哈哈拥有哪些值得借鉴和学习的产品技术?
2. 娃哈哈的家族企业治理模式是怎样运行的?应该做哪些方面的改进?
3. 娃哈哈曾做出很多创新尝试以追逐年轻消费者的步伐,却为何都反响平平?
4. 在未来的发展过程中,娃哈哈应该如何在产品创新和品牌延伸上做出权衡?
5. 娃哈哈试图发展线下奶茶店却收效甚微,应该就此止步还是坚持进一步探索?如果选择进一步探索,那么产品设计与营销策略又应该怎样制定?

断臂求生——新东方的转型之路

抓住热点,大胆转型

面对经济社会中出现的各种新的变化,如疫情、政策变化等,传统行业正在通过自身变革、转型,不断寻求新的出路以适应新的发展形势。而转型对于一个发展成熟的企业而言并非易事,如何选择转型方向、如何实现从原产业到新产业的完美过渡、如何保证新产业的发展……这些都是企业转型过程中需要考虑的事情。而很多企业在转型过程中不断受阻、不断为试错买单,导致整个企业无法继续经营,最终走向灭亡。

新东方教育科技集团有限公司(以下简称“新东方”)作为一个在教育培训行业成功转型的案例,不仅能够为教育培训机构提供借鉴,也能够给其他面临转型危机的企业带来启示。首先,是要洞察市场,抓住热点,选择正确的转型方向,而且要有兜底措施。新东方面对“双减”冲击,抓住直播热点,打造大型农业平台;在疫情期间凭借财务留余,成功解决发放工资问题。其次,要围绕自身核心竞争力,打造“差异化”的转型。新东方的核心竞争力是名师(人才),因此在转型进行农产品直播时,通过教师们双语直播、现场教学等幽默风趣而极具文化底蕴的直播方式,让每天处于社会焦虑中的“打工人”在选购商品时得到情绪价值,在直播行业中树立起新奇的风格,实现了企业战略资产的递延效果。再次,企业即便进行转型探索,也不能丢掉主业。虽然新东方的“东方甄选”广受大众喜爱,热度极高,但俞敏洪表示:“新东方的主业是教育,这其实是新东方主要做的事情。”最后,即便面临转型危机,企业仍然要承担自身社会责任。新东方在疫情期间放弃线下课堂,将一套套的桌椅送往四川贫困地区;面对“双减”冲击,转型直播时,选择“农产品电商”作为切入点……这些,都是其社会责任的体现,也有利于其企业形象的塑造。

摘要:2021年国家出台的“双减”政策,直接将新东方上升趋势显著、占营收最多的K12教育板块定义为非营利项目,这让刚从新冠疫情影响中走上正轨的新东方再遭重创。本案例介绍了新东方的创立和发展过程,阐述了疫情对其造成的影响,并在此基础上探讨了疫情下新东方的转型方向;分析了“双减”政策对新东方乃至国内整个教育培训行业的影响,引发读者对教培行业未来转型发展的思考。

9.0 引 言

“为遵守北京措施,本公司已停止在周末、国家法定节假日及当前学校放假期间,提供学科类校外培训课程。”这是时年59岁的新东方创始人俞敏洪在2021年8月19日签发的一则公告。就在此公告发表的前一天,北京市的“双减”政策全面印发,形势极其严峻。

2021年9月初,为配合“双减”政策,国家发改委、教育部、市场监管总局联合发布了《关于加强义务教育阶段学科类校外培训收费监管的通知》,提出义务教育阶段学科类校外培训收费属于非营利性机构收费,这意味着新东方面临机构性质的改革。10月底,新东方在线宣布,停

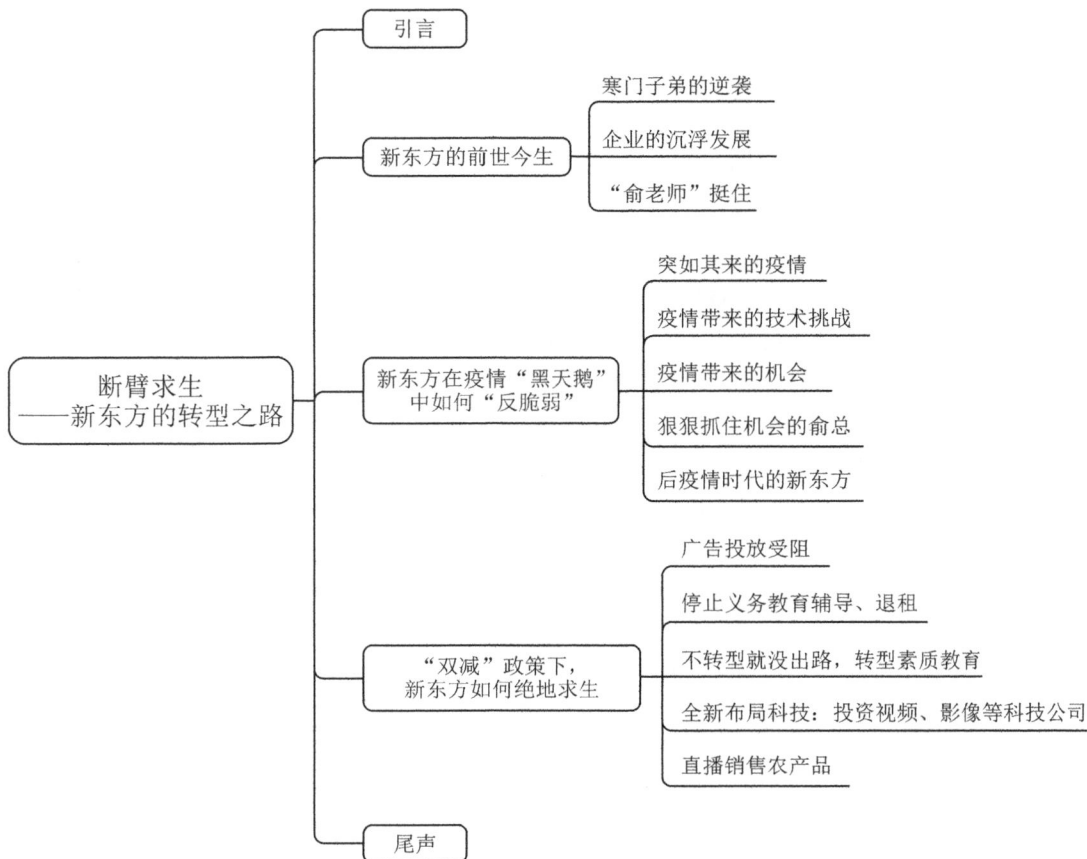

案例 9 思维导图

止运营涉及中国大陆地区幼儿园至九年级（K9 或义务教育）学生的中国大陆义务教育阶段学科类校外培训服务。

作为教培行业头部企业的新东方，自成立以来经历了许多风风雨雨，而面对这一大冲击，新东方依旧不断探索，寻找新的机会——素质教育、布局科技、直播代销农产品等。而在经历了一年的沉淀后，新东方直播助农取得了重大成效……

"这个牛排的口感，第一个叫作'juicy'，多汁的；你的牙齿咬到叫作'tender'，嫩的，我们一般说一个东西嫩，还可以说'delicate'……"2022 年"东方甄选"主播董宇辉双语流利切换讲解产品，有时候还夹带家乡方言，旁征博引，从杜甫、苏东坡到尼采、黑格尔。新东方直播助农迎来新的高峰，其他教培行业也看到了新的希望，纷纷效仿转型……

9.1　新东方的前世今生

9.1.1　寒门子弟的逆袭

1962 年，俞敏洪出生在江苏江阴的一户农村家庭。虽然出身寒门、身体瘦弱，但在母亲的督促和培养下，俞敏洪始终坚信自己能够通过努力改变命运。

然而天不遂人愿,他连续两年高考失利落榜,33 分和 52 分的外语无疑成为其"老大难"问题。但他并不气馁,顶着压力继续努力。1979 年县里办外语补习班,俞敏洪果断报名参加,这是他第一次系统学习英语,在他的不断努力下,几个月后,他在班上的英语成绩名列前茅。

1980 年,第三次参加高考的俞敏洪终于如愿考入北京大学西语系,但"农民"的身份和浓重的乡音让他从未受到关注。毕业后,班里同学大都选择出国深造,除了俞敏洪——迫于经济压力,他默默选择留校任职。

然而北大的月薪只有 120 元。为了缓解经济压力,俞敏洪 1989 年夏末开始在英语培训机构任教,每小时工资 20 元。但与额外薪酬一并到来的是北大对俞敏洪的处分决定。该处分决定在北大广播台连播 3 天,在北大有线电视连播半个月。事后,他回到昔日熟悉的教室,却饱受学生们异样的眼光,他明白,北大终究不是他的归宿。

1991 年秋天,28 岁的俞敏洪离开了北大,立志要在社会上闯荡一番。俞敏洪联系上曾任教的民办大学,协商后决定联合创办东方大学英语培训部,牌子由民办大学负责办理,俞敏洪要上交该学校 15％的管理费。终于,他在中关村第二小学一间破旧的临建房里开启了第一家培训班——东方大学英语培训部。

为了招揽生源,俞敏洪在北京不断免费讲课、开办免费讲座……英语培训班的名声在他的不懈努力之下快速传开。对俞敏洪来说,1993 年 11 月 16 日是极其重要的一天。这一天,在北京西北角西三旗的一间平房里,"北京市新东方学校"诞生,从此,新东方发展进入新的阶段。而当新东方学员发展到 10 000 人时,俞敏洪放弃了自己的出国梦想,拉上大学时期的偶像王强、徐小平回到国内一起干。新东方在他们三个人的带领下,迅速成为北京地区最大的英语培训机构,其业务范围覆盖到各个年龄段的人群,各地分校也纷纷成立,甚至有一些分校开到了国外。

9.1.2 企业的沉浮发展

到 2000 年,新东方已经占据北京出国培训市场 80％左右的份额,占到全国出国培训市场的 50％,每年有 20 多万名学生在新东方接受培训。新东方逐渐成为商业上潜力无穷的超级品牌。

2003 年,新东方教育科技集团有限公司(以下简称"新东方")成立。新东方作为中国著名私立教育机构,于 2006 年 9 月 7 日在美国纽约证券交易所挂牌上市,融资 1.125 亿美元,是中国内地首家赴美上市的教育机构。

2007 年年底,已经是国内民办学校规模最大的新东方,决定进军 K12 领域,面向中小学生进行英语辅导。而同样是培训机构的学而思已经利用 K12 业务开始步步紧逼,"是否要扩大教育领域"的问题不得不摆在新东方高层管理会议的桌面上。2008 年 3 月,意图正式介入 K12 全学科领域的新东方内部管理层经过不断论证,启动了"优能计划"。这是一个多年后被市场验证为"正确"的战略决策。而 2008 年推出的"新东方优能全科"与"泡泡少儿全科",则标志着新东方教育从最初单纯的外语培训开始向 K12 全科领域拓展,新东方由最初纯粹的英语培训机构逐步向综合性的教育培训机构发展。2011 年暑假,新东方在北京推出了争夺北京市场的"优能 50 元低价班"。随后 K12 逐步成为新东方的重要主业,其营收在新东方整个营收中的占比由 2010 年的 31％提升至 2020 年的 69％。虽然新冠疫情对新东方的线下教育培训造成一定冲击,但是到 2020 年底,青少年培训业务已经占到新东方整个营收的 60％～70％。

当然,在近 30 年的发展历程中,新东方不可能永远独占鳌头。比如线上教育的布局,新东方就稍显落后。尽管俞敏洪早就看到信息技术的价值,比如新东方内部早在 2000 年就成立了专门的在线教育网站"新东方在线",但直到在该网站成立两年后的新东方高层管理会议上,信息化战略的身影才首次出现;彼时学而思网校已经成立两年之久。从 2013 年年末开始,新东方在线的各大课程陆续主推智能学习平台。2014 年,新东方曾推出过单词学习 App 和线上学习网站等,但并未产生太大的品牌效应。

2015 年,当众多线上学习平台和题库平台,如猿题库、作业帮、网易有道等如雨后春笋般崛起时,新东方才真正意识到信息化的重要性和线上教育领域的发展价值。2016 年,新东方与新东方在线共同投资成立了东方优播。这本是新东方布局在线教育的重要阵地,但几年下来,该品牌在在线教育头部平台中并没有排在前列。而真正体现其布局在线教育决心的则是新东方在线的上市。新东方在线一经上市,其股票就呈现出较高的增长率,如图 9 - 1 所示。

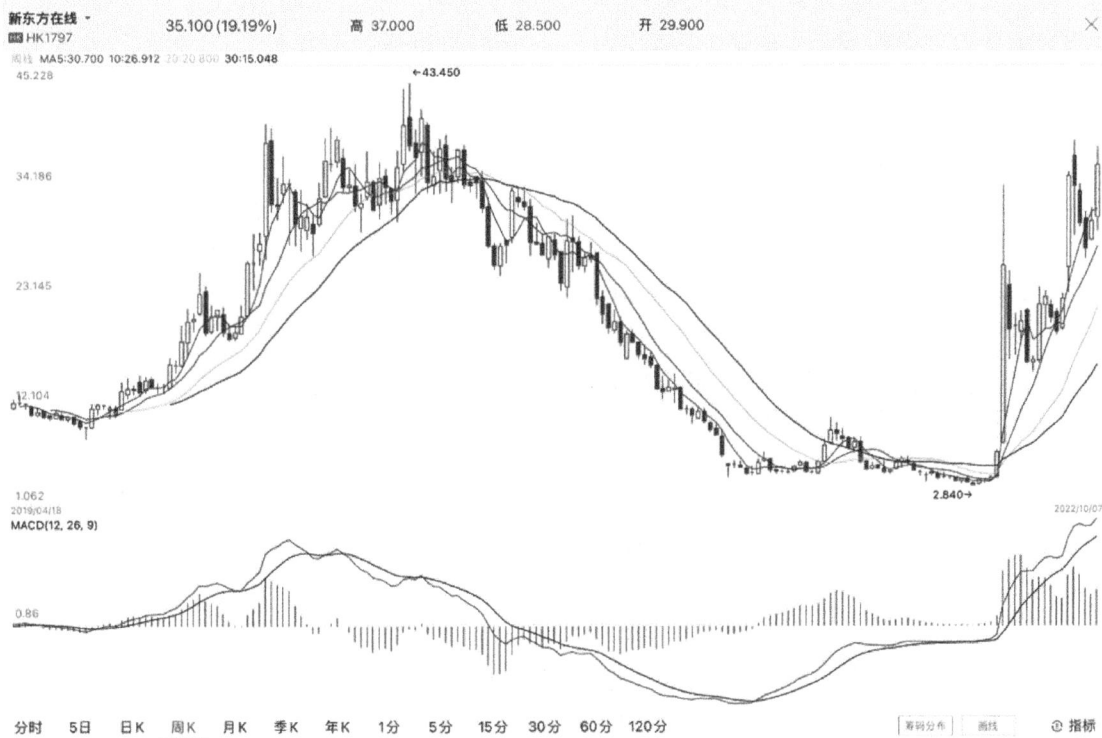

图 9 - 1　新东方在线的股票情况①

2020 年,受新冠疫情影响,线上教育快速渗透,直至 2020 年下半年,家长对疫情仍心有余悸,许多教育培训都转向线上,此时的线上教育高楼林立,新东方的 K12 市场受到作业帮、猿辅导等竞争对手的挤占。

在疫情冲击之下,仍然以线下教育为主的新东方的营收与利润处于弱势。新东方 2021 财年第一季度(2020 年 6—8 月)的财报中,营收为 9.86 亿美元,比上一财年减少 8%;归属母公

---

①　来自东方财富网 2019 年 4 月 18 日股市 https://www.eastmoney.com/。

司净利润同比减少 16.4%,为 1.75 亿美元。

即便如此,新东方 K12 板块的发展仍然持续向好,根据招商证券(香港)有限公司证券研究部的分析,新东方在 2021 财年第二季度预计第三季度(寒假季度)收入将同比增长 22%(以美元计价),持续复苏势头不变。K12 业务收入同比增长 32%,来自海外业务的拖累减少,海外考试备考业务收入同比下降幅度减少,为 19%(相比 2021 财年第二季度同比下降 27%)。

然而,刚刚稳定下来、前景一片光明的新东方却又突然受到"双减"的冲击。虽然俞敏洪对于教育行业的危机早有预料,但此次打击之大仍出乎意料。

9.1.3 "俞老师"挺住

"今年的教师节,我不敢给老师们写信了,因为很多老师都失业了,未来还会有更多老师从新东方离开。这是我心里最难过的一个教师节。"这是 2021 年 9 月 10 日,俞敏洪在朋友圈发的一段感慨,此时距离"双减"政策落地已经过去一个半月。那段时间里,俞敏洪没回应,但谁都知道他此刻面临着人生的最大困境之一——新东方市值已蒸发超千亿,教培行业充满了不确定性。

此前不久,俞敏洪曾对教培行业发表过看法:"今年的疫情、科技崛起对教育行业的变革、资本进入对教育行业的冲击,所有这些因素都被挤到了一起,任何一个决策,要不就是几个亿到几十个亿的发展,要不就是几个亿到几十个亿的损失……"没想到一语成谶。

2021 年 10 月,俞敏洪在欣赏秋色美景时拍了一个红叶的短视频,配文"美丽的秋,是生命的喷发,是一生努力后瞬间的灿烂,是告别世界前不舍的留恋"。网友看到后纷纷评论,"俞老师想开点""新东方一定会从绝望中找到希望"……

当然,政策的影响还不至于让俞敏洪想不开,毕竟企业的发展从不是一帆风顺的。俞敏洪曾公开回应,自己近来心平气和。在新东方大学生学习与发展中心品牌升级发布会上,他表示,大学业务是被鼓励的项目,与其说现在新东方转型,不如说是回归。事实上,在过去近 30 年中新东方从未停止针对大学生的培训课程,甚至在 1993 年——新东方成立之初,其主要经营业务就是为大学生提供留学培训业务。他还说,最近自己心情一点都没有不好,甚至处于心平气和的状态。

不过,虽然宠辱不惊,但俞敏洪也没法退休了,一系列的剧变让他不得不带领新东方做出转型调整,未来的不确定性仍然巨大,转型的难度仍不容小觑,望着秋日红叶和滔滔江水抒发感想的俞敏洪,到底该如何带领新东方,新东方的未来到底在何方?

9.2 新东方在疫情"黑天鹅"中如何"反脆弱"

9.2.1 突如其来的疫情

"2019 年是过去 10 年来最差的一年,但是未来 10 年里最好的一年。"这句本是段子的玩笑却在 2020 年的年初,成为让企业家们脊背发冷的预言。2020 年开年,全国进入抗疫紧急状态,中国企业进入 HARD 模式。

疫情即命令,防控责无旁贷。自 2020 年 1 月以来,新型冠状病毒肺炎以武汉为起点,向全国各地扩散。2020 年 1 月 27 日,教育部延期开学的通知一经发布,学校老师便积极响应,利用腾讯课堂、希沃云课堂、钉钉直播、微信直播等多种方式进行在线教学。

对新东方而言,这次疫情必然是一个不小的挑战。俞敏洪曾在他的文章《我的 2020》中写道:"新东方寒假几百万学生要一次性转到线上,家长们是不是会集体退班?后续春天班级是按照在线还是地面招生?在全国'停课不停学'的形势下新东方能够为在家的孩子们做些什么?在这样的一场危机中新东方的机会在哪里?陈旧的组织结构是否能够承担起突变时期的变革?新东方急需的科技和研发人才到什么地方去找?各地几万间教室空置房租问题如何解决?竞争对手频频出招我们如何应对?如何确保在特殊时期优秀老师和管理者不流失?⋯⋯"一系列的问题接踵而至。

9.2.2　疫情带来的技术挑战

新东方曾经历过一次生死博弈:2003 年遇到非典,在新东方排队退费的人从四楼排到一楼。当时全国各地的新东方分校都给学生无条件全额退款,一天最多退到 1 000 万元。从此以后,俞敏洪收获了一个深刻的经验。他知道新东方随时会面临突发情况,因此新东方永远保留充足的预收款,可以随时退费给所有学员。

因此,在这一次与新冠疫情的生死博弈中,新东方在财务上是比较有底气的。实际上,只有少部分学生退费,目前新东方全国范围的退费约为 3%。这是因为,相比于非典时期,这一次新东方更有能力将课堂搬到线上以应对突发的疫情。

虽然财务上问题不大,但技术上仍面临巨大压力。从疫情"人传人"到武汉"封城",各种消息不断传出来,疫情更严重了。总裁办决定将全国的分校全部转到线上去。新东方在全国有87 所分校,这意味着有近 200 万名学生要向线上转移。

与其他培训机构不同,新东方的业务体系庞大,在短时间内调整课程面临的难度比其他任何培训机构都要大。2020 年 1 月 27 日,估算出新东方的在线用户量将超过 100 万。一天内,100 万人需要迁移到线上来上课,而新东方的系统只能支持一天 5 万~10 万人的量级。因此,在 1 月 30 日之前,新东方必须做好准备来承载 100 万人的在线学习规模,解决相当于此前系统 10 倍承载能力的增量问题。

于是在疫情开始的短短几天之内,新东方调动了腾讯云 2 000 多台服务器,即新增了相当于新东方传播业务系统一半的服务器。至于整个疫情中新东方使用的带宽,且不说总量,单是其中一个核心的录像和转码服务的带宽,就已经接近自有数据中心带宽总量的 100 倍。

疫情对以新东方为代表的一批教育机构带来了前所未有的挑战,就像俞敏洪曾说的,"退款、组织结构变动、科技人才,一系列问题摆在眼前。"但是疫情同样也带来无限的转机与商机,好的企业和企业家在任何情况下都会追求企业的创新和转型。

9.2.3　疫情带来的机会

传统的教育培训由于受时间、空间及市场需求等方面的限制,业务的开展多局限于学生群体的教学及课后培训辅导。而在知识经济深化发展、终身学习理念深入人心的今天,随着知识和技术更新迭代速度的加快,只有不断学习才能跟上社会发展步伐,因此,教育培训成为各阶段用户的刚性需求。职业教育、专业技能提升、学历认证教育等市场需求被激发,促使教育培训行业的客户开始向多元化发展。而企业向在线教育模式战略转型不仅能满足用户的多层次需求,而且有利于推动用户从线下到线上的有效转化,从而保持企业在新市场格局下的竞争壁垒。

在线教育较之传统教育有以下几点优势,新东方可以抓住这些优势努力扩展:

第一,打破空间局限,推动教育公平。无论是三、四线城市还是山村的学生,只要有一部手机或一台电脑,就都能同远在美国的外教相联络,同名校的优秀师资相联系。这样在线教育就可以在一定程度上缓解优秀师资分布不均的问题,在一定程度上促进教育公平。这也意味着新东方面向的群体扩大了:从前大多数客户群体来自城镇,新东方很难触及一些偏远的乡村孩子;而网课机制一下子拓宽了新东方的视野,让客户群体呈指数式上升。

第二,打破时间局限,切实提高授课效率。传统教育需要兼顾所有学生的学习进度,而在线教育的课程内容则都可以沉淀下来。针对不同学生学习进度和掌握情况的不同,在线教育平台可以推出难度不同的内容;学生们可以根据自己的学习安排,选择更适合自己的课程内容,而且课程内容可以反复回看,对于疑难问题的讲解也可以多看几遍,直到理解透彻为止。新东方不仅可以做直播课程,也可以做录播等优质课程,重复利用各类课程,进一步提高经济效益。

第三,打破内容局限,寓教于乐。在线课程内容丰富,能很好地调动学生的积极性,增强学生的教学体验。这意味着新东方可以开发更多的在线课程,利用各种方法丰富上课形式,更好地契合学生胃口,抓住更多学生。

9.2.4 狠狠抓住机会的俞总

疫情虽然给企业带来了不可磨灭的影响,但是也给以新东方为代表的教培机构带来了前所未有的机会,使得可开辟的市场扩大,而新东方也牢牢把握住了这些机会:

新东方利用机会开展春季班免费在线课程,在为上千万家长和孩子提供服务的同时,也扩大了新东方的基础客户端,把新东方在线教学内容向全国人民展示。重要的是,疫情过后,新东方在线的当量和规模会比之前单靠做广告努力把自己拔起来发展领先了1~2年的时间。抓住了这样完美的机会,新东方看似亏损,但宣传效果显著。

利用机会进一步提升新东方的科技水平。原来想要提升新东方的科技水平、系统水平会遇到很大的阻力,因为市场都在传统的路径上拼命往前走,很多人还因为在传统路上有既得利益,所以不愿意放弃。这次疫情一下子把线下打碎全部移到了线上,这样就必须有相当水平的科技做支撑。毫无疑问,这样科技水平的支撑就变成一件大家不得不响应的事情,所以新东方抓住了这个机会,迅速推进其科技水平。

利用这样的机会迅速培养新东方的教职员工。疫情的前两个月内,为了迅速提升教职员工的水平,大大增强新东方的竞争力,新东方为约8万名教职员工,总共上了大约上百个小时的视频课。

9.2.5 后疫情时代的新东方

从图9-2中的数据可以看到,新东方受此次疫情的冲击不大,甚至难以将此次疫情在新东方定义为冲击,因为营收情况显示,新东方的净营收和净利润较前些年度都是在上升。可以说疫情虽然对线下教育有较大冲击,但是对新东方的线上业务有非常强烈的正面影响。

翻查新东方过往业绩,其2018—2020财年的净营收年复合增长率为20.9%,达到

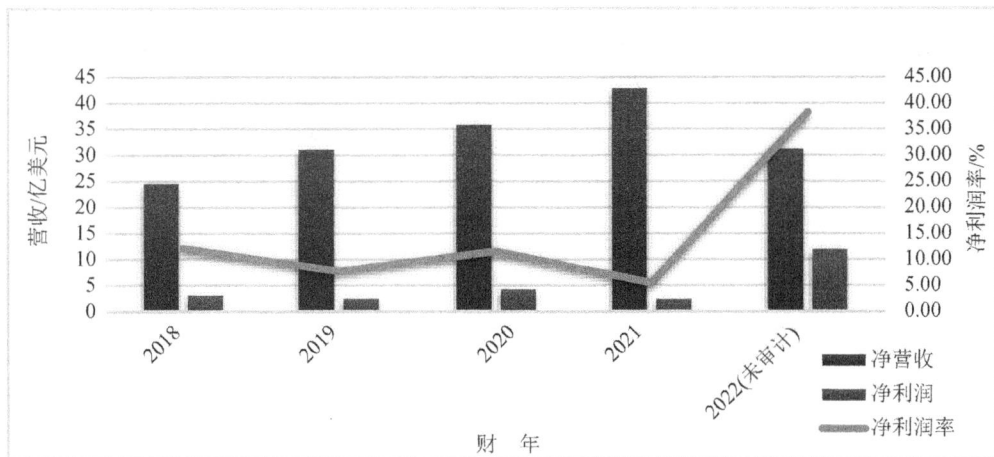

图 9 - 2　新东方 2018—2022 财年营收[①]

35.79 亿美元；净利润年复合增长率则为 18.1%，达到 4.3 亿美元。另一方面，新东方的 K12 校外辅导、备考及其他课程的学生人次总数也以复合年增长 29.7%的增长速度，达到 1 060 万人次。

2020 年，整个中国 K12 校外辅导市场的总市场规模的年复合增长率为 13.2%，这意味着新东方的增长率超过市场平均水平的 2 倍还多。

尽管疫情对线下教育机构的影响非常大，但新东方的业绩受到的影响远低于行业整体情况。根据新东方公布的 2021 年第一财季（截至 2020 年 5 月 31 日的前三个月）业绩，新东方业绩已经开始迅速反弹，2021 年第一财季的净利润率达到 15.2%，为之前 3 年来最高；而毛利率不降反升，新东方 2020 财年的毛利率为 57.1%，同比提升 0.4%，足以说明新东方的抗风险能力较强。

新东方完美地度过了这次疫情危机，并且通过这次危机成功扩大了线上教育的市场，在线教育的未来看起来一片光明。疫情已结束，新东方拥有广阔的未来，俞敏洪按规划也应该进入退休状态了，但是未来真能如此光明吗？俞敏洪能够如愿退休吗？

9.3　"双减"政策下，新东方如何绝地求生

2021 年 7 月 23 日，我国发布"双减"政策，主要针对校内外的教育培训，这标志着我国教育培训行业的重大变革。"双减"新规出台后，美股的新东方股价单日跌幅达到 54.22%。

在此之前，由于资本的驱动，教培行业涌入大量资金，增速迅猛，各种广告涌入大众视线中，并且通过饥饿营销给人制造焦虑，人民呼吁整顿的声音越来越强，舆论不再友好。如今，培训机构放肆生长的时代已经过去，再遇上行业内的大震荡，未来的新东方该何去何从？

对于那些主要借助学科类培训而发展的在线教育机构来说，"双减"政策显然对其后续发展造成了直接且巨大的影响。"双减"政策后各教培企业股票情况如图 9 - 3 所示。截至 2021 年

[①]　根据新东方教育科技(集团)有限公司 2018—2022 财务年度报告整理而成，https://investor. neworiental. org/zh-hans/financial-information/quarterly-other-results。

7月23日美股收盘,好未来股价跌幅超70%,盘中一度触发熔断,最终报收6美元/股,总市值跌至38.69亿美元;高途集团股价报收3.52美元/股,跌幅为63.26%;新东方报收3美元/股,跌幅54.22%;51Talk报收3.8美元/股,跌幅为40%;有道报收12.69美元/股,跌幅为40%;瑞思学科英语跌幅为40.53%,一起教育跌幅为38.7%,精锐教育跌幅为37.14%。

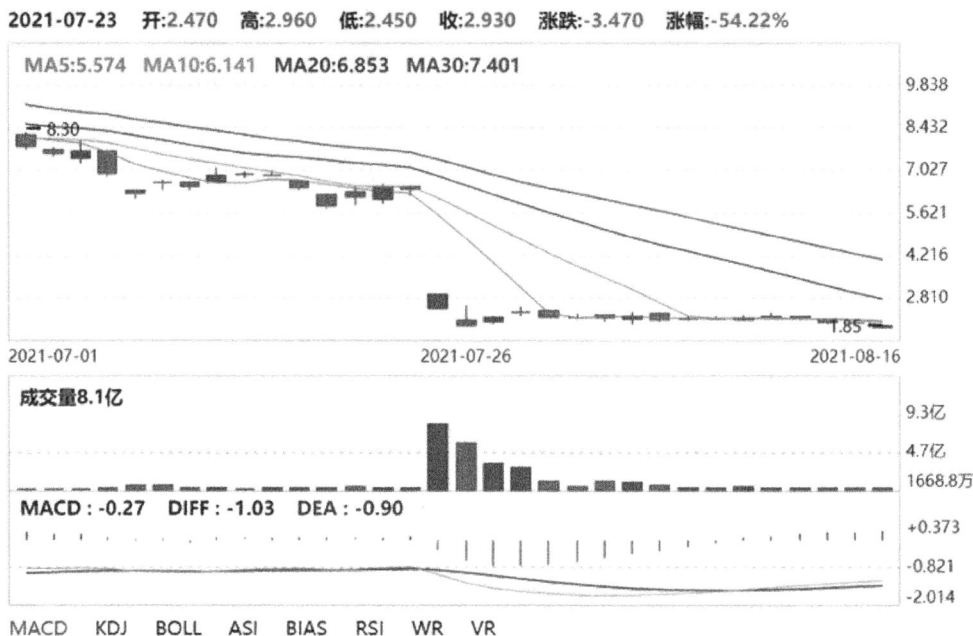

2021-07-23 开:2.470 高:2.960 低:2.450 收:2.930 涨跌:-3.470 涨幅:-54.22%

图9-3 "双减"政策后各教培企业股票情况①

在"双减"政策落地"百日"后,其带来的影响不断显现。据教育部2021年11月发布的最新监测数据显示,"双减"政策实施以来,263个线上校外培训机构压减到34个,压减率为87.07%。

新东方也因此面临K12校外教育培训的监管风险,这主要体现在广告投放受阻、K12业务受限、素质教育转型、科技全新布局和农产品直播销售等方面。

9.3.1 广告投放受阻

"双减"政策规定,中央有关部门、地方各级党委和政府要加强校外培训广告管理,确保各类媒体、公共场所各类广告牌和网络平台等不刊登、不播发校外培训广告,依法依规严肃查处各种夸大培训效果、误导公众教育观念、制造家长焦虑的校外培训违法违规广告行为。这条规定其实就是针对近几年大量校外培训机构借助互联网进行不计成本的广告宣传、同行竞价,进而造成的教育功利化现象。

根据Quest Mobile数据显示,2020年12月,教育学习行业已成为互联网广告投放TOP1,其中,K12的投放费用占比最大。Quest Mobile前瞻产业研究院整理的资料也显示,2020年12月,互联网广告主行业投放费用TOP 5中第一名是教育学习。这便导致教育行业

---

① 来自东方财富网2021年7月23日股市 https://www.eastmoney.com/。

内商业氛围过于浓厚,学生和家长的焦虑情绪不断蔓延。在这种情况下,新东方的教育培训业务势必要受到阻碍,那又有什么途径可以增加课程宣传和销量、增强企业影响力呢? 这成为一个值得思考的难题。

9.3.2　停止义务教育辅导、退租

新东方旗下 K12 小班直播课机构"东方优博"于 2021 年 9 月决定全面关闭 K12 业务。据新东方财报显示,新东方从 2017 年开始,营收的主要增长动力来自中小学业务,2020 财年中小学业务营收已经占总营收 90.7%。

如图 9-4 和图 9-5 所示,据招商证券(香港)预测:从 2019 年至 2024 年,新东方以优能中学、泡泡少儿等为代表的 K12 领域主营业务营收呈现下降直至消失的趋势;而 K12 领域占新东方主要业务的比例也大幅下降,考试备考等大学生、成人业务占比上升。新东方关停中小学科业务,这意味着新东方将放弃最重要的营收来源。

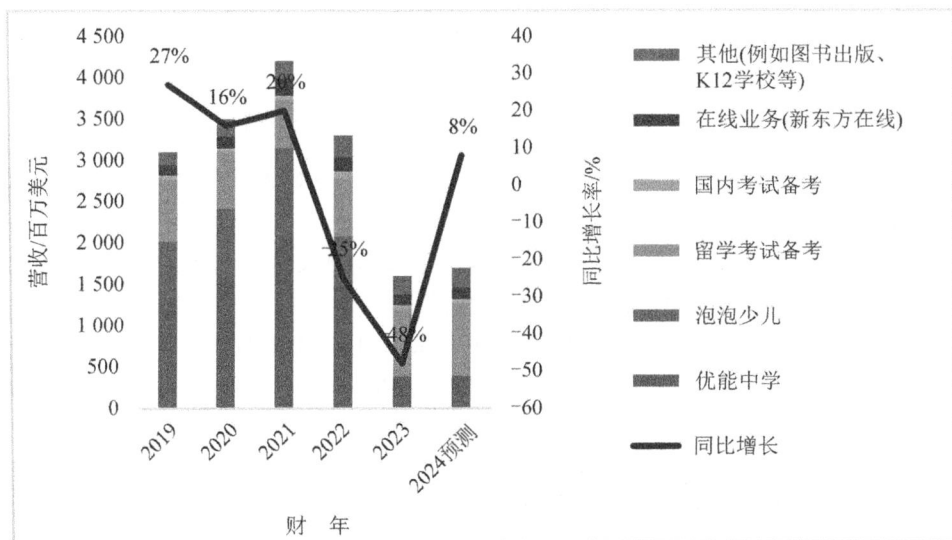

图 9-4　新东方 2019—2024 年主要业务营收及预测①

2021 年 10 月底,新东方在线宣布,将停止经营涉及中国大陆幼儿园至九年级(K9 或义务教育)学生的中国大陆义务教育阶段学科类校外培训服务,并于 2021 年 11 月底前生效。这是新东方继 9 月关停"东方优播"后的又一重大动作。而对于这一带来重大改变的决定,俞敏洪仍保持积极的态度,他在内部讲话中说,新东方是充满自信地转身或转型,而不是退场,此次变革也是新东方脱胎换骨的绝妙机会。

正如"从绝望中寻找希望,人生终将辉煌"这一新东方一直信奉的理念一样,新东方在绝望中积极展开自救。

2021 年 9 月 25 日,新东方在北京举办的大学生业务品牌升级发布会上表示,新东方将升级大学生业务,包括四六级、考研、出国考试、教资、财会等项目都将进行全面升级,未来将继续

---

① 来自公司资料、招商证券(香港)预测 https://fp.cmschina.com.hk/。

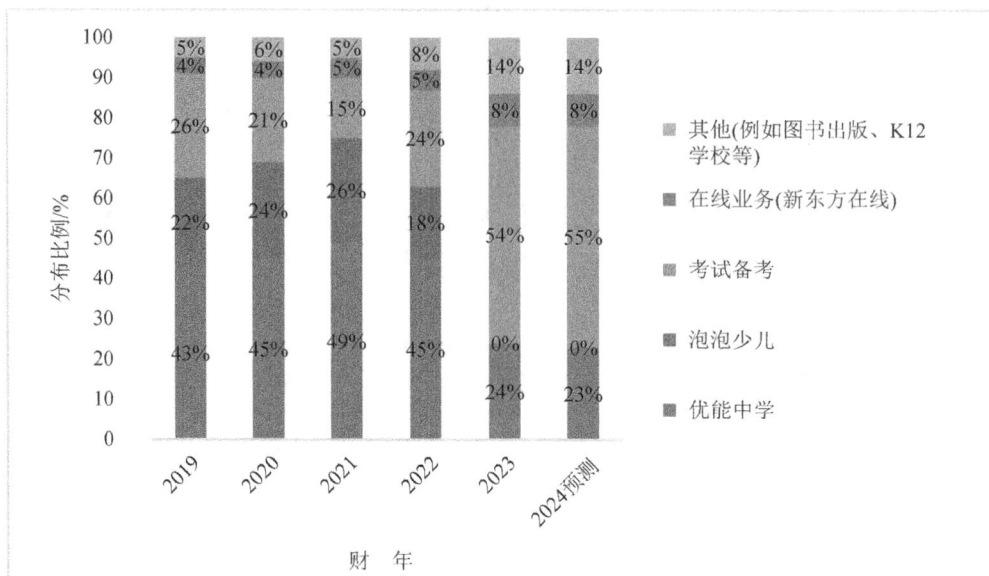

图 9-5　新东方 2019—2024 年主要业务分布比例及预测①

拓展司法考试、计算机等级考试等教培项目。而俞敏洪也表示,大学生学习与发展中心的升级不是转型,而是坚守和回归。

俞敏洪还称,"教育领域正在进行一场变革,它不会影响我对自己人生大方向的设定,它不会影响我更多地帮助需要帮助的人这一人生目标。"

事实上,新东方早在 2021 年 5 月 25 日就在北京市怀柔区注册了一家新的培训机构。新校区业务范围为中学生学科培训,根据安排,该校区将推出高中课程,但不包含小学课程。新校区的性质为非营利性社会团体,属于民办非企业单位。

此外,新东方公众号发文称,因业务调整,学校部分校区退租,校区退租后遗留下来一堆崭新的课桌椅。这些课桌椅每套市场价为六七百元,都是新东方为了让孩子们有更好的学习环境而专门定制的,有的可以根据孩子的身高调节高度,有的为了避免孩子不小心磕到头做了圆角设计……

"一天一夜之后,一辆红色醒目的大卡车终于驶入四川贵州交界处的宜宾市江安县,并开进留耕初级中学。"这份特殊的"礼物"来自新东方成都学校,他们整理出闲置课桌椅,捐赠给有需要的乡村学校。看到成都新东方机构的这一善举,俞敏洪马上号召全国各地有闲置课桌椅的分校都行动起来,"既没有浪费课桌椅,也做了好事"。于是,在全国各地,有更多这样的卡车,载着一批批课桌椅,奔波在从各省的城区中心到县城路上。新东方此番积极承担社会责任之举,带来了较好的社会反响,不仅提升企业形象,推动企业成长发展,而且对于推动社会可持续发展和社会稳定也起到了积极的作用。

9.3.3　不转型就没出路,转型素质教育

"双减"政策的相关规定主要集中在 K12 阶段的学科类培训,以 K12 教培为主要业务的机

① 来自公司资料、招商证券(香港)预测 https://fp.cmschina.com.hk/。

构面临转型；而素质类培训机构受影响较小，艺体教育等培训机构仍可正常开展业务。而由六部联合印发的《中国教育质量评价指南》也指出，素质教育在义务教育阶段应逐步得到加强和重视。正所谓政策指导实践，"双减"政策落地后，多家教培企业宣布转行素质教育工作，一系列素质教育产品上线。

比如，2021 年 8 月 11 日，新东方的竞争对手——好未来旗下儿童素质教育品牌"励步"发布五大素质教育产品，分别为戏剧、美育、益智、口才、读物。不难看出，为满足"双减"政策要求，在线教育企业纷纷对自身业务进行"壮士断臂"；而不少在线教育企业在"关上一道门"的同时，也在谋求"打开一扇窗"。本质上来说，这是资本对效率的过度追求和逐利化倾向，与教育的公平性和公益性之间存在的矛盾而引发的结果。

新东方在"双减"政策提出后，也聚焦素质教育赛道，增加了语言、艺术、体育、科技类培训，以及家庭教育咨询、校外托管服务。

2021 年 6 月 29 日，包括天津、连云港、海南在内的多家新东方分校都变更了经营范围，原来的业务范围为培训和业余面授，变更后的许可项目更加详细，包括学科类、语言类、艺术类、科技类、体育类等面向中小学生实施的培训，以及家庭教育咨询、幼儿园和中小学生校外托管服务等。

成人教育、职业培训、素质教育等国家没有禁令的领域，也将成为新东方新的业务点。新东方在美术教育领域也在不断拓展，部分新东方学校还在探索书法等项目。

新东方于 2021 年 8 月 7 日在北京、杭州等地启动了"素质教育成长中心"，下设 6 大板块，以及 12 个面向学生的课程、5 个面向家长的课程。课程涵盖编程、机器人、美术、口才、书法、国际象棋、国学等。"优质父母培训馆"是特别为家长提供的服务，新东方尝试从培训孩子向"培训父母"进行转型，包括家庭教育、育儿方法、多商管理、时间分配和高效学习等。各地新东方学校还在招聘少儿编程产品经理、高中老师、考研业务课程顾问等。除此之外，据熊猫传媒董事长申晨 2021 年 10 月在社交平台透露的消息，熊猫传媒已与新东方展开合作，拟开发"历史知识剧本杀""物理知识剧本杀"等多种新形式的教育产品。

9.3.4　全新布局科技：投资视频、影像等科技公司

除了在教育领域变革外，新东方亦投身于科技事业，进行全新布局。

2021 年 2 月初，新东方首次投资 AI 影像生产领域一家名为"影谱科技"的人工智能企业。2021 年 7 月 29 日，新东方产业基金领投演示和动画视频创作创意平台——来画。与此同时，新东方产业基金花数亿元投资了一站式视频技术服务商——百家云。

此外，新东方也小部分转型教育硬件，在宣布进军硬件领域 10 天之后，新东方交出了第一份作业——联合天猫精灵推出"新东方在线词典笔 T1"。向硬件领域进军，实际上是新东方在线以硬件承载形式，打出原有优势——教育积淀。新东方的全面布局体现了教培行业头部机构对"双减"政策的积极应对，为整个教培行业发展转型提供了"敲门砖"。

9.3.5　直播销售农产品

2021 年 11 月，俞敏洪在个人抖音号宣布，新东方计划成立大型农业平台——东方甄选，将和百位新东方老师一起做助农直播。随后，东方甄选开始上传多位新东方老师讲解农产品、选品试吃，路人街采等视频。东方甄选将其品牌定位于"扶农助农"与"差异化"，借助"十四五

规划"的支持与抖音平台的扶持,凭借其硬实力的特色团队,如出口即是满分作文、中英文切换自如的董宇辉,从历史的角度、画时间轴讲物理与艺术的石明,"公子温如玉,陌上世无双"古诗词信手拈来、掌握多国语言的顿顿……在实现直播带货的同时做到了优质内容、文化的传播;同时辅之以外景直播、名人联动的方式,将知识与卖货完美融合,打造了差异化的新型直播流派。在 2022 年 6 月 7 日到 9 月 4 日,东方甄选 GMV(Gross Merchandise Volume,成交金额)、观看人次、转化率和外景直播均达到峰值,观看人次、名人联动均呈现上升趋势。

9.4 尾 声

中金研报认为,K12 教培机构将积极转型,但素质教育、职业教育单一品类规模有限,需要形成多品类集合效应,且教育信息化渠道建立周期较慢,因而教培企业在人员调整、业务调整等方面仍面临一定挑战。

面对"双减"政策,新东方不断探求转型出路,而其大胆向直播带货转型更是取得了巨大的成功。东方甄选通过扩大消费者人群,逐步形成直播矩阵,持续拓展自营 SKU,并携手抖音共同发展,向多平台拓展,持续输出其竞争力。但面对未来可能存在的风险,新东方仍需要继续寻求转型渠道,借助其核心竞争力——名师人才,进行自媒体营销、人力资源服务、旅游咨询等不失为另一种良策。

新东方直播带货的现象级成功,让仍在摸索转型方向的教培机构看到新的曙光,这其中就包括此前凭借 K12 业务增长势头十分迅猛的好未来。好未来推出"学家优品"品牌,入局直播带货领域。然而,作为入局直播带货的后辈,学家优品的直播带货成绩与前辈东方甄选仍存在不小的差距。由此可见,作为教培大船的新东方,虽然提供了一定的借鉴与启示,但教培行业转型应该如何平稳过渡,还需要进一步的思考和探索,未来教培行业的走向与发展还需要经过漫长的尝试、探索与检验。

启发思考题

1. 试分析新东方两次战略变革的动因(SWOT 分析法)。

2. 新冠疫情期间,新东方能够继续不断发展,凭借的是哪些优势?

3. 面对"黑天鹅",要具备反脆弱的能力。新东方面对"双减"新政策的"黑天鹅",它的"反脆弱"能力体现在哪里?

野性消费风潮后,鸿星尔克如何崛起

坚持有调性、有情怀的民族品牌

随着越来越多的人群加入体育锻炼,亚洲的运动产业已然成为支柱产业之一,全球体育运动品牌更是进入"筛金时代"后期,产业集中维稳且龙头格局变化诡谲,而这种多变局面的形成绕不开营销策略这一关键话题。老牌国产运动品牌鸿星尔克(厦门)实业有限公司(以下简称"鸿星尔克")能够在众多体育品牌的激烈竞争夹缝中争得一席,得益于其恰当的营销策略:独占国际网球赛事鳌头,明星 IP 助力产品线延伸,深扎品牌调性的培育。

除此之外,能够在时代的浪潮里屹立不倒的企业,一定是有情怀、有担当、积淀深厚的企业;而能够做到久久为功的企业,一定是受惠于人民,常怀感恩之心并回馈于人民,这也是营销的核心价值支撑点。一方面,企业的盈收都来自消费者,理所应当对消费者心怀感恩;另一方面,构成一个组织的工作人员有千千万万,消费者通过企业为员工提供了生活来源,间接地构成了企业社会责任的承担者。在鸿星尔克一例中我们看到,民族品牌背后超越了商品价值本身的情感堆叠,这时候,商品已经成为物质载体与情感载体的合体。鸿星尔克显然已经将企业行为与社会公序良俗相匹配,拥有了一笔不可多得的认知型社会资产。

摘要:2021 年 7 月,鸿星尔克向河南捐赠 5 000 万元物资的消息登上热搜,使这个几乎被很多国人遗忘的本土运动品牌一夜间火爆网络。为了表达对鸿星尔克的支持,网友开始"野性消费"鸿星尔克的产品,一时间实体店、线上商店长期处于缺货状态。但爆红终将无法长久,如今的鸿星尔克明显后继乏力。本案例回顾了鸿星尔克作为老牌国货运动品牌的发展历史,并针对品牌战略,结合行业发展现状和趋势进行分析和对比;最后分析了鸿星尔克未来发展可能遇到的问题,并对鸿星尔克未来的发展提出了合理化建议。

10.0 引 言

时光倒流至 20 世纪 80 年代,鸿星尔克创始人吴荣照的父亲吴汉杰早已将自己的鞋厂开到福建晋江。吴荣照 1977 年出生于福建福州,父亲吴汉杰是一位专业的鞋匠,为人诚实守信,拥有一家属于自己的小工厂。但吴荣照心里清楚,单纯的代工业务很难做大做强。

40 多年后的今天,鸿星尔克已经克服重重困难,成为本土知名运动品牌之一。2021 年 7 月,一次捐款让鸿星尔克成为全国关注的焦点,人们感动于鸿星尔克承担社会责任,纷纷购买其产品来表达对该企业的支持。但近几年鸿星尔克的发展势头不足,这反映出企业在多个方面均存在问题,仅靠消费者一时的爱国情怀和野性消费不足以支持企业的长久发展,要想成为行业 No.1,还需要过硬的实力和持续的竞争力。

不过,成为行业 No.1 并非不可能。近年来安踏、李宁的发展证实了本土运动品牌能够崛

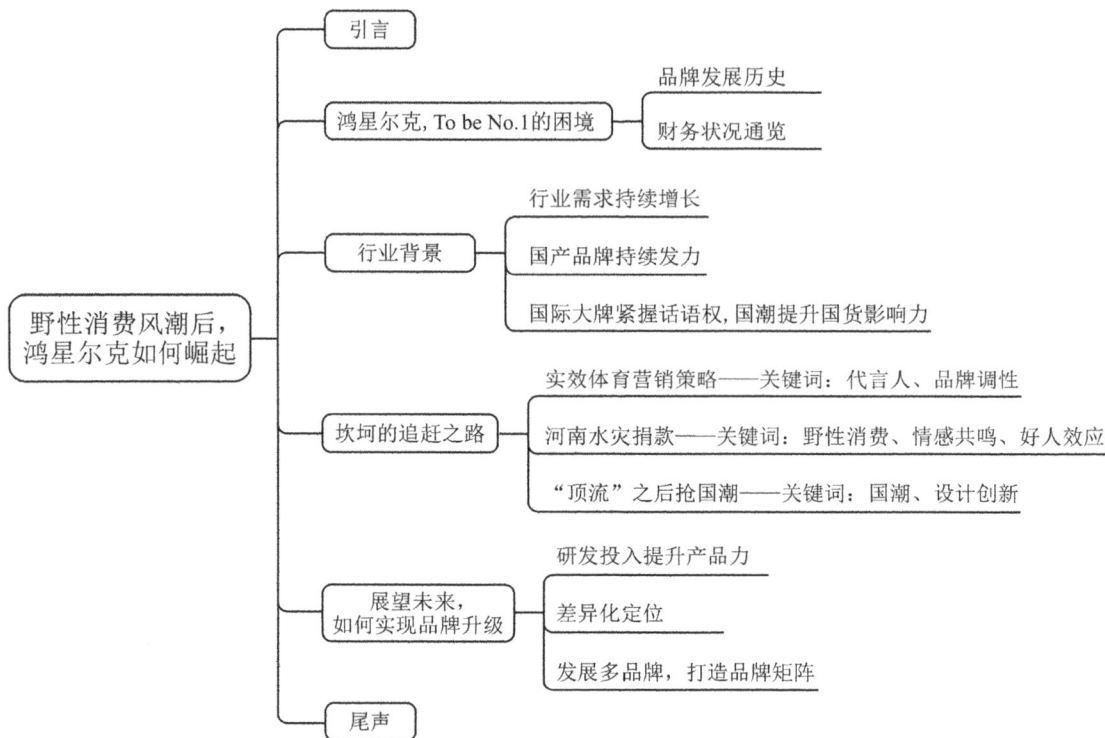

案例 10 思维导图

起,国货潮、消费升级等也为鸿星尔克的发展提供了更多机会。这次野性消费过后,吴荣照也在思考相关问题:鸿星尔克如何实现品牌升级,获得持续竞争力和竞争优势? 新时代如何获得年轻人的认可与支持? 安踏、李宁的成功模式有哪些可以借鉴和学习的地方?

10.1 鸿星尔克,To be No.1 的困境

2000 年 6 月 8 日,鸿星尔克(厦门)有限公司正式成立,"鸿星尔克"品牌名取"鸿兴"之意,"鸿"亦有"鸿鹄展翅高飞,一鸣惊人,决胜千里"之意;"尔克"指的是战胜困难的意思。品牌意指拼搏,不断挑战,推陈出新。

鸿星尔克拥有 1 个营运中心、8 个生产基地、30 多个分公司,包括特许零售商在内共 21 300 多名员工,直接创造了近 8 万个工作岗位。自创立以来,鸿星尔克家庭始终秉承"脚踏实地,演绎不凡"的经营理念,To be No.1 的品牌精神在每位员工心中根深蒂固,鼓励他们始终保持积极乐观的心态,笑对人生,展现出属于自己的热情、快乐和活力。

10.1.1 品牌发展历史

20 世纪 80 年代,吴汉杰在福建晋江开办制鞋厂,当时正值晋江鞋业发达时期,有许多小作坊、小工厂在为鞋服品牌做代工。吴汉杰非常重视对其儿子吴荣照和吴荣光的教育,经常教导兄弟俩先做人、后做事,对社会作贡献。虽然吴荣照家庭条件优渥,但他并没有嚣张跋扈的气焰,而是在父亲的教导下奋发有为、尊师爱友、成绩优异。

21 世纪初，中国鞋服产业在这个时期整体开始转型，其中安踏打响了第一枪，以辉煌的成功正式踏上品牌之旅。但同时期处于原始资本累积这种起步状态的鸿星尔克，正急缺人手。因此，吴荣照用 15 个月完成两年的学业，在国外攻读完国际贸易之后立即投入到鸿星尔克的经营中。在求学期间，吴荣照曾提出"大胆引进外来经济，以优良品质留住既有客源"的想法，为家庭出谋划策，让鸿星尔克度过了一段艰难困苦的岁月，踏上了顺风顺水的发展之路，销量一路上升，并在新加坡上市。

但到了 2007 年，由于其战线过于冗长，过分关注体量，且品牌效应比不过一些国际企业，很多店铺亏损严重，最终只能关闭亏损店铺，以收缩战线的方式来稳定局面。

但吴荣照明白创新才是企业经营最重要的品质，即使在承接代加工业务艰难维持经营生产的时候，也从来没有放弃过对品质的执着和对创新的追求。胶水是制鞋的重要原料，制胶工艺不过关极易导致严重的品质问题。鸿星尔克在攻克这一技术难关后，将此技术用在了代工某国外品牌的产品上。该品牌采购方却认为，像鸿星尔克这样的"代工小厂"不适合开发并应用这样的硬核技术。在吴荣照顶住压力出具质量保证函后，这批产品才得以顺利出厂。事实证明，鸿星尔克通过市场考验的是过硬的技术，是产品品质，是客户公认的产品。

随着信息时代的高速发展，国际一流运动品牌如 Nike、Adidas、Andema 等纷纷涌入国内，这些潮流品牌由顶级明星代言并加持，加上国内大力宣传，使得国内本土企业受到巨大冲击。而鸿星尔克设计上难以与国际一线运动品牌所抗衡，故渐渐淡出人们的视线。

但鸿星尔克为中国鞋服市场做出的贡献是不可否认的。鸿星尔克率先布局网球领域，在国货品牌的相互竞争中，9 年的耕耘成就了鸿星尔克作为 2017 年跻身行业前五的中国网球服饰第一品牌。依赖智能科技的功能性服饰时代的到来，吴荣照创新性地提出"科技新国货"的口号，随后鸿星尔克发布奇弹系列产品，主打科技领域，采用人工肌肉材料动态监测，获得了不错的反响。

10.1.2　财务状况通览

鸿星尔克与安踏、特步、匹克等体育鞋服公司都是从代加工强市——晋江走出的，经历了相似的发展路径：从给其他公司代工到发展为独立品牌。虽然按照成立时间鸿星尔克算是后来者，比匹克、特步都晚了 10 多年，但鸿星尔克却率先进入资本市场。在成立的第 5 年（2005 年）就实现了在新加坡主板上市，成为国内从成立到上市时间最短的运动品牌（见表 10 - 1）。

表 10 - 1　中国内地鞋服各品牌创立与上市时间

品牌名称	创立时间	上市时间	上市地
李宁	1990 年	2004 年	香港主板
鸿星尔克	2000 年	2005 年	新加坡主板
安踏	1991 年	2007 年	香港主板
特步	1987 年	2008 年	香港主板

在 2004—2008 年的 5 年间，鸿星尔克的营收规模增长迅速并保持了 30% 以上的年增长，如图 10 - 1 所示。

鸿星尔克 2005 年上市时的年营收远超安踏，为 8.99 亿元。但两年后，安踏营收一举超越

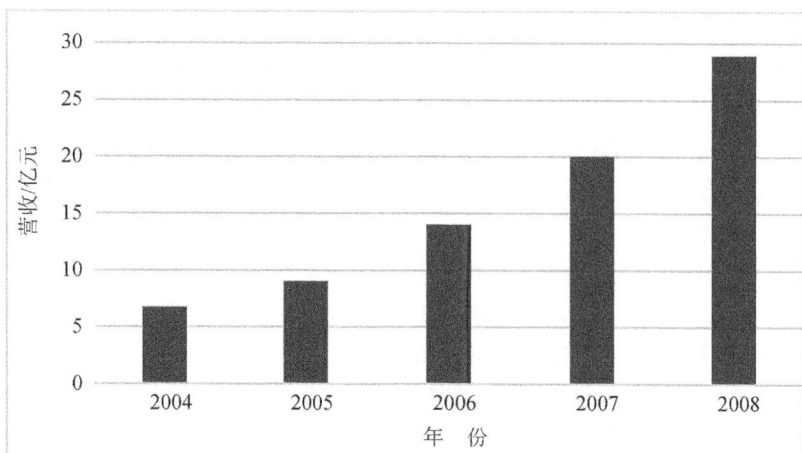

图 10-1　鸿星尔克 2004—2008 年营收走势图①

鸿星尔克,此后二者差距越拉越大。鸿星尔克于 2008 年营收又达到高峰,近 30 亿元;2009 年其收入同比下滑超过 30%,此后便进入营收增长缓慢甚至倒退滞涨的漫长"掉队岁月",被安踏等同行逐渐甩下。图 10-2 所示为鸿星尔克与安踏 2005—2020 年营收规模对比。

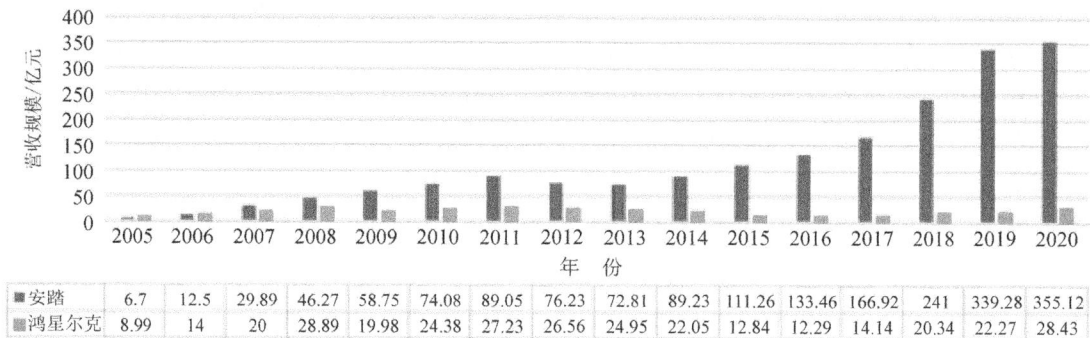

	2005	2006	2007	2008	2009	2010	2011	2012	2013	2014	2015	2016	2017	2018	2019	2020
安踏	6.7	12.5	29.89	46.27	58.75	74.08	89.05	76.23	72.81	89.23	111.26	133.46	166.92	241	339.28	355.12
鸿星尔克	8.99	14	20	28.89	19.98	24.38	27.23	26.56	24.95	22.05	12.84	12.29	14.14	20.34	22.27	28.43

图 10-2　鸿星尔克与安踏 2005—2020 年营收规模对比②

鸿星尔克的市场份额一直不高,与国内其他主要运动品牌相比差距越来越大。Euromonitor 的数据显示,2010—2019 年 10 年间,鸿星尔克的市场占有率降幅达 65.5%。其中从 2015 年开始鸿星尔克出现连续 5 年的下滑。2019 年,鸿星尔克市场占有率降至 10 年来最低。

截至 2019 年鸿星尔克已连续 10 年亏损,年均亏损 4 亿元左右,如图 10-3 所示。在这 10 年间鸿星尔克都十分艰难地发展着:2010 年,巨亏 16.9 亿元;2015 年,近一半的生产设备被一场大火烧掉,企业陷入资金链断裂的窘境;截至 2020 年上半年,财务数据显示鸿星尔克两年连续收窄。

由此可见,鸿星尔克的整体财务状况在 2008 年见顶后一直较为不理想,近两年虽然亏损减少,但市场份额等均处于相对低位。

---

① 来自鸿星尔克财报。
② 来自安踏、鸿星尔克财报、公开信息(鸿星尔克 2018—2020 年营收数据源自"福建民营企业 100 强榜单")。

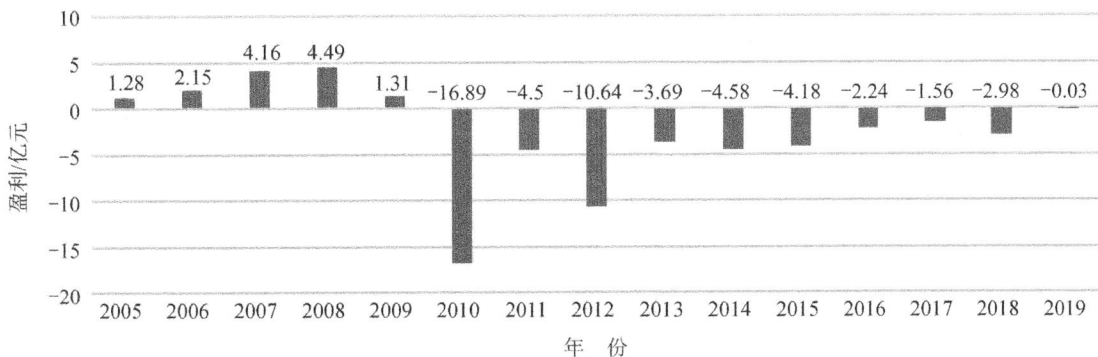

图 10 - 3 鸿星尔克 2005—2019 年盈利情况①

10.2 行业背景

10.2.1 行业需求持续增长

对于吴荣照来说,鞋服行业的整体需求向好释放出公司境况好转的信号。国内运动鞋服的消费需求在过去几年中呈现出持续增长的趋势,如图 10 - 4 所示,这得益于我国居民消费水平的不断提高、全民健身政策的普及,以及人们对体育赛事的关注和对体育精神的追求。据Euromonitor 统计数据显示,国内运动鞋服行业市场规模 2020 年达到 3 150 亿元,2015—2019 年年均复合增长率维持在 17.7% 的高位,而同比增长率在 2020 年疫情冲击下仅下降 1.5%。

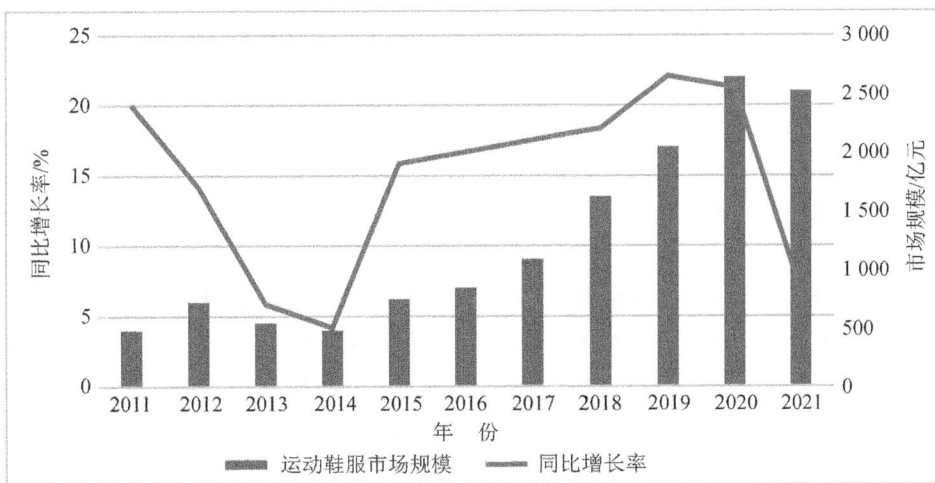

图 10 - 4 国内运动鞋服市场规模变化趋势

但在公司外部,竞争局面早已悄然改变:国内运动鞋服行业呈现"两超多强,强者更强"的竞争格局,行业头部位置多年来一直被外资品牌耐克和阿迪达斯占领。

---

① 来自鸿星尔克财报。

① 从运动鞋服行业内公司集中度来看,耐克和阿迪达斯 2020 年国内市场份额分别为 25.6％和 17.4％,安踏、李宁、斯凯奇、特步和 361°分别位列其后,如表 10-2 所列。

② 从纵向对比看,国内运动鞋服行业集中度在持续走高,运动鞋服的 CR5(Concentration Rate 5,前 5 家企业集中率)从 2015 年的 57.9％上升到 2020 年的 70.8％。另外,尽管运动鞋服行业 CR2 持续上涨,但增速逐步放缓。

表 10-2 运动鞋服行业头部公司国内市场占有率

%

公司名称	市场占有率					
	2015 年	2016 年	2017 年	2018 年	2019 年	2020 年
耐克	19.5	21.2	22.4	23.1	23.9	25.6
阿迪达斯	15.5	16.4	18.6	19.4	19.0	17.4
安踏	9.9	10.4	11.0	12.9	14.6	15.4
李宁	6.9	6.6	6.2	6.0	6.5	6.7
斯凯奇	1.8	3.0	3.9	4.9	5.3	5.6
特步	6.2	5.5	4.4	4.5	4.8	4.7
361°	4.3	4.2	3.8	3.1	2.9	2.6
CR2	34.9	37.5	41.0	4.5	42.9	43.0
CR5	57.9	60.1	62.6	66.3	69.3	70.8

10.2.2 国产品牌持续发力

让吴荣照欣喜的是,2021 年 3 月 24 日公布的财报显示,公司在 2020 年实现净利润 51.62 亿元,一举超过阿迪达斯,从数据层面折射出运动鞋服品牌在国内的崛起。

这就不得不提起耐克与阿迪达斯这两个国际运动鞋服品牌在“新疆棉”事件中的发声抵制,二者由于抵制新疆棉而经历舆论风波后,市值蒸发几百亿元。而国内运动鞋服品牌纷纷表示会继续使用和支持新疆棉,让国人在情感上对国产品牌更加认可,期间李宁、安踏这些国内知名运动鞋服品牌更是凭借不俗的设计和理念,股价持续攀升。这对于鸿星尔克的转型来说,具有借鉴意义。

另一方面,年轻人对国产运动鞋服品牌表现出更强烈的喜爱和认可。近年来我国企业逐步从中国制造走向中国创造,人们对国产品牌越来越自信。此外,一批优秀的本土品牌在国风的影响下陆续在国内崭露头角。更认可国产企业头部品牌、偏好个性化的年轻人是未来消费的主力军。对于国内欲进一步打开年轻人市场的运动鞋服品牌来说,显然如何打造符合新生代年轻人消费观念的产品是一大难题。

10.2.3 国际大牌紧握话语权,国潮提升国货影响力

冷静分析以后,吴荣照明白,虽然 2020 年安踏净利润超过阿迪达斯,但在短期内仍然无法撼动行业巨头耐克的地位;且受益于低成本及品牌溢价力,行业龙头品牌的毛利率显著高于其他品牌,规模效应显著。

比较不同品牌的竞争战略发现,耐克、阿迪达斯从进入中国市场开始便将目光定向高端市

场,利用技术创新、品牌营销不断发展壮大,并收获非常可观的利润。耐克主要通过研发创新(持续投入高端科技)与顶级营销(如签约顶尖明星)巩固领导地位;另外走多品牌发展之路,采取收购或并购策略,在不同细分领域均占据一定优势。而阿迪达斯作为行业鼻祖,在专业科技与时尚潮流双轮驱动下地位稳固。

而大部分国产品牌则将目光集中在中低端市场。中低端市场在国内所占比重非常大,这一点不可否认;但在高端市场能获取丰厚收益,对企业长远发展更为有利。然而,作为国内运动鞋服品牌的代表,安踏和李宁近年来在高端市场的盈利和对品牌的价值是有目共睹的。

2009 年安踏收购 FILA。2011 年,安踏开始对覆盖面进行细分和拓展:安踏主攻儿童领域,FILA 处在青少年运动用品高端领域。随着 FILA 品牌规模逐渐壮大,安踏的毛利率一路提升,从 2014 年的 45% 一路上升到 2020 年 58%。2019 年,公司收购 Amer Sports,立下"双千亿"流水目标,打开国际化发展切入口。目前公司已经具备横跨时尚与专业、纵深高端与大众的品牌矩阵,并成立三大事业部平台:专业运动群、时尚运动群、户外运动群,结合公司中后台资源,协同管理孵化品牌组合[①]。

鸿星尔克在经营业绩上虽然比不上安踏、李宁等国产品牌,但也一直在网球这一细分市场上努力和发力,借助于对网球的专业化细分市场的深挖,让鸿星尔克品牌获得了独特且明确的定位。但是想要实现其口号所述的 To be No.1,依靠现有的产品线可能缺乏竞争力。目前国内消费者对鸿星尔克的印象停留在低价、大众上,而鸿星尔克若要获得更进一步的发展,需要进行品牌升级、步入高端市场。不论是收购还是自创,鸿星尔克在高端领域的缺席使得其对抗安踏、李宁显得无力,更不必说战胜耐克、阿迪达斯成为 No.1 了。

10.3　坎坷的追赶之路

表 10-3 所列为鸿星尔克营销的 SWOT 分析。企业要想依靠和应用品牌战略就要对品牌做好全面透彻的分析,从质量、服务、形象、文化、品牌管理等方面下功夫。鸿星尔克则很好地运用了 4P(产品、空间、价格、项目)营销策略。

表 10-3　鸿星尔克营销的 SWOT 分析

分析项目	内　容	分析项目	内　容
优势	① 相对完整的产业链; ② 率先发展; ③ 不可多得的品牌影响力与信誉度	机遇	① 运动鞋服市场大有可为; ② 健康且休闲的生活方式正在流行
弱势	① 受国外的品牌冲击力大; ② 没有完善的管理激励机制系统; ③ 团队成员综合素质有待提高	风险	① 后金融时代成本增加、出口下降; ② 国际头部品牌占据第一阶梯; ③ 国内人工成本增加

① 产品方面,鸿星尔克实施产品系列组合与产品线延伸策略,2021 年推出尔克奇弹与极风 SP 系列,对产品的专业性与细分市场进行深化。除此之外,鸿星尔克增加了产品的横向学习,紧跟近年的大热点"国潮风",加快新产品的研发。

---

① 来自国信证券。

② 价格方面,鸿星尔克保留了亲民的价格策略,并根据对消费人群的考察,主抓儿童与中老年市场,顾客的接受度较高而且价格策略灵活多变。另外,定价策略一定要系统化,而现在的鸿星尔克的经销商没有科学的整体定价标准,对产品的包装、款式等定价随意性比较大。

③ 营销渠道方面,营销过程对产品能否销售起着至关重要的作用,所以要稳定上、下游分销的总代理关系,稳定经销商与厂家的关系,稳定销售终端的关系;选择有利的经销商,在经营过程中不断寻找机会和信息,对经销商和企业的权限划分进行限制,保持渠道的紧密联系,这样才能在营销过程中发挥最大效用。

④ 推广手段方面,鸿星尔克在拓宽营销渠道,采用多媒体营销策略,仍以电视等传统媒体为主,以情感类广告为主;对专业的营销人员进行技能培训,为自己的相关知识储备添砖加瓦。

目前鸿星尔克已经意识到其营销的一部分误区,其成效在营销的路径改变上可见一斑。

10.3.1 实效体育营销策略——关键词:代言人、品牌调性

1. 事件回顾

2001 年还默默无闻的鸿星尔克请来了"山鸡哥"陈小春作为代言人。当年陈小春凭借一系列影视作品正当红。扮酷叛逆的陈小春在年轻人中成为潮流风向标,鸿星尔克也在那个年代化身"潮鞋",品牌人气一飞冲天。

除此之外,体育赛事的赞助权成为一大争夺点,以便布局相关细分领域,强化自身定位。2007 年,鸿星尔克选择了网球这个领域,赞助了多项领域内顶级赛事。赞助体育赛事的商业价值显而易见,鸿星尔克在 2007 年的营收从 2006 年的 14 亿元上升到 20 亿元。依靠代言人和电视广告,鸿星尔克"1 号人物"的宣传语几乎家喻户晓。

2. 成功逻辑分析

在当时市场和消费者观念越来越前卫的情况下,几乎只有这类国货品牌可供市场选择,这是 20 世纪八九十年代国货兴起的重要原因之一。

于是,吴荣照决定将鸿星尔克定位为一家具有品牌信赖感的专业运动鞋服供应商,通过与 CCTV 等官媒的合作,将正面的品牌认知和品牌联想传递给消费者,专注打造羽网体育用品领导品牌,试图与国际高端赛事之间建立起直接的品牌联系。

该合作也充分传达了鸿星尔克对中国网球事业发展所承担的社会责任,并为品牌积累了丰富的美誉度。

10.3.2 河南水灾捐款——关键词:野性消费、情感共鸣、好人效应

1. 事件回顾

2021 年夏,河南郑州突发水灾,鸿星尔克公司在经营不佳的情况下,爱心捐款 5 000 万元。此举引发大量关注,"鸿星尔克微博评论好心酸"等话题持续刷屏,甚至有网友无视吴荣照在直播间的"理性消费"言论,留言道:"就是要野性消费!"

因此一举,鸿星尔克站到了流量的顶峰,销售额水涨船高。鸿星尔克业绩疯狂飙升,仅7 月 23 日一天,就刷新了该品牌历史上的多项纪录:52 倍以上的销量增长、2 200 多万元的总销量、2 400 多万的累计观看量、10 万多的累计上线人数。

图 10-5 和表 10-4 分别为 2021 年鸿星尔克洪水捐款事件营销流程和时间表。

打通营销与销售闭环, 联动 "全员" 与品牌共赢

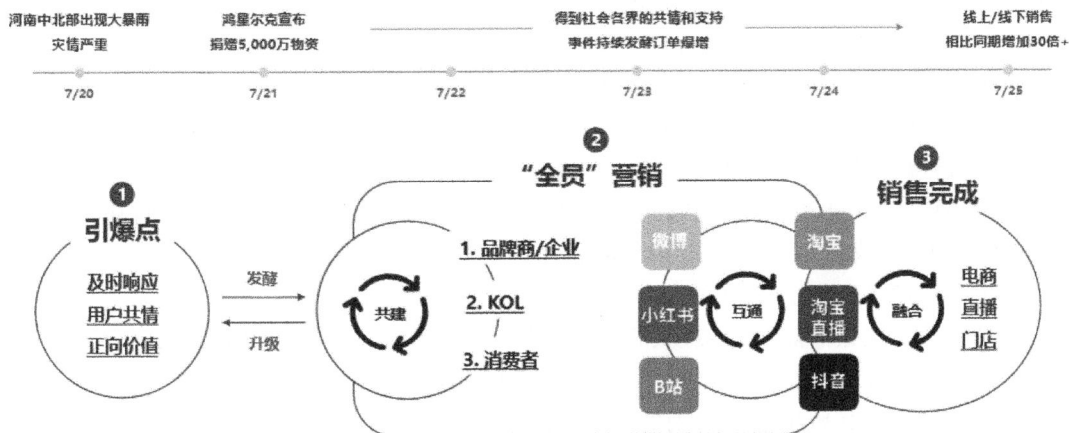

河南中北部出现大暴雨 灾情严重　　鸿星尔克宣布 捐赠5,000万物资　　得到社会各界的共情和支持 事件持续发酵订单爆增　　线上/线下销售 相比同期增加30倍+

7/20　7/21　7/22　7/23　7/24　7/25

图 10-5　2021 年鸿星尔克洪水捐款事件营销流程[①]

表 10-4　2021 年鸿星尔克洪水捐款事件时间表

日　期	动　态
7 月 21 日	鸿星尔克官网宣布捐赠事件
7 月 22 日	鸿星尔克捐款事件登上微博热搜首位和抖音热榜第 2 位。当晚,鸿星尔克直播间涌入 200 多万人次的观看者,晚间销售额总和达到 1.37 亿元
7 月 23 日	平台当天销售同比增长 52 倍
7 月 24 日	抖音电商直播间两天总销售额超 1 亿元
7 月 25 日	鸿星尔克董事长吴荣照在个人抖音账号上回应鸿星尔克 5 000 万元捐款事宜,再次呼吁大家理性消费,宣布库存告急
7 月 26 日	中纪委官网对鸿星尔克点赞,网站发布评论赞扬

2. 分析及问题

(1) 短暂的品牌共鸣并非长久之计

民族品牌与国家信念的结合,让中国自主品牌拥有了文化气象,拥有了巨大的魅力和影响力,形成了以鸿星尔克品牌为焦点,以"宠爱中国"为统一行动目标的超级品牌现象的蓄水池。而"宠爱中国"的背后,是中国人面对非常时期,面对灾难时刻,一次又一次的情感堆砌和爱国激情涌动。

虽然不是鸿星尔克有意为之,但我们终于看到了平淡无奇的鸿星尔克把平淡无奇的网友情绪引爆了。一边是在直播间劝导大家理性消费的鸿星尔克主播;而另一边则是网友"买鸿星尔克买到断货"的声势浩大。鸿星尔克董事长吴荣照走进直播间劝导理性消费,但网友一往情深地贴出了"boss 少管闲事,咱心疼鸿星尔克,非得花天酒地"的帖子。

---

① 来自数据威。

品牌与粉丝的关系上升到这个程度,真的已经不是一般商品与消费者供需选择的关系了,而是已进入相互选择、相互关爱的情感层面,超越了商品价值本身。而此时品牌共鸣也就水到渠成。一个超级品牌,必然是物质载体与情感载体的契合,建立品牌共鸣是其最高级的品牌关系,指消费者与品牌既有感情上的同一触动点,又有行动上的实际付出。

然而,作为供需双方关系连接的载体,品牌也面临着科学管理和有序运作的考验,认知、口碑、联想和忠诚度在品牌共鸣关系的运作中得到检验。这四个度的进阶,在科学、可持续的品牌关系中,是遵循品牌升级的情感梯次而运作的,是基于品牌认知的一致性。消费者跳跃式上升到"我就爱它""我就买它""我就养它"等情感消费层面,而这些情感消费层面缺乏对品牌整体认知的基础,也隐藏着后续管理和维护品牌关系的某种风险。

由此看来,鸿星尔克真正意义上的品牌共鸣关系,还没有建立起来。毕竟基于一致的品牌认知和基于品牌认知的品牌好感度、联想,才是品牌真正最高级粉丝忠诚度的运营。没有这样的品牌根基为品牌情怀和忠诚度打基础,品牌大厦根基不稳,品牌粉丝后续的品牌情怀经营就会存在较大风险。其后果可能是前期杂乱无章的流量价值崩溃,也可能形成其他品牌不可预见的公共关系舆情危机。

(2) 野性消费后续问题

一旦消费者回归理性消费,他们就会反思,就会思考这样的问题:都是大家一分钱一分货买来的东西,需要什么买什么,出了质量问题一样要找商家。质疑的声音随之出现。有网友质疑鸿星尔克其实是在国外注册,为外国控股,或许是假国货;也有人提出,自己曾经买过鸿星尔克的产品,质量较差。

鸿星尔克在这次事件中最需要做的就是利用民族情感共鸣,吸引大量人才加入,做好设计,做好品牌故事,抓住有限的时机,这样才有彻底翻盘的机会。质量和创新是鸿星尔克在热度消散后,留住野性消费者绕不过去的关键问题。

(3) "好人效应"体现的包容性只是一时的

有专家认为,在一个信用体系尚待完善的社会,被大部分人认为是"好人"企业,就是这个企业的社会资本。鸿星尔克现象为中国企业打开了一条商业向善的发展道路。

鸿星尔克现象的出现,不是企业处心积虑的行销行为,而是"走投无路,柳暗花明又一村"。鸿星尔克的公益实践应该来自创始人的价值观和长期的积累沉淀,而这种价值理念通常是与社会稳定的主流公序良俗相匹配,即认知型的社会资本。正是源于一份坚守的善念,才有了灾难中时鸿星尔克的挺身而出。所谓无意识不过是意识的自觉形成了自发的行为。

因此,大部分网友展现出少有的对产品不足之处的包容性。这一方面折射出消费者对品牌的"溺爱",另一方面也暴露出鸿星尔克在颜值上的短板。正如一些网民的微博留言:"有责任、有担当的良心企业,就应该得到更多消费者的支持,但不能败在设计上。""你们质量杠杠的,就是不大好看。""老板,你们需要设计师好好设计啊!"

鸿星尔克此轮的际遇是以金融资本转化为社会资本,而社会资本又带来了品牌影响力的增长,进而转化为金融资本的增长。然而,毕竟网民的行为带着冲动和盲从的效应。鸿星尔克是否能够凭借这次转化的社会资本实现家族企业的复兴,能否真正实现品牌的复兴,还取决于其是否能够打造可持续的核心竞争力,真正能够获得市场的青睐最终靠的是产品,而非同情和包容。

10.3.3　"顶流"之后抢国潮——关键词：国潮、设计创新

1. 营销行动

交易是流量的终点，流量的起点是好的内容和品牌故事。捐赠并不能成为鸿星尔克的核心竞争力，鸿星尔克需要寻找方向，将品牌的热度持续下去。鸿星尔克在翻红之后，一直在给自己寻找可以长红的机会。从外观设计到科技含量，鸿星尔克接连推出了数款跑鞋，力图寻求开启品牌新一轮进化之路，与同样擅长制造话题的小米进行了联动。

从一系列动作来看，"少壮派""话题感""联名派"是鸿星尔克不断凸显其做"国民潮"系列的几个始终围绕的标签。店里卖得最好的衣服就是最典型的例子，那就是吴荣照的同款，中文字样。

2. 分析与问题

国货大涨的大势反映了国潮的苏醒。中国李宁这个叫得上名字的国潮品牌算一个，不过它的价格定位偏高，一件上衣售价超过 700 元。鸿星尔克定位的不超过 200 元的单价，实际上恰恰切中了国潮品牌序列的"性价比"。

在国潮思维下，鸿星尔克首先扶持自己的老板吴荣照成为品牌代言人，用各种短视频为自己的品牌带货。相比于在折扣上的投入，鸿星尔克更多将注意力放在种草扶持上。

鸿星尔克凭借"良心国货"的口碑有资本翻红，但更重要的一个方向可能是如何将对国潮的认知真实地投射到自己的产品上，做出让消费者心仪的产品。如果只是简单地搞点联合，这样的炒作必然会慢慢地被消费者淘汰出局。对于品牌商家来说，更重要、更持续的话题是出色的设计能力、洞察消费者心理，以及更深层次的自身文化解读。

10.4　展望未来，如何实现品牌升级

10.4.1　研发投入提升产品力

2020 年鸿星尔克遭遇摘牌、新冠疫情大暴发后，采取了多策略奋起直追！这一年，吴荣照决定出台强调"做强县级、做优地级"的新营销策略，并拿出 5 亿元对经销商进行补贴扶持；还提出了科技新国货的品牌战略。早在 2019 年，鸿星尔克就推出了跑鞋"天枢奇异弹"系列，还携手日本热门动画推出了联名款跑鞋。

不过总体而言，在 2021 年鸿星尔克捐款事件中因感动而狂购鸿星尔克产品的网友中，有人表示产品适合为长辈选购；也有人直接建言产品设计不符合年轻人的审美。"公司将加强产品研发和创新"，吴荣照向网友公开打包票。

设计总监向吴荣照提出，在产品设计和研发方面，鸿星尔克需要继续增加相关投入，包括资本投入和人力投入。可以看出，鸿星尔克还是倾向于年轻人的市场，要使自己年轻化的定位形象深入人心，在产品的设计方面就一定要下功夫。当前的年轻人对产品设计和质量的要求都日渐上升，但鸿星尔克的产品外形设计以及产品本身质量、穿感都有不少差评，可以说进步空间还是很大的。但是由于鸿星尔克从 Logo 到设计再到产品技术方面一直被诟病抄袭，正好顺着爱国的热潮可以考虑与传统文化进行联名设计和创造，走出自己的原创风格；还可以利

用捐款事件的余温,重刷一下其在大众心中的形象,更新一下自己的市场定位,笼络一部分消费者。

10.4.2 差异化定位

安踏、李宁、特步等国产品牌纷纷找到了明确的产品定位并进行了多元化的品牌布局。安踏定位强调高性价比;李宁选择走时尚国潮之路;特步向运动时尚品牌转型,主打舒适跑步运动;361°再度发力篮球,无论是产品还是市场推广都值得称道。

在吴荣照的带领下,鸿星尔克也进行了从"专业体育"到"生活体育"的品牌定位升级。从2012年开始,鸿星尔克陆续推出鼓励年轻人走出去、动起来、跑出乐趣、更多拥抱阳光的创新品类。

对于消费者而言,鸿星尔克依旧没有明显的差异点,且主要购买群体是价格敏感且年龄较大的群体,很难受到年轻消费者的青睐。

Z世代是一群非常注重个性化、差异化的年轻人,运动鞋对于他们而言不仅仅是运动时的工具,更重要的是个性的彰显、文化的表达、群体的归属感。因此,鸿星尔克需要在某些方面让消费者感受到差异性,感受到品牌的价值。

10.4.3 发展多品牌,打造品牌矩阵

不管是行业巨头耐克、阿迪达斯,还是国货安踏、李宁,在这些年的发展中都逐渐拥有了自己的高端品牌线,着力提高品牌调性。而鸿星尔克显然在这一方面有所欠缺。鸿星尔克若要获得更进一步的发展,就需要打造一条高端品牌线。这几年国人对本土品牌和本土生产的产品更有信心了,大家不再盲目跟风购买国际大牌,也了解了耐克和阿迪达斯高价背后的高额营销费用。目前国内消费者处于想要支持国货但国货不能满足其需求的状态,尤其对于鸿星尔克来说,其产品难以满足国人追求的高性价比与个性化设计。

打造高端品牌线对于鸿星尔克来说,可以通过收购或自建品牌两种方式。我们更推荐鸿星尔克在原有品牌线上自行发展高端品牌线。鉴于收购品牌需要雄厚的资金背景,鸿星尔克的高端品牌线定位可以聚焦在社会责任感、善念等符合品牌形象的关键词上。

当然,高端品牌线并不是简单地提升品质、提升产品价格。提升品牌在消费者心中的地位,在产品更新换代的基础上让消费者对品牌线附加价值真正认可,才是鸿星尔克更应该思考的问题。我们认为,鸿星尔克可以继续通过事件营销的方式获取一定的流量,通过明星代言人吸引到具有一定消费能力的粉丝群体,这是鸿星尔克提高品牌定位的第一步。鸿星尔克还可以与高端品牌联名,通过限量发售、明星同款等手段继续向高端品牌方向发展。无论何种手段,对于鸿星尔克来说,核心竞争力仍应关注产品本身的研发,无论是高端品牌线还是低端品牌线,在产品品质上下功夫是永远不会出错的下一步。

10.5 尾 声

不仅仅是河南受灾捐款,鸿星尔克时常慷慨解囊对待国民同胞而不求回报。无数网友在了解到这个国民品牌的传奇发展史和凛然大义的品牌气节后纷纷以消费行为表明自己对于国货的支持。"从国民中来,到国民中去",吴荣照始终表现出对民族同胞的深切关怀,让消费者

在购买产品时感到温暖与善意，这何尝不是另一种意义上的品牌价值呢？然而，一家实体制造公司销售的始终是产品而非情怀，热情相比于核心产品是更容易被消耗的东西，官方数据显示，创始人吴荣照的抖音平台粉丝已经从巅峰时期的 1 000 万跌至如今的 870 万左右，可见，产品才是一个企业能否走得长远的关键。鸿星尔克相比于其他发展势头高歌猛进的国有运动品牌明显乏力：产品系列不够创新、市场定位不够清晰、性价比不如其他档位的鞋服品牌，这些都是鸿星尔克亟需考虑的问题，情怀也许能够支撑一时的热度，然而产品才是一个品牌的底气，在国有运动鞋服这片领域内，鸿星尔克仍然有很长的一段路要走。

启发思考题

1. 面对激烈的国内鞋服竞争市场与并不景气的营收额，吴荣照如何突出重围？
2. 如果你是吴荣照，你将如何实现产品的品牌升级？
3. 鸿星尔克要如何充分抓住捐款事件的余温，扩充设计人才？
4. 鸿星尔克转型的艰难原因只在于产品与品牌吗？如果你是吴荣照，是否有从管理方面转型的方案？

参考文献

[1] 李明合,张思淼."野性消费"过后,鸿星尔克亟须谋划好三件事[J].现代广告,2021(Z2)：54-55.
[2] 文婧."好人效应"是怎样形成的？[J].家族企业,2021(09)：49-50.
[3] 刘颖.野性消费后,鸿星尔克正面临被"捧杀"的风险[J].现代广告,2021(14)：46-47.
[4] 邹真俊.从鸿星尔克看实效体育营销策略[J].广告大观(综合版),2006(04)：76-77.
[5] 李鸿煊,赵波.中国运动品牌战略分析[J].辽宁体育科技,2004(02)：14-15.
[6] 王亚萱,茅勇,刘小虎.中国运动品牌战略分析[J].陕西教育(高教版),2008(04)：114-115.

商汤科技：赋能千行百业的人工智能领军者

破冰克难，技术创新与商业模式并重

1956 年人工智能诞生，它一直被认为是一项前景广阔、价值巨大的技术。到现在，人工智能已经走过近 70 个年头，产生了无数相关领域，如"AI＋医疗""AI＋教育""AI＋城市"等；人工智能也从最初的高高在上，走进人们的日常生活当中。随着人工智能的价值被越来越多的企业所认识，一大批其他行业的巨头纷纷涌入人工智能领域。近几年"元宇宙"这一概念被提出，这对于专精于人工智能产业的企业来说，无疑是巨大的竞争压力。此外，受到外部大环境的影响，专精于 AI 行业的企业面临着研发投入高但回报低、资本出逃等严峻问题。那么，在这种困难重重、前路漫漫的情况下，这些企业应该如何破冰克难、渡过难关呢？

北京市商汤科技开发有限公司（以下简称"商汤科技"），作为人工智能行业的领军者和计算机视觉行业的龙头，同样面临着相似的困境。重重困境之下，商汤科技选择通过进一步加强技术创新及探索新的商业模式，不断攻克难关。一方面，虽然研发成本过高的风险仍然存在，但商汤科技坚持不断创新，拓宽应用领域，以尖端技术的优势在群狼环伺的市场中求得生存；另一方面，商汤科技积极探索商业模式，提出将业务范围覆盖智慧商业、智慧城市、智慧生活、智慧汽车四大板块，实行能够持续带动企业营收、利润持续增长的"1（基础研究）＋1（产品解决方案）＋X（产业）"商业模式。

摘要： 商汤科技作为人工智能及计算机视觉行业的领军企业，独创了"1（基础研究）＋1（产品和解决方案）＋X（产业）"的商业模式，公司的硬科技人才构筑了公司的深护城河。本案例对商汤科技当前所面临的问题进行了分析，指出商汤科技在外部面临着 AI 产业的寒冬困境，在内部则面临着收入难以支付高研发投入造成的亏损难题，以及导致的资本出逃问题。针对商汤科技所面临的三大困境，本案例提出了相应的应对建议，还指出了商汤科技未来可能面临的巨大挑战：首先，其主营业务群狼环伺，安防市场的内卷不断加剧；其次，随着越来越多互联网巨头的加入，未来"元宇宙"可能也无法帮助其摆脱困境；再者，商汤科技很可能再次面临研发成本过高带来的危机。

11.0 引 言

1937 年夏，梁思成和林徽因带着几个营造社的幕僚，在山西乡间找到了被后人称为"亚洲佛光"的佛光寺。这一发现打破了日本学者关野贞的断言——"唐代木质结构建筑在中国的土地上不复存在"。而位于上海黄浦江畔的商汤科技，则在 85 年后重新还原了这一幕。2022 年9 月，在世界人工智能大会（WAIC）期间，商汤科技通过人工智能重建和数字孪生技术，对佛光寺东大殿进行了高精度的结构还原。徐立站在舞台上，以传统名楼佛光寺为例，阐述了今天推动人工智能大规模落地，与古人造一座巧夺天工的大楼有异曲同工之妙——多快好省，就能把"标准化"做起来。尽管不同的建筑在造型和用途上各有不同，但它们都遵循一些标准化的原

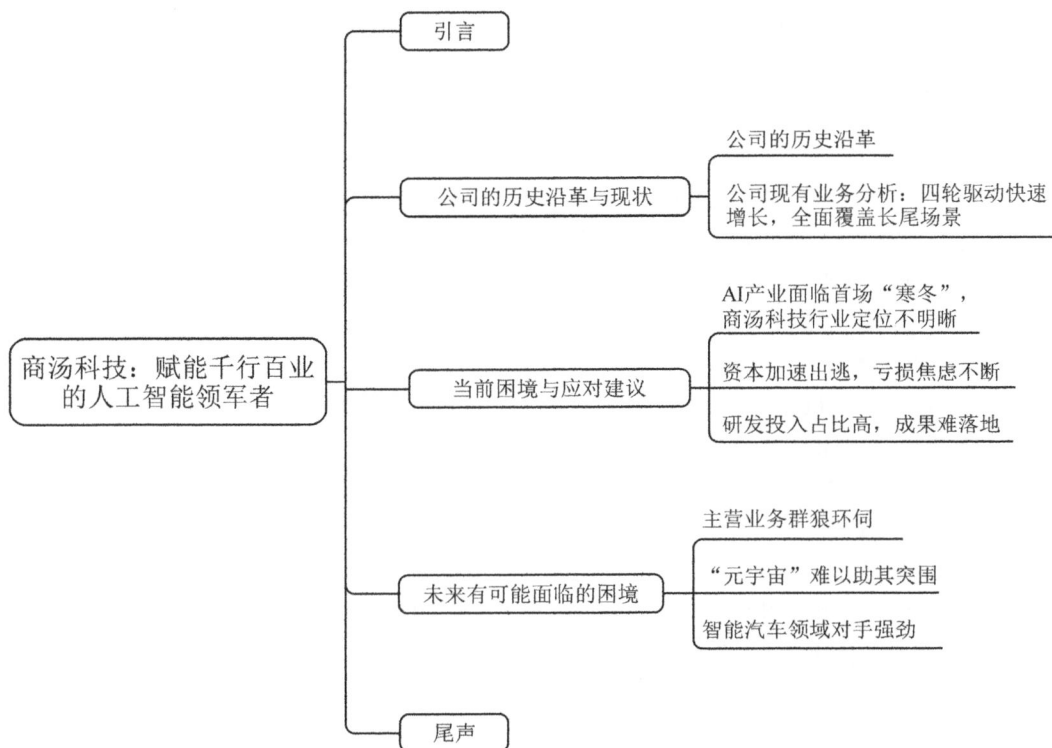

案例 11 思维导图

则，从建筑结构、木材的分级和使用、木材的加工，到建筑设计图，都有一个比较明确的规定。这就是在徐立看来，AI 要往下发展，就要有其四梁八柱，尽管要仰望星空，但为了更好地推广开来，仍需要将其打造成底层标准。"建筑是有规则的，其结构的特点是标准化、模块化。"而今天的 AI 也是如此，AI 的架构，尤其是应用的架构，也是规范化、标准化的。在实现架构标准化后，第二个就是模块标准化，"今天看似不同的场景、纷繁复杂的应用，其实说到底，背后是大数据产生的人工智能模型，"所以从某种意义上讲，模型其实是这个时代的一个标准化特征。我们讲感知的模型，无人驾驶讲智慧城市、智慧医疗，其实最后都是一个人工智能的模型，也就是一个模型的生产，智能决策的繁杂的流程最后能够变成自动化。

那么商汤科技是如何实现人工智能的标准化、产业化、商业化的呢？

11.1　公司的历史沿革与现状

商汤科技成立于 2014 年，自主研发并建立了专有深度学习平台和超算中心，专注于计算机视觉和深度学习技术。商汤科技拥有超过 2 400 家软件客户，其中世界 500 强企业及其他上市公司超过 250 家，在 140 个城市拥有超过 30 家车企；服务于超过 4.5 亿部移动电话和 200 款移动电话应用软件，是中国最大，乃至亚洲最大的人工智能软件和计算机视觉软件供应商。

11.1.1 公司的历史沿革

1. 成立背景

2014 年是非常特殊的一年,科技巨头 Microsoft、Intel、Google 和 Facebook 都在这一年加入了 AI 的战局。而长期浸淫于人脸识别领域和计算机视觉领域的汤晓鸥,对这一机遇有着敏锐的觉察。商汤科技的创始团队是最早应用深度学习进行计算机视觉研究的华人团队,由在人工智能领域享有盛誉的汤晓鸥教授、徐立博士、王晓刚博士等科学家组成。商汤科技以计算机视觉起家,在创立之初就以技术开发为主,并屡创佳绩。

(1) 资本市场关注度

随着 2014 年计算机视觉技术革新与 2015 年牛市的到来,第一波投资热潮随之而来,二级市场的分析师们纷纷推出"计算机视觉"或"人脸识别"相关专题的研究报告。举例来讲,2015 年,以"人脸识别"作为关键词,在 Wind 上搜索到的行业研究(不含个股研究)报告(仅以 Wind 数据为例,不保证完全覆盖)数量为 17 篇,而在 2014 年这一数据为 0,2018—2020 年,每年都只有 1 篇,如图 11-1 所示。但此后整体关注度呈现显著下降趋势,头豹发布的《2020 年中国人工智能产业投融资报告》显示,2019 年人工智能相关融资金额出现 7 年来首次下降,为 1 003.4 亿元,与 2018 年相比,下降了约 32%。

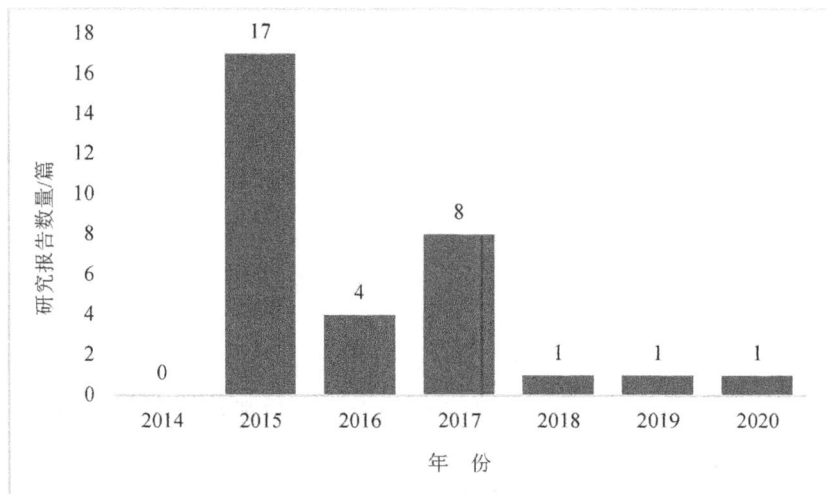

图 11-1 关注人工智能产业的研究报告数量①

然而,资本市场对商汤科技的关注度从未降低。自成立以来,商汤科技已完成 11 轮融资,如表 11-1 所列。在成立之初,商汤科技迅速获得了 IDG 资本的数千万美元 A 轮融资,其融资额度在 2017 年 B 轮融资时高达 4.1 亿美元,刷新了当时 AI 领域的融资纪录。目前该公司的投资方中不乏明星投资机构,如 IDG、鼎晖股份、软银、阿里巴巴和厚朴投资等。多轮融资均显示出资本对商汤科技发展战略的看好,加上明星资本的增持,商汤科技获得了超过 52 亿美元的融资,Pre-IPO 企业获得了约 120 亿美元的估值。同样亮眼的还有 IPO 基石投资阵容,

① 来自 Wind 金融终端。

共有 9 家基石投资者参与。

表 11-1　商汤科技融资历程①

融资时间	融资轮次	交易金额	投资方
2014-11-07	A 轮	数千万美元	IDG 资本
2016-04-26	A+轮	千万美元	StarvC
2016-12-14	B 轮	1.2 亿美元	万达集团、鼎晖资本、StarvC、IDG 资本
2017-07-11	B+轮	2.9 亿美元	赛领资本、TCL 创投、中金公司、基石资本等
2017-11-15	战略融资	未披露	高通创投
2017-11-28	战略融资	15 亿元	阿里巴巴
2017-12-26	战略融资	未披露	松禾资本
2018-04-09	C 轮	6 亿美元	阿里巴巴、苏宁易购、Temasek 淡马锡
2018-05-31	C+轮	6.2 亿美元	厚朴投资、中银投资、银湖资本、老虎环球基金、高通创投等
2018-09-10	D 轮	10 亿美元	软银愿景基金
2020-12-27	Pre-IPO	数十亿美元	未披露

(2) 计算机视觉软件市场规模

虽然"AI 四小龙"的名气很大，但事实上这四家公司都是从同一个非常细分的技术领域"计算机视觉"出发的，也就是我们常说的"人脸识别"。根据沙利文（引自商汤科技招股书）预测，全球计算机视觉软件市场规模将由 2020 年的 928 亿元增长至 2025 年的 4 422 亿元（见图 11-2）。

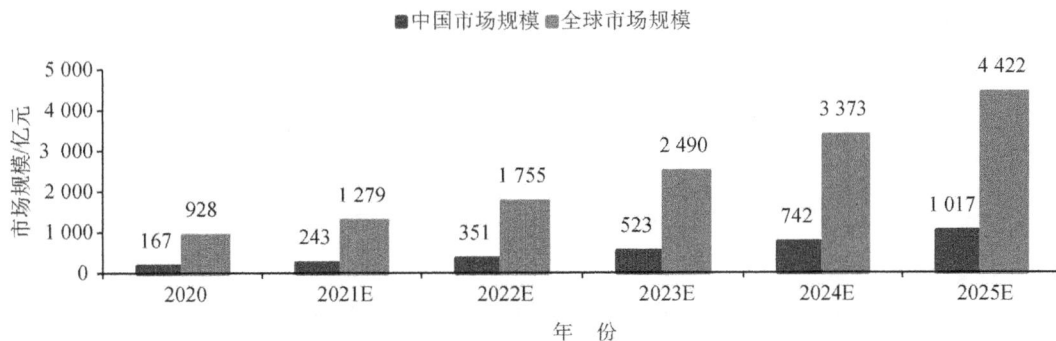

图 11-2　全球及中国计算机视觉软件市场规模②

产业链分为基础层、技术层和应用层，行业形成三大阵营格局（见图 11-3）。从产业链格局来看，我国计算机视觉领域已经形成三大阵营（见图 11-4）。

在下游应用层方面，细分行业增长潜力巨大。

① 来自天眼查，商汤科技招股书。
② 来自沙利文咨询（含预测，转引自商汤科技招股书）。

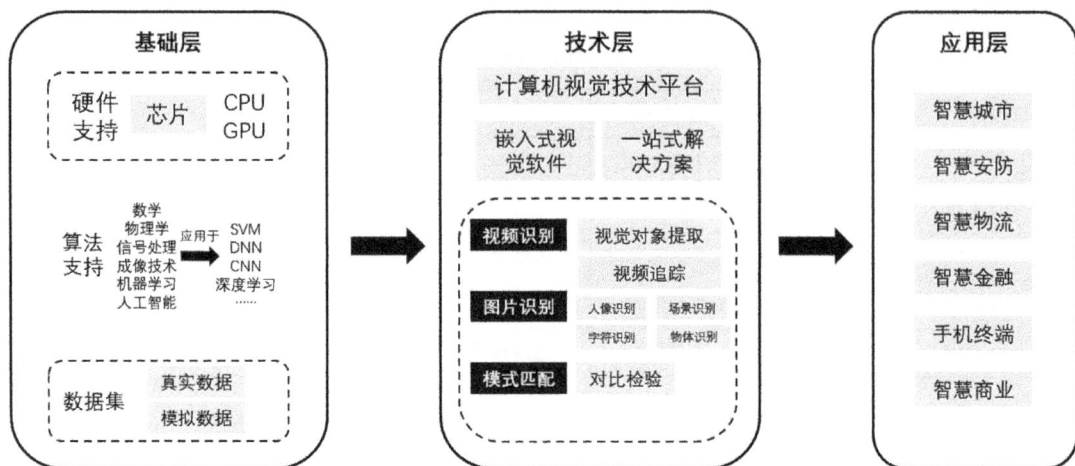

图 11 - 3　计算机视觉产业链①

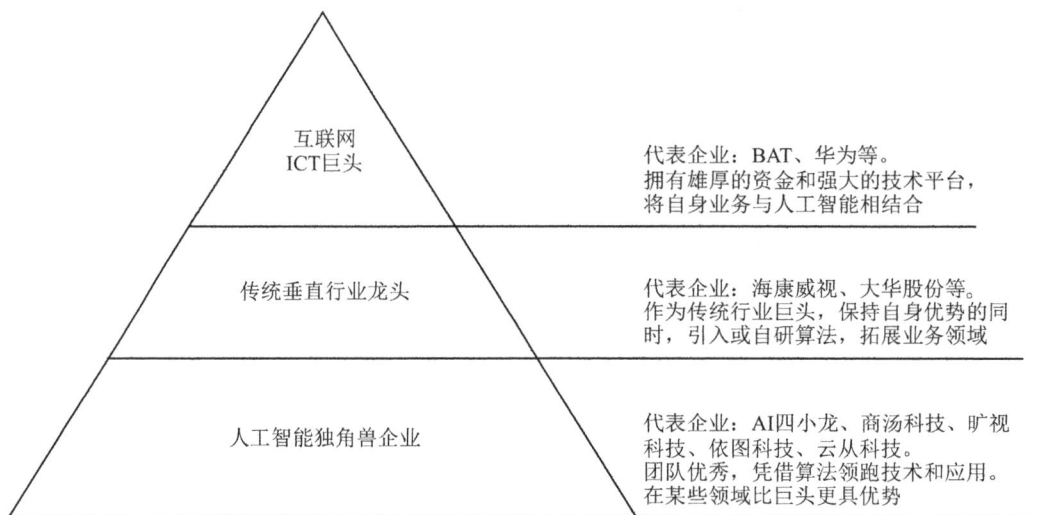

图 11 - 4　中国计算机视觉三大阵营②

1) 智慧商业

智慧商业主要面向制造、商业地产等企业,借助于物联设备来获取各个场景的数据并进行整合分析,打造智慧园区,从而实现智能化、决策化的数字化(见表 11 - 2)。比如,通过识别生产人员的工作行为,在制造工厂这样的生产场景中提前实现预警,确保工厂的生产安全。在零售娱乐场景中,优化和提高运营效率,为客户提供更高的服务质量,可以应用到物品、行为视频架构的化解上。

---

① 来自艾媒咨询,旷视科技招股书。
② 来自亿欧智库。

表 11-2　智慧园区的优势[①]

优　势	描　述
园区运行更高效	园区管理机构能及时获取实时数据并在统一管理平台上呈现。智慧园区的互联互通网络底层平台帮助园区内企业广泛精准对接园区内外部资源
公共服务体系更便捷	借助人工智能等先进数字技术，提升公共服务的便捷度与效率
生活配套更智能	智慧园区正逐步实现从传统的互联网信息化布局向物联网布局模式的跨越，以信息、人、服务三者的互动为核心，实现信息流动的实时化、交互化，打造智能化服务体系，引导数字生活新方式，提升居住人员对园区的粘性

预计到 2025 年，智慧商业市场规模将超过 230 亿元，CAGR 则高达 40%。各种 AI 模式助力企业运营在传统行业的提升，带来运营效率的改善；AI 技术能够在很大程度上降低人力投入，提高效率和精准度；企业可以通过人工智能软件获得商业竞争优势，将差异化的服务和产品提供给最终用户。

整体方案商大致分为两类（见表 11-3）：一类是为园区提供数字化解决方案和运营服务的软件平台服务商，头部企业整体呈现出相对年轻化的态势，随着企业对该领域的重视程度不断提高，赛道玩家数量未来将会激增；另一类是包括园区硬件设备商、通信技术大鳄及通信运营大鳄在内的基础设施集成商。大部分企业已经将丰富的技术经验和产品资源汇聚在一起，整体实力强大，后发企业想要撼动老大的地位，难度相当大。

表 11-3　2021 年智慧园区解决方案提供商[②]

类　型	企　业
软件平台服务商	飞企互联（中国电子南方软件园智慧园区）
	四格互联（厦门软件园）
	商汤科技（SenseFoundry 企业方舟平台）
	旷视科技（AIoT 智能硬件和云端软件平台）
基础设施集成商	华为（上海徐汇西岸智慧园区）
	海康威视（西安华东万和城智能商业体）
	中国移动（智慧园区管理平台）

2）智慧城市

智慧城市通过人工智能等新一代信息技术应用，对城市地理、资源、人口、经济等复杂系统进行数字化网络化管理，能够实现信息资源共享，城市各系统业务协同，有效整合各类城市管理系统。而我国智慧城市的发展正处于一体化融合、由智能化向智慧化转变的时期。

对此，国家出台了多项扶持政策，在"十四五"建设中重点指出要推进新型智慧城市建设。截至 2020 年，中国智慧城市市场规模已增至 14.9 万亿元；而根据 IDC 预测，我国智慧城市相关投资年均复合增长率在 2022—2025 年间平均为 24.49%，2027 年市场规模将达到 75 万亿元。

---

① 来自赛迪顾问。
② 来自赛迪顾问。

3）计算摄影

2016年，谷歌推出PixelXL手机，其凭借强大的HDR＋算法功能，首次成功在手机上应用了计算摄影，实现了完美的成像效果。自此，为AI厂商提供算法与手机厂商自主研发算法的市场竞争激烈。包括商汤科技在内的人工智能头部企业，其计算摄影算法逐渐成为人工智能发展中重要的一环。

运算照相需求带动相机出货走高，AI算法提供了广阔的硬件市场空间。决定智能手机拍照功能的主要因素有三个，分别是手机摄像头、芯片及摄影算法的计算。根据智研咨询的披露，手机单机搭载的摄像头数量呈逐年上升趋势，2020年已经达到单个手机平均含有3.9个摄像头的水平。而AI算法则有望在未来打破手机体积对摄像头数量的限制。

4）智能汽车

人工智能模型推动自动驾驶技术和智能车载软件在汽车市场的发展，实现车辆感知周围道路、行人、障碍物等，实现车辆智能驾驶在不同道路上的革命性变化。中国计算机视觉软件面向汽车的市场规模有望在2025年超过100亿元，CAGR高达66％。

自2015年《中国智能制造2025》政策出台后，国家相继制定了一系列鼓励政策；同时，我国智能驾驶标准化工作也在有序开展。良好的政策条件大大激励了生产的积极性。

与此同时，整体汽车消费市场仍有较大增长空间。随着电动化的发展，消费者对搭载辅助驾驶功能的新能源汽车关注度逐步提升，因此预计电动化渗透率将在下游需求旺盛的情况下继续改善。

由于政策、需求、技术的推动，预计到2025年中国智能网联汽车产业规模将达到5 303亿元的中国智能汽车产业，迎来了发展的黄金期。计算机视觉软件在智能汽车上的应用不断增长。根据Sullivan预测，CAGR高达66％的市场规模将从2020年的12亿元增长到2025年的153亿元（从公司招股书中转出）。

（3）竞争格局

国内计算机视觉初创公司的技术优势在于以基础算法为基础，不断完善和优化，形成自己的独特算法。据IDC统计，2019年，在国内计算机视觉软件市场中AI四小龙合计占一半，而商汤科技股份最多，位居四小龙首位（见图11－5）。

2. 发展演变

自2014年成立以来，商汤科技深耕视觉AI领域，近年来加速产品商业化落地，产品进入各个领域（如城市安防、手机解锁、地铁售票、机场安检等），并已进入智能手机中。自2021年起，公司对汽车产业进一步布局，并发布了智能汽车解决方案。

2015年，公司针对SenseParrots——国内最早自主研发的深度学习框架之一，进行深度学习培训框架的研发。在"ImageNet大规模视觉识别挑战赛"中，商汤科技以当时全球最大规模的人工智能模型拔得头筹。

2016年，商汤科技推出智慧生活软件平台SenseME及SenseMARS，搭配当时全球最大的人工智能模型，为超过45 000万部智慧手机及200多个行动应用软件进行能量赋能，成为元宇宙最大的能量赋能平台之一。此外，在KITTI2016（世界最大的自动驾驶数据集之一）上，SmartAuto自动驾驶平台开始研发，该平台在行人和车辆识别领域刷新了世界纪录。

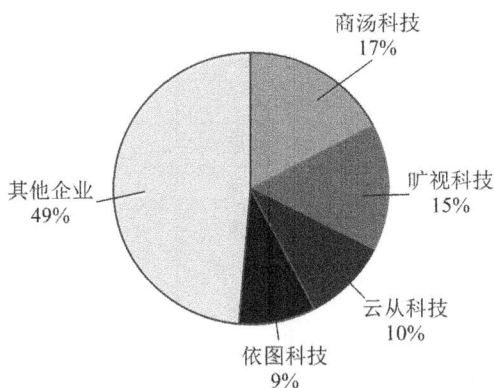

图 11-5　2019 年中国计算机视觉软件市场占比①

2017 年,商汤科技开发都市方舟平台。多年来,都市方舟平台支持了 11 个人口过千万的超大城市的城市管理,并开始与 Honda Technology Industries 合作开发 Autopilot 技术。

2018 年,商汤科技被科技部指定为"智能视觉国家新一代人工智能开放创新平台",并着手研发人工智能专用芯片。

2019 年,商汤科技与约 300 名增强现实行业的成员联合创办中国增强现实核心技术产业联盟,其中商汤科技担任创始主席。同年,商汤科技开始研发人工智能传感器,商汤科技成为于人口逾千万的大城市中,将人脸支付技术集成至地铁售票系统中以支持无接触快速进闸的首家公司。

2021 年,商汤科技发表的《AI 可持续发展道德准则》被联合国《联合国人工智能战略资源指南》(简称《指南》)选录。该《指南》于 2021 年 6 月发布,该公司成为亚洲唯一一家获此殊荣的人工智能公司。商汤科技建造了世界上最大的计算机视觉模型,其参数超过 300 亿个。其商业化人工智能模型数目超过 22 000 个,专利及专利申请数目超过 8 000 个。

目前,商汤科技正致力于借助其独创的"1(基础研究)+1(产品和解决方案)+X(产业)"的商业模式,成长为人工智能平台型企业。商汤科技建立了专有的人工智能基础架构 SenseCore,可以在以软件平台为中心支撑智慧商业等四大产业板块的基础上,强力缩短开发时长,实现多功能超精度 AI 模型的大规模量产。

除了自身不断进行研发外,商汤科技还注重科技的对外投资,对人脸识别、智能安防等多行业的相关企业进行投资并购(见表 11-4),不断扩大自身规模,增强自身科技实力。

表 11-4　商汤科技的投资历程②

公司名称	投资时间	行　业	轮　次	投资金额
Linkface	2015-12-01	人脸识别	并购	未透露
新舟锐视	2016-04-20	智能安防	并购	未透露
人商鼎诚	2016-06-25	法律财税服务	天使轮	未透露
深网视界	2017-05-15	智能安防	并购	7 530 万元

---

① 来自 IDC,商汤科技招股书。

② 来自 IT 桔子。

公司名称	投资时间	行　业	轮　次	投资金额
51VR	2017 - 12 - 05	虚拟现实	B轮	2.1亿元
禾连健康	2018 - 06 - 21	医疗健康	B轮	7 500万美元
苏宁体育	2018 - 07 - 19	体育运动	A轮	6.21亿美元
影谱科技	2018 - 08 - 07	智能影像	D轮	13.6亿元
特斯联	2018 - 10 - 25	智能物联网	B轮	12亿元
物灵科技	2019 - 01 - 02	人工智能	战略投资	未透露
文远知行	2019 - 01 - 04	自动驾驶	A+轮	数千万美元
衡道病理	2019 - 01 - 15	医疗健康	A+轮	未透露
智元汇	2019 - 08 - 20	智慧交通	A轮	1亿元
轰轰机器人	2020 - 05 - 11	教育机器人	A轮	3 000万元
恒大物业	2020 - 11 - 23	物业管理	基石轮	72亿港元
云网万店	2020 - 12 - 01	电子商务	A轮	60亿元
云想数科	2020 - 12 - 07	广告营销	基石轮	3 900万美元
海杰亚	2021 - 04 - 26	医疗健康	C轮	5亿元
华栖云	2021 - 08 - 18	云服务	B轮	未透露
凯励程	2021 - 09 - 28	汽车交通	战略投资	1亿元

11.1.2　公司现有业务分析：四轮驱动快速增长，全面覆盖长尾场景

以平台为核心的商汤科技，在商业、城市、生活、汽车等领域的成功落地，带动了其快速增长的营收。在各业务板块销售人工智能软硬一体产品产生营收的同时，方舟、绝影等四大软件平台通过收取软件许可费和使用平台与人工智能应用的软件订阅费获得收入。从2019—2021年度细分领域营收来看，智慧商业和智慧城市是占比较高的两大领域，智慧城市营收占比为2021年的45.59%，智慧商业营收占比为2021年的41.65%，两者相加高达87%。

1. 智慧商业：协同数字化智能化转型，助力企业降本增效

针对企业多元化、高精度、安全可靠的需求，企业方舟快速赋能企业业务智能化。Sense-Foundry Enterprise搭载了SenseP、SenseThunder和SenseNebula等通用硬件，应用于人脸识别、测温和园区运营等场景。

企业方舟主要通过收取软件许可费和软件订阅费、出售AI软硬融合产品获得收入。企业方舟的客户丰富、收入增长稳定，这使商汤科技在中国企业级计算机视觉软件市场上坐稳了头把交椅。而在商业空间管理、住宅物业管理、工业品质管控及基础设施维护等方面，企业方舟也能提供不同的场景化能力，提供价值。

2019年世界人工智能大会上，商汤科技推出SenseGo智慧商业解决方案，将线下场景"人、货、场"的关系数据化。它不仅做到了对这一商业地标的精细化经营、精准营销，更重要的是将合适的商品信息推荐、推送给客户，带来实实在在的实惠。

2. 智慧城市：搭建方舟开放平台，推动智慧城市治理城市

面对人口众多但资源有限的挑战，在城市智慧化提速的过程中，全面数字化分析亟需一站

式的 AI 软件平台。由于低频、数据不足等因素，城市管理过程中出现过道路塌陷、火灾等突发事件，很多长尾的情况还没有实现智能化处理。商汤科技利用大量人工智能模型在 SenseCore 上训练城市方舟平台，对城市管理进行赋能，高效解决长尾场景问题。2019 年，商汤科技提出"AICITY 端边云融合方案"，智慧城市视觉中枢系统以城市方舟为依托，实现城市全场景覆盖，同时具备"云""边""端"全技术堆栈的创新应用能力。城市方舟结合 IT 基础设施，在出行与交通管理、城市服务等领域推出了 SenseFoundry Traffic 和 SenseSkyline 两大类行业平台，在运营洞察、事件报警、管理行动等方面运用了超过 22 425 个人工智能模型，使传统的城市管理从以人为中心的人力密集型转向以人为中心的人机互动型，从经验导向型转向数据驱动型，从被动处置型转向主动发现型。而商汤科技主要是将城市方舟提供给公共部门的客户，并将软件平台部署到云端。截至 2021 年，城市方舟已经成功在国内外 140 个城市，包括北京、上海等 11 个人口过千万的大城市进行了部署，连接了 100 多万台物联网设备。

据商汤科技官网介绍，在华东某一线城市，商汤科技建立了基于城市方舟的视觉分析平台，利用城市方舟对自行车、废弃自行车的违规停放行为进行辅助监测，由城市方舟自动派发的自行车重放工作约占 80％。部署城市方舟一年后，该城市的自行车违停的人力需求锐减 35％。此外，西安还开通了地铁无感过闸功能。目前，西安已经在 160 多个车站出入口设置了无感设备，在西安地铁 14 号线全线车站上线了商汤智慧交通枢纽系统，这让西安成为全国首个地铁检票系统智能化城市。

3. 智慧生活：深耕娱乐、医疗、教育领域，创新构筑元宇宙

商汤科技通过人工智能赋能软件平台、人工智能应用和嵌入式人工智能硬件实现人机交互，其中 SenseME、SenseMars 和 SenseCare 软件平台分别为物联网设备、元宇宙和智慧医疗等多个新兴领域赋能，真正提升用户体验。

（1）AIOT：SenseME 智能移动终端平台赋能促进感知智能

SenseME 软件平台包含超过 3 500 个 AI 模型，配合全系列产品，包含 SDK、AI 感测器及 AIISP 芯片，可协助行动终端装置进行影像分割、姿势辨识、影像分类、物件侦测等广泛的 IOT 装置。截至 2021 年，搭载商汤科技 SDK 的手机已累计出货 15 亿台，客户涵盖物联网设备制造商，包括世界前五大 Android 手机制造商、智能电视、智能投影仪和平板电脑。2021 年交付 4 款 AI 传感器，从 0 到 1 实现突破，AI ISP 芯片第一个核心 IP 落地。同时，公司将 SDK 提供给领先的手机厂商，实现远景、人像、夜景等方面的功能突破。

（2）元宇宙：SenseMars 实现物理世界和数字世界的无缝融合

SenseMars 包含 3 500 个 AI 模型，将 AI 与 AR/MR 技术深度融合，实现虚实融合的身临其境的视觉效果与交互体验，是亚洲最大的元宇宙技术赋能平台之一。它通过三个核心元素实现物理世界的数字重构，创建虚拟化身并提供一个进入虚拟世界的界面，以及生成软件智能体。

SenseMars 主要向物联网设备制造商和移动应用与内容供应商收取 SDK 授权费，帮助 App 创建数字世界，为用户生成虚拟化身，为商用场所生成具备各种功能的软件智能体或数字人，可与访客互动，为他们带来全新的互动体验，如 AR 导航、AR 营销和 AR 游戏等。同时由 AI 支持收取云内容生成服务的费用。

（3）医疗：SenseCare 平台提供全方位辅助医疗行业的多种 AI 临床诊断服务

SenseCare 是一套高性能辅助诊疗解决方案，集丰富的影像后处理技术和领先的 AI 算法于一身,由商汤科技自主研发。其内嵌多个 AI 模型,以医疗大数据为基础,集合高并发 3D 渲染与临床应用两大引擎,为医疗专业人士与病患提供综合诊断、治疗规划与复健意见等服务。

商汤科技通过软件授权费用和研发服务费用推动业务增长,公开专利在全球范围内独占鳌头;还将向部分提供研发服务的企业收取软件许可费,用于软件平台服务。

SenseCare 在上海 10 多家医院成功应用,在提高诊断效率的同时,还有利于帮助患者体检。通过 SenseCare 平台,以自动病情分析及三维重建功能为基础,可每日进行影像分析及后期处理,包括心脏 CTA、肺部 CT、颈动脉 CTA 及胸部 X 线检查等,大大提高了诊断效率及病人体检效率。

4. 智能汽车:绝影平台赋能智能座舱和自动驾驶,加速汽车智能化落地

2016 年,商汤科技开始开发绝影平台,2017 年开始成为本田汽车的战略合作伙伴,向其提供自动驾驶相关 AI 技术,将商汤科技在感知智能方面的优势转化为全堆栈式能力。据 IPR Daily 发布的《2020—2021 年度 10 月中旬全球智能驾驶专利排行榜》显示,商汤科技与全球汽车/科技巨头丰田、IBM 等共同跻身排行榜前十,领先于 Google、Microsoft 等科技公司。商汤科技申请专利数量高达 1 115 项,目前帮助汽车智能化升级的绝影平台已经大规模应用了这些专利。绝影平台以 SenseAuto Empower 绝影赋能引擎为基座,覆盖 1 400 多款 AI 车型,为汽车制造商提供从车端、路端、云端全面赋能汽车智能化的 ADAS 系统、智能车舱系统和 AI-as-a-Service 服务,实现与汽车业共生共赢,与生态共赢。

商汤科技在这一业务方面的收入包括许可费、SenseAuto Robobus 的销售收入,以及 SenseAuto Empower 的研发服务费和 AIaaS 的订阅费。

5. 海外业务:国际化战略拓展取得成功,营收贡献占比达 11.74%

在创立之初,商汤科技就布局海外,将产品和服务快速本地化。其市场主要集中在亚洲东北部、东南亚和中东地区。

智慧商业与智慧城市于 2020 年在海外市场(如东南亚及中东地区)拓展较大,海外市场营收占比由 2019 年的 15.70% 提升至 2020 年的 22.12%。其中有更多业务拓展至亚洲东北部国家,如日本、韩国等,营收占比由 2019 年的 6% 提升至 2020 年的 13%。

11.2 当前困境与应对建议

11.2.1 AI 产业面临首场"寒冬",商汤科技行业定位不明晰

商汤科技 2022 年上半年营收同比下降 14.32%,净亏损近 26 亿元,股价破发;云从科技 2022 年上半年营收同比下降 13.97%;旷视科技 IPO 过会 13 个月注册仍未果;依图科技经近 8 个月的筹备后科创板 IPO 告败;AI 四小龙在营收下降、上市困难等漩涡中挣扎。与此同时,互联网大厂的 AI 大牛纷纷出走:腾讯 AI Lab 负责人张潼离职加盟创新工场,字节跳动 AI Lab 主任马维英离职加盟清华大学。在疫情持续、经济下行、中美科技战升级等因素的影响下,经历 2014—2019 年的发展高峰后,AI 企业面临首场寒冬,新成立的 AI 企业数量和 B 轮前的融资规模同步下滑。北京时间 2022 年 8 月 9 日晚间,美国总统拜登正式签署《芯片与科学法案》,该法案指出,鼓励企业研发制造美国芯片,同时特别要求,在中国新建和扩展先进制程

工艺的厂商,不能获得财政补贴。这一"胡萝卜加大棒"的招数,无疑逼得国际芯片大鳄们在打造高级制程时不得不"二选一"。而芯片法案的签署无疑让我国 AI 产业的发展在硬件上面临重重阻碍。另外值得我们关注的是,AI 企业平均单笔融资金额从 2019 年的 1.1 亿元跃升至 2022 年的 3.3 亿元,资金逐渐向优质 AI 企业集中,对比 2000 年互联网第一次寒冬的情况,未来 3 年 65% 左右的 AI 企业将消失,AI 产业进入加速洗牌阶段。

　　困扰商汤科技董事长徐立的不止于此,还有商汤科技在 AI 行业中的定位。自 2017 年起,商汤科技的业务版图不断延伸,涵盖安防、工业、交通等几乎所有行业,但始终没有一种业务挺入行业前三;与此同时,营收与成本的剪刀差却持续扩大,2018—2021 年净亏损增长近 400%。反观率先实现盈利的 AI 玩家大多聚焦在少数行业,以 AI 专精能力深挖赛道价值,成为行业龙头。比如在 AI 业务成长阶段,海康威视主要围绕安防领域打造软硬件产品服务生态,以安防为主的产品服务贡献其全部营收的 80%,稳坐安防头把交椅;科大讯飞以 AI+ 为轴构建教育产品服务矩阵,教育板块占其整体营收将近三分之一。随着智能化进程的加速,教育、交通等 AI 细分行业龙头或将出现,而专精少数行业的成长性 AI 企业将成为其中不可忽视的重要力量。

　　为应对 AI 产业寒冬及构建商汤科技在行业中的竞争力,商汤科技可立足于自身在数据、算法专利、科研积累等 AI 专精能力,选择少数行业领域深耕,抢占细分行业龙头,以 AI 为驱动培育新主业,形成品牌效应,再辐射到其他行业。在 AI 行业洗牌阶段,商汤科技可考虑加强资本布局,适时并购技术领先但资金紧张的 AI 企业,提升 AI 技术能力;扩大人才招聘,吸收深度学习、机器视觉等领域的高端人才。

11.2.2　资本加速出逃,亏损焦虑不断

　　商汤科技的股价暴跌是从首个解禁日开始的。2022 年 6 月 30 日,尽管商汤科技的高管在当日上午做出自愿延长解禁期的承诺,但这部分仅占全部解禁股 70% 限售股份解禁比例的 6%,出现难以解决的局面。商汤科技当日仍迎来早期投资大户的大举抛售,股价收盘暴跌 46.77%,报收 3.13 港元/股,较上市首日市值缩水近五成(见图 11 - 6)。

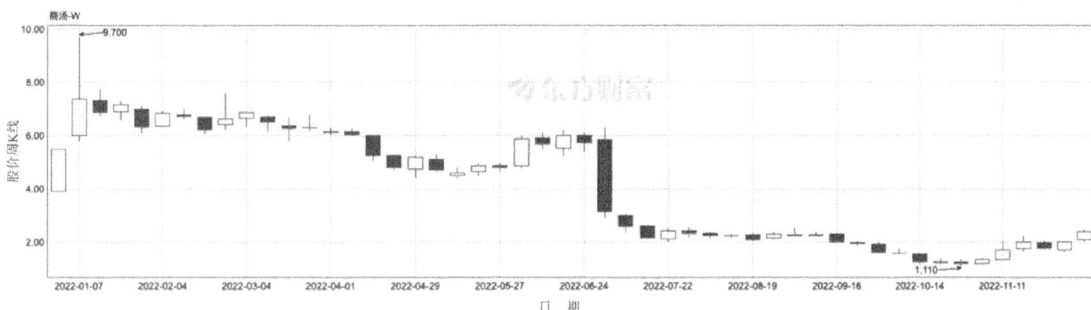

图 11 - 6　2022 年商汤科技股价周 K 线图①

　　此后,商汤科技的市值开始"灰飞烟灭",不断有消息传出,股东们的大量存款和存货已经蠢蠢欲动,纷纷出逃。据港交所披露,商汤科技 2022 年 9 月 14 日通过花旗银行存放了 8.22 亿

---

① 来自东方财富网。

股商汤科技的股票,持有比例为 2.45%。截至 2022 年 10 月 6 日,港交所资料显示,在商汤科技已发行的 335 亿股股份中,共有 255.33 亿股存放于中央结算系统(CCASS),占比 76.21%。按现行汇率折算,商汤科技此次 IPO 前 12 轮融资每股成本在 0.16～3.22 港元之间。按照 2022 年 10 月 12 日商汤科技的收盘股价计算,如果 C2 轮后还没有退出的投资者,C2 轮的投资者亏损 11%,C+轮的投资者亏损 29%,C++轮的投资者亏损 41%,D 轮和 D+轮的投资者亏损 50% 以上。就算是 2017 年的 A2 轮,回报也只有 113%,难言成功。在 2022 年之前的 4、5 年内投资 AI 的,下场就是回报和风险极度不匹配。而商汤科技的股价在 2022 年 10 月 13 日继续走低,投资者的收益再次减少。解禁即亏损的基石投资者,持股成本高达 3.85 港元/股。若强力支撑,亏损幅度将扩大至 69%,令市场寒意进一步传导,二级市场发行价会进一步受挫。

而资本出逃的背后,则是连年亏损的商汤科技的股份。在 2018—2021 年间,商汤科技的亏损额从 34 亿元增大到 171 亿元,三年间亏了超 5 倍。而研发费用巨大是烧钱的一大核心因素。招股书显示,2018—2021 年,商汤科技的研发费用从 8.49 亿元增长至 36.14 亿元。此外,在其整个营收中研发费用占比逐年提升,从 45.8% 提升至 76.89%。

商汤的业务涵盖四大板块:智慧商业、智慧城市、智慧生活、智慧汽车,其中政府和 B 端大企业的业务都是将智慧商业和智慧城市作为主要收入支柱。商汤科技目前商业化落地,作为一家技术 AI 企业,主要依靠安防市场的中间商,为行业提供解决方案。商汤科技将其 2022 年上半年的业绩下滑归因于新冠疫情对智慧城市和智慧商业两大主要板块的较大影响。

但疫情只是影响因素的一部分。随着人工智能领域的不断进步与发展,入局者不断增多,人工智能相关的技术壁垒逐步降低,商汤科技的竞争力不断削弱。对比另一家安防头部企业海康威视就一目了然了。海康威视不仅有研发能力,而且海康威视作为安防市场的头部老玩家,在渠道和供应链上有着天然的优势。

而相比于作为纯 AI 技术研发商的百度、腾讯、京东等几家互联网平台巨头,在政府业务方面,商汤科技面临的竞争对手除了海康威视之外,则是缺乏直接获取数据的平台端口。这意味着在 G 端很难直接实现工业化应用场景的获取,竞争力较弱。

想要在乏力的财务状况中破局,商汤科技首先需要找到盈利点,通过盈利的增长,缩小亏损幅度,给予投资者信心。按业务来看,在总营收中贡献最高的依然是智慧商业板块,其次为智慧城市板块。上述业务也是受疫情影响较大的部分,面临部分销售收入确认延后及建设进度延后等问题。商汤科技可以瞄准智慧生活、智能汽车领域,使之成为新的业务增长点。

11.2.3 研发投入占比高,成果难落地

商汤科技身处于对"高精尖"有着强烈需求的 AI 领域,在研发方面的投入始终保持着较大的比例。2022 年上半年商汤科技的研发支出 20.4 亿元,在营收中的占比飙升至 144.2%,在成本巨大的研发上可谓"抽血"。

从专利数量来看,商汤科技的研发确实收到一定的成效,截至 2022 年 6 月 30 日,共新增专利 2 136 项,累计专利资产 12 502 项,此外还累计在计算机视觉三大会议 CVPR、ICCV 和 ECCV 上共发表论文 633 篇。

但商汤科技所处的环境不是校园,而是商业市场的激烈竞争。投资人不会为其学术成果买单,消费者只会注重商品的实用性。商汤科技高投入的研发,在落地商业化的时候,多少有

些水土不服的感觉。

目前 AI 四小龙均未盈利,研发占收比却每年超 60%。而以萨科技深耕平安城市、智慧交通场景,为政府部门提供车辆识别、轨迹追踪等服务,每年研发占收比控制在 15% 左右,三年盈利超 2 亿元。可见,To B 市场需求场景碎片化、回款周期长等特点,决定了 AI 企业不能复制互联网 To C 市场的烧钱模式。

对于商汤科技而言,随着时间推移,其不可避免地会面临算法价值下降的问题。另外,AI 技术本身不具备任何商业价值,必须依托具体的落地场景实现消费者认可的附加值。为了提升盈利能力以应对高研发支出,商汤科技应以细分市场需求为驱动,加快技术变现;以某一细分市场为着力点,使理论算法能落地应用。商汤科技还可以向"AI+硬件""AI+平台""AI+能力中台"等赋能型盈利模式靠拢,使算法上的理论成果与硬件、软件平台相结合,实现解决方案的销售;通过平台化实现技术复用,降低边际成本,提升附加值。

11.3　未来有可能面临的困境

11.3.1　主营业务群狼环伺

商汤科技的业务涵盖四大板块:智慧商业、智慧城市、智慧生活、智慧汽车,其中政府和 B 端大企业的业务都以智慧商业和智慧城市作为主要收入支柱。商汤科技当前的商业化落地主要依赖中间商,为行业提供解决方案,这些方案主要应用在于安防市场。但是安防市场的竞争越发激烈,不仅要面对旷视科技、依图科技及云从科技这样的同行对手,还要面对新布局 AI 领域的玩家,如安防玩家海康威视,以及其深度视觉产品已覆盖 AR/VR、智能家居等市场的舜宇光学科技。在 2022 年,商汤科技的安防市场业绩已经出现一定程度的下滑。

徐立等商汤科技的高层认为,公司两大主要板块智慧城市和智慧商业受疫情影响较大,业务进展和收入确认延迟,导致其 2022 上半年业绩下滑。但外界认为,疫情只是影响因素的一部分,更加主要的原因是安防市场的内卷加剧。随着行业内卷速度的持续加快,商汤科技安防业务板块对其总营收贡献的占比将逐步降低,这一占比在 2021 年达到 87.3%,但到 2021 年上半年,下降到 70.9%。如果商汤科技自身运营能力不增强,抗风险能力不增强,其可能面临的重大困境便是在安防市场逐步丧失竞争力。

11.3.2　"元宇宙"难以助其突围

以徐立为首的商汤科技,面对人工智能产业尤其是安防市场内卷加剧的竞争状态,决定通过并购、入股等方式,努力拓展朋友圈,拓展自身业务范畴,分散风险。商汤科技斥巨资入股飞天云动,后者是一家 2022 年 10 月在香港上市的"元宇宙"企业。飞天云动的主要业务是通过连接中小企业,建立自己的飞天云动平台,为商业客户提供服务;在中国提供 AR/VR 内容和服务,致力于打造运营中国领先的元宇宙平台。对于进军元宇宙,商汤科技早有打算,但这一战略似乎始终难以帮助商汤科技摆脱困境。

在元宇宙业务上,商汤科技相继推出数码人、数码文创产品、AR 导航、AR 巡检等项目,在多个领域均有应用。在这几个项目中,商汤科技的数字人业务是值得肯定的。

在数字收藏领域,商汤科技的"数码猫 App 文创平台"通过 AI+AR 的技术,对徐悲鸿创作的《宋人匹马长啸词意》进行三维再造和数码重塑,独创了相应的数码文创产品《宋人匹马·徐悲鸿》。而商汤科技面临的竞争来自多家互联网巨头,阿里鲸探、腾讯幻核、京东灵犀等平台纷纷进入"元宇宙"领域,并且也在尝试与国内知名 IP 合作,推出相关数字文创产品,商汤科技将面临非常激烈的竞争压力:一方面,这些平台的 AI、AR 能力并不逊色于商汤科技;另一方面,这些平台背靠的互联网巨头的用户基础雄厚,在 C 端消费市场的优势非常明显。此外,在 AR 导航和 AR 巡检上,竞争同样激烈。高德地图和百度地图都相继推出了 AR 导航功能,相比于提供单一技术的商汤科技,在这一应用场景下,两者的优势就显现出来了。

元宇宙、数字藏品及 AR 导航等技术逐渐进入大众生活,这种劣势差距将会越发明显,到时候商汤科技面临的局面可能又是被迫放弃这一布局多年的领域。

总的来说,商汤科技在元宇宙领域里讲了不少故事,但每一个业务线都有竞争力更强劲的玩家,其拥有远超过商汤科技的用户数量。在本质上,商汤科技的"技术成就"仍旧无法为其在现实应用场景下构筑起足够高的竞争壁垒。根据商汤科技 2022 年半年报,其元宇宙业务 2022 年上半年在商汤科技总营收中的占比达到 21%。尽管实现了 98% 的同比增长,但距离其拉动整体营收的增长仍有一定的差距。而且由于功能过于鸡肋,元宇宙业务被业界嘲笑为伪需求,在电商平台上的销量更是惨淡。商汤科技逐渐意识到,进军元宇宙领域这一让商汤科技投资巨大,但是收获一般的战略,可能不仅无法帮助商汤科技突破困境,甚至会让其深陷新的泥潭。

11.3.3 智能汽车领域对手强劲

元宇宙大业尚且需要时间去构建,为了在短期内提高市场信心,商汤科技又盯上当下热门的"造车"概念。但在智能汽车领域,商汤科技所要面对的对手更为强劲,百度、华为等巨头都已布局智能汽车赛道,竞争十分激烈。

商汤科技主要出于两方面考虑决定进军智能汽车业务:一方面,智慧城市事业群作为核心业务部门,在安防市场内卷化加剧的情况下,约 500 人离职,成为这场裁员风暴的重灾区;另一方面,商汤科技正在加码智能汽车业务,第一季度从移动智能事业群中独立出来的智能汽车业务已经成为新的事业群。与核心智慧城市事业群惨遭裁员形成鲜明对比的是,具备自动驾驶等汽车相关从业经验的员工可以应聘,商汤智能汽车业务目前仍在开放招聘,内部也开放了转岗机制。

商汤科技进军智能汽车领域要追溯到与本田合作的 2016 年。2016 年初,自动驾驶热潮席卷全球,商汤科技开始介入本田自动驾驶项目。翌年,本田与商汤科技正式宣布双方就 L4 自动驾驶技术的研究签订了一份长达 5 年的合作协议,由商汤科技向本田提供用于自动驾驶的视觉感知技术和芯片及嵌入式系统。然而,商汤科技在汽车领域的影响力并没有因此而提升,甚至在热点的摩擦中再次被扣上帽子。

直到 2021 年,商汤科技推出智能汽车解决方案——SenseAuto 绝影,才为业界瞩目。SenseAuto 的名字"绝影",取自三国曹操的千里马,是指极快的速度和追影的风姿。SenseAuto 绝影智能汽车平台,基于人工智能基础架构的 SenseCore 人工智能大装置,将服务输出到仅有的车企。截至 2022 年,商汤绝影在汽车行业的客户累计已超过 30 家,在智能汽车行业的生态合作伙伴已超过 50 家。在不久的将来,商汤科技会将自己的野心伸向车路协同这一更具发展空间的领域。在"2022 世界人工智能大会(WAIC)"上,商汤科技发布了 SenseAuto V2X 商汤绝影车路协同平台。据商汤科技官方介绍，该平台致力于打造"智慧车＋智慧路＋协同云"一体化分析决策方案，实现"车-路-云"一体化决策控制，实现对车-路-云一体化信息的整合处理与分析。

但商汤科技的团队也明白，要想满足公司更大"野心"的需要，意味着公司在技术研发上面临更大的投入。长期亏损的研发对商汤科技来说压力巨大，因为目前营收减少，净亏损扩大两倍。而且目前商汤科技的智能汽车业务并没有明显拉动其整体业务。根据商汤科技 2022 年半年报显示，商汤智能汽车 2022 年上半年营收占比为 9％，达到 1.84 亿元，而这一数字在 2021 年仅为 4％以下。值得注意的是，商汤科技在造车领域要面对更多强劲的对手，不仅有来自"一年砸两百亿元做研发"的百度、与多家车企深度合作造车的华为的围追堵截，还有小马智行、蘑菇车联等智能汽车企业的降维打击，这些企业在自动驾驶产业链上较早发力。而商汤科技作为一家人工智能技术研发公司，"跨界造车"的故事注定难以讲述。不可否认，商汤科技作为一家高科技公司，在人工智能技术的普及和发展方面功不可没。但资本一直都是逐利的，商汤科技作为上市公司，其持续造血能力令人堪忧，未来很可能会成为商汤科技的一大困境。

11.4　尾　声

在人工智能的浪潮中，商汤科技以其独特的"1＋1＋X"商业模式，正逐步构建起一个强大的 AI 平台型企业。凭借专有的人工智能基础架构 SenseCore，商汤科技不仅在智慧商业等四大产业板块中展现出强大的技术实力，更通过对外投资并购不断扩大其科技版图，增强核心竞争力。然而，随着技术的快速发展和市场竞争的加剧，商汤科技也面临着前所未有的挑战。面对主营业务群狼环伺、"元宇宙"难以助其突围、智能汽车领域对手强劲等种种挑战，如何在保持技术创新的同时，实现商业价值的最大化？如何在全球化的竞争中，保持自身的核心竞争力？这些都是商汤科技需要深思的问题。而如何在这场技术革命中，把握时代脉搏，实现从技术领先到产业引领的跨越，将是商汤科技未来成长的关键。

启发思考题

1. 商汤科技现有业务具体包含哪些领域？各自的发展如何？

2. 商汤科技现有的商业模式是什么？有什么特点？

3. 在发展过程中，商汤科技面临的最大的困境是什么？它采取了何种措施？为何失败？

4. 在未来发展过程中，商汤科技需要注意哪些方面的风险？针对这些风险，应当采取怎样的措施加以应对？

5. 身处于互联网的新兴行业 AI 行业中的企业，在发展过程中要注重技术的创新与研发，但这部分的投入往往较大，如何平衡技术研发费用与公司盈利两者的关系？

云天励飞——AI 新锐的崛起与突围

专注视觉 AI，算法芯片化构建技术壁垒

人工智能作为一种前瞻性的技术，目前已被广泛应用于计算机科学、金融、企业服务、教育、智能驾驶、物流、音乐等领域，目前正处于第三次发展浪潮之中。近年来，AI 企业应用市场规模持续增长，行业竞争激烈，AI 在企业中的应用将随着机器学习、人机交互、语音识别等技术的成熟而进一步落地。

在国内一众人工智能企业中，成立仅 9 年的深圳云天励飞技术股份有限公司（以下简称"云天励飞"）异军突起，成为中国人工智能领域的一家独角兽企业，其背后的成长密码值得其他人工智能初创企业借鉴。云天励飞成立时正值中国人工智能产业发展的第一波浪潮，与同时期涌现的其他众多将算法和软件作为竞争力的人工智能企业不同，云天励飞将目标致力于构建"算法＋芯片＋大数据"，自研芯片实现算法芯片化；专注于视觉化人工智能产品的研发，进一步细分人工智能领域；专注于人工智能的落地应用，成为国内人工智能领域的头部企业。

摘要：近年来，AI 行业市场竞争激烈，成立仅仅 9 年的云天励飞在创始人陈宁的带领下异军突起。云天励飞专注于视觉 AI 领域，目前打造了一个全链式的核心能力平台：物联感知汇聚、算法赋能服务、知识图谱构建。几经波折，在 2023 年 4 月，云天励飞正式在科创板成功上市。本案例回顾了云天励飞作为人工智能领域的后起之秀，瞄准市场，奏响了市场、技术和趋势的三步曲：找准市场，抢占智慧城市建设先机；抓准技术，攻克核心难关的自主研发芯片；看准趋势，端云协同打造闭环生态，异军突起于人工智能红海。

12.0 引　言

陈宁带着积累的专业知识和技术经验，几经挣扎，放弃硅谷的高薪工作，毅然回国，从芯片领域的专家摇身一变成为一名"草根"创业者。从美国佐治亚理工学院获得博士学位的陈宁坚信深圳是未来科技创新的前沿阵地，是科创成果产业化的最佳试验田，是世界一流人才的荟萃之地，是未来人工智能创新的前沿阵地。9 年过去了，天天打仗的陈宁更加笃定，这辈子最正确的决定就是回国创新，来深圳创业。

云天励飞这家成立仅 9 年、专注于视觉 AI 领域的企业，如今已打造出物联感知汇聚、算法赋能服务、知识图谱构建的全链式核心能力平台，凭借"算法芯片化"的核心能力和"端云协同"的技术路线，成功实现了一系列标杆解决方案在数字城市和人居生活领域的落地，在 AI 领域一举成为独角兽。

由于业务对象和业务布局的原因，云天励飞并不为大众所熟知，但是伴随着人工智能深入智慧城市及智慧家居，云天励飞的产品和服务已经慢慢地深入大众的生活，特别是深圳人民的生活。在新冠疫情期间，其疫情防控平台及智能测温设备覆盖深圳 6 300＋家药店及部分交通枢纽。目前，云天励飞成功打造了一系列标杆项目，成功服务了多场国家级大型重要活动。云

案例 12 思维导图

天励飞还获得了多项荣誉,如"2018 年中国行业信息化融合发展论坛"颁发的"中国芯片最佳技术创新奖"等。

站在人工智能时代的风口上,年轻的云天励飞可谓风头无两,获得了资本的极大关注。但是身处在高研发、高亏损的 AI 领域,云天励飞目前仍未实现盈利。云天励飞是如何一步一步成长进而吸引资本的? 在市场激烈竞争和市场同质化的过程中,云天励飞如何确定自身市场定位? 在人工智能企业寿命短、落地难的普遍行业困局下,云天励飞又该如何在 AI 领域持续深耕,行稳致远?

12.1　AI Rises!人工智能崛起,势不可挡

12.1.1　AI 市场飞速成长

全球人工智能技术与产业在计算机视觉、自然语言处理、自适应学习、群体智能、智能芯片、脑机接口等核心技术方面持续突破性进化,基本形成了由芯片、开发框架、数据、算法、应用组成的产业生态。经过近几年的应用实践,中国政府行业、金融行业和互联网行业将全面推广人工智能应用。

12.1.2　人工智能视觉独得恩宠

在当今时代,AI 技术不断突破,应用大规模爆发,大量布局 AI 的科技巨头和初创公司逐渐涌向浪潮。计算机视觉技术作为人工智能行业应用最广泛的技术之一,将人工智能领域进一步细分,市场前景广阔。中国计算机视觉市场经过 2017 年的爆发性增长后,近几年增速有

所放缓,但仍处于高位。

12.1.3 安防 AI 芯片 2 年乱世,未见英雄

任何应用在 AI 领域的芯片,在更广泛的概念下,都可以叫作 AI 芯片。从市场规模来看,AI 芯片的需求正在急剧膨胀,据赛迪数据报告显示,全球 AI 芯片市场在 2018 年呈现出迅猛增长的态势。2018 年中国人工智能芯片市场占据全球市场 25.9% 的份额,并有望在未来几年以 50% 以上的速度继续保持高速增长。

2018 年,美国公布全面出口管制措施,限制向中国大陆厂商出售先进芯片和制造设备,如人工智能(AI)和超级计算机。一纸禁令彻底搅翻了一年几十亿元市场规模的安防芯片市场。芯片价格突然暴涨,市场变得疯狂起来,不止主控芯片在涨价,其周边的小芯片也在涨价。在疯狂的市场中,有人仓皇离场,也有人伺机入局。离场者,很多是方案商,技术能力不足,无法及时对方案进行切换;入局者,是数十家芯片创业公司,瞄准着同一利益。

如今的安防市场群雄逐鹿,然而海思半导体的成功却无人能够复制。这些芯片企业首先要考虑的是,他们是否能够在未来一年内继续生存下去。

12.2 云天励飞——独角兽快速成长背后的密码

12.2.1 创业初期,梦想要"大",切口要"小"

2014 年 8 月,以专注于视觉人工智能产品研发的深圳云天励飞正式成立,与合作伙伴一起进军智能安防行业。在创业之初,陈宁就暗暗发誓,云天励飞要做就要做好,做一家具备 AI 算法、芯片、大数据平台等人工智能关键技术的中国第一家人工智能企业。

说起创业的心得,云天励飞董事长陈宁提到了"一小一大":"创业初期的切入口要'小',找到自己最擅长的初创期的优势点,在技术上不断放大自己的优势,形成自己的壁垒。同时创业的梦想要'大',虽然发展初期在资金、市场拓展方面会面临一些困难,但要相信人工智能具有美好的未来。"

云天励飞与国内计算机视觉技术公司类似,同样是从人脸识别入手。而如今,当很多公司为了从安防领域拓展开来,及时开始将重心转移到自动驾驶、新零售等应用场景的方向上时,云天励飞为了开拓新的方向,仍然坚持以人脸识别为第一要务,同时辅以其他技术的开发。

"云天励飞现在做的主要是人脸动态识别这一部分,并且因为人脸能带来太多应用,所以云天励飞才看重人脸识别。知道了人脸信息以后,在任何商业模式上都可以基于此去做探索,所以在识别应用上,人脸是第一位的。""在互联网上,很多商业模式(比如电子商务)都是基于'你是谁',基于'你的行为'而诞生的。类似的,人脸信息被获取后可以有很多应用,比如安全防范领域,知其人面,就能对其行踪进行追踪。"

当然,在人脸识别的基础上,云天励飞还在多个技术维度上,如物体识别、图像 3D 建模、人工智能芯片等进行技术研发。"我们都有专门的技术团队跟进人工智能技术和芯片两大领域。"云天励飞首席科学家王孝宇说。"我们的芯片,主要是为了保证我们的整套解决方案都有自己的核心优势,估算力提升等方面的开发。而且,从某种程度上说,芯片的研发对公司的长期价值也是一种保障。"王孝宇又补充一句。

12.2.2　创业中期,算法、芯片、应用多条赛道狂奔

陈宁一再强调:"云天励飞的算法、芯片和应用能力,不是一个孤立的布局,而是一个融合的发展。""算法芯片化"是在芯片上实现算法效能最好的核心技术能力。而落地到具体场景,则是通过搭载应用的算法芯片化技术能力来实现的。云天励飞未来会继续坚持"算法芯片化"和"端云协同"技术路线的核心能力,以适应人工智能产业发展的不同阶段,逐步形成技术壁垒。

1. 安防起步,推动 AI 算法和芯片高速发展

在云天励飞刚成立时,中国大量的人工智能企业涌现出来,这些企业大多把算法和软件当作自己的"撒手锏"。早在 2015 年,陈宁就已经带领云天励飞的团队开始神经网络处理器的研发,该处理器与人工智能算法息息相关。公司通过多年的投入,以每人平均 14 年以上的设计经验组建了核心芯片团队。"算法芯片化"是设计人员基于对算法的理解,在设计芯片架构时提炼出共性操作的设计理念和流程。

芯片研发周期长,风险高,投入大,这条路走得非常艰辛,但陈宁始终相信,竞争中只有攻关核心技术,技术壁垒才能建立起来。云天励飞以 4 代神经网络处理器为基础,陆续为服务人工智能产业化落地的"端边云"打造了一系列人造智能神经网络处理器芯片。云天励飞通过"算法定义芯片",基本做到了端边设备 90%、边边设备 50% 的自主可控。

2. 落地应用,让人工智能更有生命

人工智能企业要快速发展,一边要技术创新,另一边还要有应用落地。陈宁此前曾表示,人工智能是技术而非产品,与行业原有流程深度结合才能成为有生命力的产品。

随着 AI 技术被用于打击人口贩卖活动,第一代基于人像识别和大数据的云天"深目"大获成功,这让成立不久的云天励飞为外界所熟知。目前,云天励飞的主要业务已形成两条主要业务线,即由数字化城市运营管理向人居生活智慧化方向延伸。

(1) 数字城市 AI 解决方案

云天励飞智慧安防领域在云侧、端侧和边缘侧,可以使用自研边缘计算设备提取目标图像,或者针对不同场景特点进行结构化计算,然后将相关结果传输到云侧进行进一步处理;也可以使用基于自研芯片的端设备,针对不同场景,采用自研边缘计算设备,将拍下的内容直接传送到云侧,就可以处理了。

近年来,云天励飞将人工智能视觉分析业务的成功经验复制到城市治理所涉及的相关领域,正是基于智慧安防领域的成功。比如:2020 年突发新冠疫情,云天励飞结合疫情防控需求,推出突发疫情防控 AI 解决方案。

(2) 人居生活 AI 解决方案

智慧园区 AI 解决方案(见图 12-1)以云端的"深目"系统、"深迹"系统、"商翎"系统等为基础,配合自研终端和边缘端设备,为生产型园区,如会展管理、智慧校园等提供相应的人工智能解决方案。

除此之外,还有围绕人、货、场中的"人",实现客户管理、客流分析等;基于云端的"商簿"系统、"深迹"系统等智慧泛商业 AI 解决方案,辅助支持客户商业决策。

图 12-1　智慧园区 AI 解决方案①

3. 展望未来，深远布局"智慧零售"

计算机视觉为线下人、货、场等信息如何数字化提供了解决方案。由此看来，以计算机视觉为核心的人工智能企业，都有向智能商业领域延伸的先天条件，就看怎么切入了。

事实上，从远程巡店切入的老牌安防厂商，以海康威视、大华股份为代表，在线下商用市场耕耘已久。人工智能安防新势力旷视科技、商汤科技、云从科技等也相继推出智慧商超。但在陈宁看来，这些以感知分析为局限的安防企业做智能商业，就像我们熟知的客流分析系统一样，都是 To B 的玩法。但单纯的数据分析对于客户而言，并不能充分挖掘商业价值，客户更在意的是数据如何变现。云天励飞的智慧商用方案，正是这样一款集 To B 与 To C 于一身的全能解决方案。其中，To B 部分用于对商业各个环节解耦，以及对冲击因素解耦；To C 部分则承担着为用户打造整合的、可渗透的消费者体验的责任。

云天励飞已与万科合作成立战略合资公司，就购物中心、商户和个人开展精准营销和新商业模式打造，瞄准万科旗下 150 多万家商业综合体，成功设立万商零售门店、万科 V-24 生鲜店等试点；还通过试点移动营业厅、联通智慧卖场等方式，与移动、联通合作，实现客户洞察，依靠消费者行为分析提供经营决策支撑。

12.3　群雄逐鹿，开启数智新一代

12.3.1　六边形战士，洞见城市新生

陈宁从创业的第一天起就深刻意识到，在安防赛道起步的云天励飞闯入的是一片红海。

---

① 来自智东西咨询。

人工智能领域既有成熟的企业,如海康威视、大华股份等,也有一类新兴的人工智能视觉公司,云天励飞是怎样从这些公司中脱颖而出的呢?云天励飞也在实践中收获了许多成长的经验和教训,并与海康威视等结成共同开拓市场的合作伙伴关系。

云天励飞与一线民警深度融合,基于他们的诉求提出成熟的技术。比如与某地警方深度合作后,云天励飞发现其 2014 年布控功能不太合理,于是另辟蹊径,在视频监控中深耕以图搜图,于是从海量视频中 2～3 s 就可以对嫌疑人进行排查。通过智能搜索方式,解决了公安业务流中的一个痛点,大大节省了这些公安民警人工搜索的成本,精确度提高了 100 多倍。其背后,一方面,是技术提供者在各种实战"坑"中深入业务流程,提出接地气、总结经验的解决方案;另一方面,与常年形成的算法芯片化、端云协同成为云天励飞关键能力的研发体系和技术支撑密不可分。云天励飞有算法研究团队、大数据研究团队和芯片研发团队,尤其是算法团队和芯片团队,搭建了算法芯片化的一体化设计流程。

说起今后 3 年的目标和战略,陈宁自有一番见解。最重要的当然是不断提高研发效率的核心能力平台——算法、芯片和大数据。此外,陈宁将云天励飞推动其数字化转型的过程称为"新四化",即居民数字化生活、社区数字化治理、企业数字化运营、城市数字化转型等各种线下场景的数字化城市、人居生活。

云天励飞目前正在大踏步地推进"自动化城市智能体",试图将解决方案不断丰富到数字城市 ToG、ToB 的各个场景。

12.3.2　AI 初创浪淘沙,百二秦关终属楚

伴随着科技企业不断更迭发展的故事,人工智能产业持续演进,人工智能新锐群雄逐鹿的局面在 2020 年迈上一个新的台阶。云天励飞、寒武纪、依图科技、云从科技等人工智能企业,都已经开始他们的新征程。此外,云从科技、依图科技、旷视科技、商汤科技这几家主打 AI 算法的独角兽公司,相继传出上市消息。由此可见,在技术落地后,这一批人工智能创业公司的头部企业都在选择不同的方式拓展市场,当然科创板和创业板的改革也让科技企业的融资渠道进一步打开。

而这五六年间,又有多少人工智能初创企业在这一波大浪淘沙、优胜劣汰的浪潮中悄然消逝?资本市场正逐步迎来第一轮幸存者的身影,开始做第一批认可和回报:从 2014 年、2015 年炙手可热的创业公司一级市场融资,到现在的二级市场融资。上市之后,新锐公司需要面对的挑战将是如何继续生存,如何在更加透明的管理体系下规模化发展,如何平衡业绩增长与自身战略。

好在 2021 年 7 月 20 日,云从科技科创板首发上市获通过,登陆科创板,成为 A 股市场人工智能第一股后,打响了 A 股上市第一枪。2021 年 8 月 6 日,云天励飞上市通过证监会的审核,首发过会,计划募集资金 30 亿元。

12.3.3　未来已来,AI 新锐何以基业长青

2021 年,云天励飞几经波折奋起冲击 IPO,终得过会成功。一众高管不免欢呼雀跃,"几年了啊!这回终于可以睡个安稳觉了!"陈宁难掩喜悦,站在云天励飞的大楼俯瞰深圳,可是心情却并未完全轻松起来。云天励飞自 2021 年 9 月就提交了科创板注册材料,2022 年 11 月 11 日,注册状态仍为"继续问询中"。这家知名 AI 企业的科创板闯关之旅已达 14 个月之久,

时间之长位列当前科创板第一。在最新的回复意见中,云天励飞就上交所提出的 AI 芯片商业化相关问题进行了回答,并对 AI 产品商业化不确定性等风险进一步披露。

卡在上市门槛上的云天励飞,要面对心灵的追问:"你这行到底能不能把钱赚回来?"

1. 亏钱是常态? 投资人不相信眼泪与故事

已经上市的 AI 企业日子也不好过。商汤科技 2022 年中报显示,其营业收入实现上市以来首次下滑,盈利方面有亏损,上半年净亏损 31.58 亿元。还没扭亏,业务天花板就显现了,"中国 AI 第一股"的商汤科技股价一路下滑,当前市值也仅为年初上市首日 1 374 亿港币的约 44%。云从科技 2022 前三季度营收也面临下滑问题,作为科创板上市的第一家人工智能企业,云从科技在面临营收下滑、成本上升的困境下,股价也从 2021 年 6 月高点 36 元附近,一度下探至 15.43 元,此后震荡走高,报 19.1 元。而依图科技冲刺科创板失败,我们只能从已经失效的招股书中找出,其 2020 年营收 3.81 亿元、亏损 4.49 亿元的数据。

2. 饼画太大难落地? 人工智能没有捷径可走

回望 2020 年的一级市场,新消费被投资人挤破头,更是有人喊出"每一种消费品都值得重新做一遍"。对于这样的场景,人工智能投资人不会陌生,五六年前的 AI 投资比一年前的新消费还要火热,All in AI 成为投资圈热词,智慧城市、智慧教育、智慧医疗、自动驾驶、智慧农业等赛道层出不穷,大有"每一种业态都值得被 AI 重新做一遍"的架势。而 AI 的降温是从投资人意识到高估了 AI 公司的落地市场前景开始的。

云从科技在 2020 年获得 18 亿元融资后,宣布将融资资金用于四大业务板块:金融、安防、交通和商业。云天励飞强调赋能数字城市运营管理和人居生活智慧化升级四大业务落地,长期实现人工智能技术、产品和解决方案的落地。由于部分 AI 公司强调多业务发展,再加上 AI 本身就属于高广度行业,几乎可以赋能所有产业,所以投资人一度对 AI 公司的发展潜力极度乐观。

然而让投资人没想到的是,离开了 PPT,各家 AI 公司面对弱水三千,纷纷只取一瓢,将主业放在 AI+城市赛道。AI+城市赛道竞争太卷了,但想尝试赋能其他行业难度很大。

首先是极高的首次开发成本,各行业与 AI 结合需要大量 AI 模型,这意味着海量新场景汇总的庞大数据、创新的训练算法及与此前不同的软硬件结合系统等,每一项都要付出巨大的成本。

庞大的长尾需求也会拖累业务拓展效率。"现在的应用面临的是投入大量的人力、收集海量的数据,小数据、小样本的问题依然无法解决。"商汤科技董事长兼 CEO 徐立表示。为了解决上述问题,国内外 AI 巨头正在加快建设大规模参数模型,寄希望于用更大的模型和更多的数据来更好地拟合多样需求;然而这种行为的成本非常之高,据了解,OpenAI 的自然语言生成工具 GPT-3 模型的一次训练成本达 1 200 万美元。

归根到底,AI 产品目前仍然是一种非标品,需要根据不同行业、不同客户的需求进行定制化设计;而在拓展新业务的过程中,AI 公司要么选择积累新场景数据和重新设计算法,要么选择通过大模型的"大力出奇迹"去适配需求。每一种选择都要付出巨大成本,AI 公司没有捷径可以走。云天励飞也是如此。

3. 红海愈红,狭路遇上跨界硬件龙头

更让投资者无法接受的是,赛道不仅小,而且竞争非常激烈。云天励飞等公司不仅要与其他 AI 公司同台竞技,还要承受海康威视、大华股份等硬件龙头带来的冲击。

以传统安防龙头海康威视为例,该公司从 2015 年开始融合 AI 和大数据技术,推出深度智能产品。海康威视将其定位为"智慧物联网",依托物联网感知、人工智能、大数据三大技术,其业务从安防领域向智慧物联网领域拓展,并赋能其他产业。

相较于云天励飞,以海康威视为代表的老牌硬件企业具备以下优势:

① 深耕多年的庞大渠道网络;

② 积累的大量行业场景和经验;

③ 丰富且市场上占有率高的硬件设备;

④ 自有生产线、中台复用等特征带来的低成本。

此外,各家 AI 公司训练的模型无法通用,AI 框架"碎片化"的特点使得各家 AI 公司市场拓展的难度提高。比如某一 AI 公司想抢走其他 AI 公司的市场份额就需要付出大量的迁移成本,而市场集中度更高、标准化程度更高的硬件设备赋予硬件龙头具有向算法端兼容的天然优势。

云天励飞前五大客户集中度较高,但在报告期内波动较大,且期间新增机构客户的稳定性不高,对公司的盈利水平和财务状况造成不利影响,无法持续拓展市场或与客户继续保持良好的合作关系。

12.4　尾　声

从最初只有几个人的创业公司,成长为中国人工智能领域规模达 1 000 人的领军企业,作为一家成立仅 9 年的初创型人工智能公司,在 2021 年顺利通过了上交所上市委的审核。陈宁似乎早已实现在创业初期对兄弟们的承诺。但近几年扎堆资本市场的人工智能企业,亟需上市来缓解资金压力,在这条赚钱赶不上烧钱的赛道上进行弹药补给。目前,云天励飞已经成功上市,后续将在保证自身竞争实力的情况下,进一步扩大研发投入。但云天励飞在可见的未来仍然危机起伏,经营的可持续性如果不能得到提升将很难走得稳行得远。

启发思考题

1. 从差异化竞争的角度,分析云天励飞在 AI 市场的定位并作出评价。

2. 为何云天励飞处于亏损阶段仍受到资本的宠爱?

3. 在重研发的 AI 领域,如何看待云天励飞的研发费用占比低于竞争对手?

4. 云天励飞的成长需要坚持长期主义。如果你是陈宁,怎样在争取资本关注的同时,承受资本施加的压力?

5. 目前云天励飞已经成功上市,后续将会面临什么样的机遇和挑战?针对挑战应如何应对?